媒介盲盒

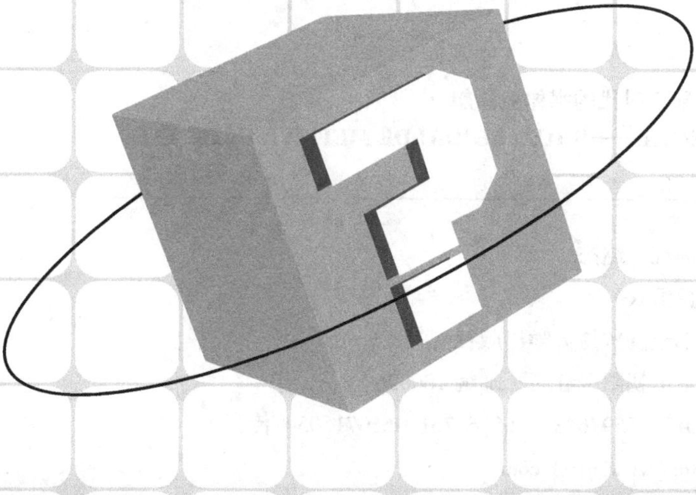

数字时代的媒体业猜想

杨吉·著

首都经济贸易大学出版社
Capital University of Economics and Business Press
·北京·

图书在版编目（CIP）数据

媒介盲盒：数字时代的媒体业猜想 / 杨吉著. --
北京：首都经济贸易大学出版社, 2022.1

ISBN 978-7-5638-3305-4

Ⅰ. ①媒…　Ⅱ. ①杨…　Ⅲ. ①传播媒介－研究
Ⅳ. ①G206.2

中国版本图书馆CIP数据核字（2021）第236893号

媒介盲盒——数字时代的媒体业猜想
MEIJIE MANGHE——SHUZI SHIDAI DE MEITIYE CAIXIANG
杨吉　著

责任编辑　佟周红　赵杰
封面设计　子鹏语衣
出版发行　首都经济贸易大学出版社
地　　址　北京市朝阳区红庙（邮编 100026）
电　　话　（010）65976483　65065761　65071505（传真）
网　　址　http: //www.sjmcb.com
E - mail　publish@cueb.edu.cn
经　　销　全国新华书店
照　　排　北京砚祥志远激光照排技术有限公司
印　　刷　北京建宏印刷有限公司
成品尺寸　170毫米×240毫米　1/16
字　　数　333千字
印　　张　22
版　　次　2022年1月第1版　2022年1月第1次印刷
书　　号　ISBN 978-7-5638-3305-4
定　　价　68.00元

图书印装若有质量问题，本社负责调换

前言

关于本书的四个为什么

1. 为什么写这本书？

以书为媒，从阅读中寻迹媒体业的行进方向与路径，这个念头由来已久。两个原因促成了此一动念。我在浙江传媒学院执教数年，主要讲授“新媒体概论”“网络与新媒体著作导读”两门课程，面向的学生多来自播音主持、英汉双播、影视编导、网络与新媒体等几个专业。从院系设置与专业方向来看，它们恰好呼应了当前媒体融合时代的发展态势——既有传统主流，也要创新实践。但很难说，可以厚此薄彼或彻底割裂。在课堂上，我的任务在于引导学生对数字时代有更全面和深入的认知，设定不同的专题进行讲解是惯例，教学过程中或课后推荐书单是补充；尤其是做补充，在限于授课时间无法延展或不同学生认知差异较大的情况下，针对性地拓展阅读是一种有效且必要的教学手段。数年下来，我积累了一批在新闻传播、互联网与新媒体领域的优质书目。

另一方面，我长期为《传媒评论》《上海证券报》等媒体撰写书评专栏，所涉书类也多为泛财经、媒体方向。以这五六年为周期粗略统计，发表文章百余篇。如果筛选出那些有关网络、传媒类主题的稿件，再收录一些其他未刊发的同类文章以结集成册，作为一本出版物，它至少有两个作者的期许：记录个人阅读经历和汲取他人智识灵感——两者共同指向了数字化时代下，我们该如何观察和重新定义媒体业。

一本评论录或一册随笔集，这样的写作体例于我而言并不陌生。加之我十多年前出版的《21 世纪的书》《财智书架》《伟大 CEO 必读的 50 本书》《时代精英必读的 50 本书》，以及后来写的《聪明投资者的修炼》《营销高手必读的 55 本书》《数字时代的必修课》等，都是以书评、导读的方式将各自不同领域的理论、学说、新知、思想等予以介绍与阐释，这对读者来说不失为一种简单快速、直达要旨的学习方式。这次，我们把议题切换至传媒场域。

曾几何时，纸媒比较推崇这种荐读类、赏析性的文本写作，其对象选择不管是书评、影评，还是乐评、食评，它们恰好满足了忙碌、纷繁、快节奏的现代都市人群“三无状态”下的信息需求，这“三无状态”包括无专心、无闲暇和无所从。而相关一批作者、作家群体的存在及其书写，则为这个“信息集市”“观念市场”提供了精彩纷呈的可选方案。

然而许多年过去，媒介的形态变了，传播的渠道变了，表达的手法变了，措辞的方式也变了，与此同时，作者、受众肖像可能变了，公众普遍关心或关切的话题也可能变了，但仍不变的是快速变化的时代与人们对资讯、观点的渴求。

这里，我无意贩卖某种“焦虑感”，也并不刻意营造“紧迫性”，但以下表述或许该不言自明：信息时代，不缺的是信息，而稀缺的反倒是注意力与有价值的思想；不是每个人都需要来场观念的冒险与探寻，但阅读自有其裨益，它有助于我们认知迭代、避免被愚弄。

2. 为什么是媒介盲盒?

这书名是本书的策划编辑佟周红女士的建议。在此之前，我想过若干个书名，如“新闻业的数字梦”“媒体数字化转型”“数字媒体的未来”等，虽然都点出了本书拟探讨的主旨，但从吸引力角度看，会略显普通——佟女士就是这么直言不讳的。我由衷地感谢她灵机一动想出来的标题，她对大众图书市场的判断和直觉，在尽可能帮助这本书有幸与更多的读者见面。

“盲盒”的比喻确实恰如其分。这个潮流玩物在这一两年里突然大肆流行，小孩子喜欢，大朋友也热衷跟风。它的平民价、随机性、游戏感以及社交化的属性，令人上瘾。外观一致的包装，在它被拆封之前，永远充满未知，仅凭这一点就极为精准地拿捏了人性中的好奇心与窥探欲。所以“盲盒+”的商业模式迅速切入年轻族群之中，而盒中之物从玩偶、零食、美妆、文具、书籍、动漫周边乃至活体宠物不一而足。

“这些文章彼此并无逻辑上的接连，但它们又围绕着媒介生态、媒体发展或融媒转型而展开，它何尝不像一个‘盲盒’，在打开书本或翻到下一页之前，读者都未必知道它会是什么。”我清晰地记得与佟周红编辑当时在咖啡馆碰头时她说的话。

我挺中意用“盲盒”这个提议，它会有很明显的阶段感。日后回看本书，从书名中便能很快找到这部作品诞生的大致时间段，并且，它承载了创作者的一些构想或者说希望——以跨越时空的方式，在想象中与读者来一场饶有趣味、富有启迪的交谈。

3. 为什么做如此编排？

正如你们拆封后所看到的，主体正文由三个部分构成，它们分别是上篇“文本·观念”、中篇“标本·案例”和下篇“话本·前沿”，外加一个书单推荐的附录。每一篇章的命名均有所指，亦是某种系统的分类。

在“文本·观念”里，我侧重把新闻、传播、公关、互联网与科技领域中一些经典或杰出作品的导读、评论文章收录其中。通过这些优秀文本，我们尝试建构出一个较为完整的知识轮廓和观念体系。这对我们认识媒体业的变迁有价值观和方法论上的意义。

“标本·案例”是对传媒业中部分标杆人物、卓越公司和典型案例的评介。在这之中，不乏一些业界的大佬、领袖、前辈，他们功绩彪炳、声名在外，他们是值得我们尊敬和学习的人，同样，他们也顶着数字化冲击下媒体转型、市场突围的压力；他们也不得不面对后生可畏的更年轻网络世代的崛起，需要调整策略和产品形态，以满足这批“后浪”越来越多变的口味。从他们的故事里，我们可以读到一些经验，感知某些教训，后者甚至价值更大。

"话本·前沿"里的一些文章往往话题性十足。它们所探讨的是一些时下热门的议题。例如，面对人工智能、机器人逐渐被推广应用，如何避免在"人与机器的赛跑"中，人类可能会最终输掉比赛、丢掉饭碗？怎样看待无孔不入的大数据应用场景，我们的信息可能遭泄露、隐私容易被侵害？以及，人们关注的媒介渠道在急速转移，当报刊停止印刷、频道宣布关停，真的是丧钟为传统媒体而鸣了吗？抱歉的是，不少问题我无法给出答案，而且有些回应本身未必周全，但开放、包容、协商的对话与沟通，正是对待这些问题的应有的立场或正确的姿态。

除了目录架构，每篇文章里都另外设置了导读和笔记。"导读"是文前关键语句、精彩观点的摘录，而"笔记"是基于每篇文章所涉话题提纲挈领的一两句话，它是二次创作的产物，是媒体数字化转型的建议策略、行动指南。

4. 为什么对未来审慎？

这本书很多内容基于过去，却重点着眼未来。当前，国内媒体界普遍关心如何尽快实现转型融合，追求社会效益与经济效益的双丰收。此项构成了近些年业界热衷探讨、研究的课题。对此，国内不乏相关出版物，例如《手机新闻的兴起与媒体融合研究》《媒体融合时代的内容生产与信息传播》《媒体融合与移动传播：产品、平台与用户》《媒体融合：顶层设计与平台构建》《媒体融合：策略与案例》《媒体融合的芒果实践报告》等。它们中绝大多数是学术论丛，也有一些产业分析，但总体而言，对升维融合的过程展现出憧憬与乐观。相较之下，本书从形式到结论略有不同。

本书不是一部学术著作，虽然它的理论性不弱。就文本类型而言，将其定位成一本评论随笔集是贴切的。虽然书中近百篇文章各有论点，但它们所呈现出的却是一种对媒体未来审慎评论的基调。

审慎持有的忧虑是站在传统媒体革新的立场，是处于公众智识状况的角度。就像在书中有多篇文章会谈及传统媒体对于新媒体的市场"侵入"与"蚕食"，往往屡战不胜却又不得不奋力坚守。探究个中缘由，体制的、观念的、制度的、技术的、文化的、资本的、人才的各维度的表现与这个时代的疏离与格格不入，都可能是阻碍融合的罪魁祸首。其实这些道理许多业内人士都懂，也深知“变法图强”的要义与措施，但苦于某些不言而喻的牵绊，而无奈眼睁睁看着内容市场、意见领地逐渐拱手相让于新媒体平台。

有些是限于技术壁垒所无可奈何又无能为力的。譬如，就电视媒介而言，它的物理属性决定了它在同一频道、同一时间内只能上一档节目，所以得精挑细选、按照最大收视率的考虑来编排节目；但视频网站就完全不一样了，在单位时间内，它可以同步上线播出若干个节目。所以，两者相比，电视台在编播技术维度上就落后于网站了。所以传统媒体众口难调却又极尽所能照顾周全，而新媒体大可以在分众传播、精准推送时兼顾各取所好。

事实一再证明，互联网发展与应用至今，并没有显示出网络先贤们所畅想的“乌托邦”盛景、一个自由之地。相反，它仍有中心架构，并不扁平，位阶分明，伴有数字鸿沟、网络犯罪，甚至社交媒体成了滋生不实谣言、虚假新闻的“温床”。这与我们想象中的网络世界大相径庭，亟须正视。

借助网络，人们在信息获取上唾手可得，交流时可打破时空壁垒同步传输，即便在物理上足不出户，在认知上也可以自由地抵达全世界，有更广阔的视野。这原本是我们所信奉的和认为应当是那样的状态，但结果不免让人失望。“键盘侠”“数字暴民”“网络霸凌”“信息茧房”“人肉搜索”等一再出现，而过激的反智主义、狭隘的民族主义、暴戾的群体极化，都长期在网络空间游荡且有愈演愈烈的趋势。网络使社会的信息生产与传播成本低廉，但很多人却把这种“廉价”用在了制造噪声上。

希望本书在重塑公众媒介素养上能尽绵薄之力，而不仅让公众只是关注传统媒体的困境与重生。在此意义上，本书在“盲盒”之外更想要成为的是“水晶球”，透过它，看清数字技术会给媒体与新闻业怎样一个未来。

目录

上篇　文本·观念

中篇　标本·案例

下篇　话本·前沿

上篇

文本·观念

我们可以从中读到什么

《新闻社会学》的出版，为迈克尔·舒德森再次赢得广泛的声名，同时，如该书书名所展示的那样，它勾勒了这一领域的理论框架与研究范式，并在此基础上，对“新闻生产”的探寻往前又迈进了一步。

《新闻社会学》的出版，为迈克尔·舒德森再次赢得广泛的声名，同时，如该书书名所展示的那样，它勾勒了这一领域的理论框架与研究范式，并在此基础上，对“新闻生产”的探寻往前又迈进了一步。

作为当代美国最具影响力和威望的媒介学者之一的舒德森，他的声名鹊起顺应了当时“新闻编辑室田野调查”的浪潮。那得追溯到20世纪70年代，一些并没有受过新闻专业科班训练的社会学学者，陆续将视角投向新闻生产机制，他们走进编辑室、深入编辑队伍中，以“民族志（Ethnography）”研究方法，来获取对新闻生产与传播机制的一手经验和直观判断。他们赖以运用的“民族志”，最早被用于人类学中的田野调查，其最有价值的地方在于通过参与、沉浸式观察，获得局内人的视角，且经常辅之以一系列深入、感性、细致的访谈。在这波浪潮中，诞生了一批优秀的学者和经典的作品，例如盖伊·塔奇曼的《做新闻》、赫伯特·甘斯的《什么在决定新闻》、马克·费什曼的《制造新闻》（*Manufacturing the News*）。其中，还有舒德森的《发掘新闻：美国报业的社会史》（以下简称《发掘新闻》）。

借由《发掘新闻》，舒德森正式开启了学术生涯，并在其加入的媒介社会学阵营中以涉猎广泛、著述丰富、观点鲜明、风格明快著称，扛起了这一学派的理论大旗。该书的重要性还在于，它脱稿于舒德森在哈佛大学攻读社会学博士的毕业论文，它所关注的是新闻从业者在报道中所奉之为圭臬的“客观性”原则。

舒德森梳理了美国报业的发展史，从19世纪30年代的“便士报运动”到20世纪上半叶新闻专业主义理念的最终形成，他发现，人们对“客观性”推崇的背后是科学主义、意识形态、民主生活和新闻市场共同作用的结果。真有纯粹的“客观性”吗？对此，舒德森的态度是不置可否——既不认同它的成立，也不否认它需要存在的必要性、合理性，并据此提出，在没有一种更新的新闻理念之前，它仍将是新闻业者维持其职业与专业的标尺。

从他的首本著作问世过去四十余年，舒德森又相继写出了《广告：艰难的说服》《美国记忆中的水门事件》《新闻的力量》《新闻社会学》《为什么民主需要不可爱的新闻界》《好公民：美国公共生活史》《知情权的兴起：

美国政治与透明文化（1945—1975）》等作品。在众多媒介学者之中，他不算作品产出量最多的，但他却因议题选择多元、写作生动易读、说理深入浅出，使其在美国本土及海外拥有众多读者与追随者。

虽然舒德森并未把《新闻社会学》一书视为他投入最多也最重视的代表作，但这丝毫不影响该书在媒介社会学领域具有较高的学术地位。对比舒德森的其他作品，《新闻社会学》更像是一本其所在领域的“科普读本”，书中案例鲜活、论述浅显、行文流畅，正如舒德森所希望的那样，一本定位于“教学衍生”（teaching-derived）的著作，希望高校本科生也能理解他的基本观点。而他的理论主张是一贯和延续的，自《发掘新闻》以来即使他偶尔并不直接考察新闻业（如《好公民》《知情权的兴起》），但他的研究方法、分析框架、核心观点却没有实质的偏离。

长期以来，舒德森以其深厚的社会学素养和历史学视角，不断阐释美国新闻媒体与本国政治经济、社会文化之间的联系，以及新闻发生的机理与演化的逻辑。当今新闻业在社会学者看来，关乎权力、思想与文化的话语权，更事关公共领域的建设。所以，《新闻社会学》将新闻业定义为“生产和传播有关普遍公共利益的重要时事信息的活动或实践”，也就不足为奇了。

没有“公共性”，新闻业的生产意义就不复存在——舒德森也直言不讳道：“然而，在任何一天的报纸、新闻网站、广播或电视上的新闻播报中，大量的素材是有趣却并不重要的。”如美食家评论调味酱的浓度、幽默专栏作家取笑他们的亲友、娱乐记者竭力挖掘名人离婚等八卦，当然，还有一些填字游戏、文娱新闻播报、气象预测等，这些信息共同构建成被称为“新闻业”的东西，但它们可不是舒德森作为新闻社会学者要关心的内容。

在舒德森眼里，这些消息、资讯难以提升到公共普遍利益的高度，但不可否认，它们却不可或缺——通过吸引公众兴趣与关注，引发购买行为，进而对媒体予以资金上的支持，以便让媒体有足够的财力对真正的新闻展开深度挖掘、调查报道。

基于实证分析，舒德森当然不会反对媒体有谋取利润的动机（或者说作为一家经营单位，不考虑盈利是不可思议的），但它仍有义务去维持读者眼中的可信度。这种基于公共性和商业性考量的因素，让媒体对所谓的“客观性”“专业主义”要求有了一种微妙的平衡。

为此，舒德森在《新闻社会学》中贡献了一批充满灵性的箴言，如“专业主义既是疾病，也是药方”“客观性的追求本身是一个失真的源头”“有关现实的每种叙述都必然呈现出一些东西和遮蔽一些东西”“每种叙述都有意或无意地假定了世界如何运作、什么是重要的、什么是具有意义的，以及应当怎么样”……

这些洞见得益于对编辑室深入内部、近距离的探究，让外界明白了新闻运作的真实规则和它更具复杂性的社会面向。在舒德森的笔下，那些耳熟能详的传播学概念或学说，得到了更近于现实、近于实况的注解，它们是：传播偏向、议程设置、新闻架构、把关人、公共领域等。

然而，这本书所涉及的话题不仅限于此。舒德森希望它能起到新闻研究的导引作用，对于大众读者，可以用它把一些相关的理论成果简化并有序地组织起来，供他们快速领略新闻社会学的要义。

于是，在这本书中不仅有作者对时下新闻业的概括、新闻如何影响人们的行为的描述，还有新闻在面对市场、历史、文化、受众等各种社会要素介入下，其制作报道是如何进行的，要知道，它不但是文本的系统加工，更是工业化的生产。

《新闻社会学》首次出版时间为2003年，虽然时至今日也才过去18年，但对于快速变化的新闻与传媒业而言，不亚于恍如隔世。仅就智能终端所引爆的一连串移动传播革命来看，虽新闻犹在，但其形式、渠道与边界却发生了翻天覆地的变化。正是出于这样的认识，借修订新版之际，舒德森更新了许多地方，并增加了“21世纪的第一波新闻革命”的全新章节。在新增的这一章里，舒德森集中讨论了数字时代新旧事物之间日益“模糊”的现象，这些现象涵盖新闻的参与者身份、相关职能部门的边界、媒介载体形式以及新旧媒体之间的界限，等等。

在社会与历史的框架下，新闻会混合着各种变量，也面临着不同势力的冲击，如今，信息科技裹挟下的新媒体更是对传统新闻业带来了“要么革新，要么被革新”的时代命题。在这个时候，舒德森在纠偏新闻行业认知的同时，其一如既往的看法或许值得我们借鉴，他说：“我对新闻业的未来抱着谨慎乐观态度。”

笔记

当有些观点认为“新闻是做出来的”、报道奉行的“客观主义不可测”等，通常是因为换了立足的位置与观察的角度。要对新闻业的真实面予以了解，没有什么比进入编辑室并沉浸其中，更是当务之急了。

伯内斯“宣传”的弦外之音

若干年后，当我们再次阅读伯内斯的著作，在品味其内容简练直观之余，其实还可以读出那些富有深意且余声不断的弦外之音。

爱德华·伯内斯有“公关之父”的称号，这与他在业界奠基性的成就、开创性的贡献密不可分。菲尼尔斯·泰勒·巴纳姆、艾维·李与他一起共享了公关之父的声誉。但比较起这三人在专业自觉、行业自省以及志业自立方面，伯内斯一马当先。他享寿104岁，在漫长的岁月中，他为公关传播撰写了数十部作品，并对公关相关学说、理论、思想做出了修正以迎合当时大众的情感与认知；不仅如此，他还是最早在大学开设公共关系课程的第一人，是名副其实的学科创始人与带头人。而巴纳姆醉心于马戏生意和商业版图，艾维·李则一度背负道德原罪，其一生毁誉参半且英年早逝。

从传播学史角度看，伯内斯的成就举足轻重、影响深远。但在学院派眼里，他似乎不被重视，还被轻视、忽视。例如，在经典的《传播学史：一种传记式的方法》中，E.M.罗杰斯未给他留过些许篇幅；在张国良主编的《二十世纪传播学经典文本》中也没有他的版面。或许合理的原因在于伯内斯作品“不够学术”。对此，国内传播学者刘海龙曾补充过一个细节——伊莱休·卡茨、约翰·彼得斯等人在选编《媒介研究经典文本解读》作者时，就将一代舆论学巨擘、伟大的专栏作家沃尔特·李普曼淘汰出局，当被问及原因，得到的回答是“李普曼并不是一个真正的学者”。如果李普曼都遭此对待，那么伯内斯没有顺利入围也就毫不意外了。

从叙事手法、书写方式再到体系建构，伯内斯作品“学术性有限”已经是既成事实。以今天的眼光看，他的作品更像是面向大众的启蒙读本、畅销书范本。但问题在于，不能仅仅因为通俗易懂、深入浅出而否认它的原创性、思想性与深刻性。多年后，当我们阅读伯内斯的著作，从《舆论的结晶》到《宣传》再到《制造认同》，就个体观感而言，他就像公关学界的彼得·德鲁克，后者的文章也谈不上算是规范的学术体例，文字直白观点鲜明，但他无愧于“现代管理学之父”的封号，其学说、理论至今仍指引着工商界如何开展卓有成效的管理实践。抛开传统成见或学术偏见，伯内斯对于宣传观念的诠释，在整个传播学思想史中都有着不可磨灭的地位，时至今日公关、宣传界都承继着他的思想，为行业的正当性、方向性乃至策略性的层面确立尺度、提供佐证。从事大众沟通工作和研究传播学说的人士，都应当对伯内斯加以关注，并给予公允的评价。

对伯内斯那代人来说，在很长时间内，他们都会因为参与对“宣传”的原理研究、策略制定、理念推广而惹来非议。就像哈罗德·D. 拉斯韦尔在《世界大战中的宣传技巧》中所揭示的那样，出于战时需要，宣传常以充满谎言与欺骗、挑唆矛盾和煽动情绪的方式进行。这种扩散和传播的行径生而带有“邪恶感”，是贬义到为人所不齿的。但伯内斯却反其道而行之，不光亲自上一线，运用宣传的技巧帮助活动策划、演艺经纪，并以充沛的精力和十足的野心，试图为宣传正名。

首先，他不人云亦云，而是鲜明地指出宣传是在多变、复杂、信息不对称的年代下，用来告知、说服和整合关系来形塑社会认同的。换言之，宣传是信息传递、观念传达、价值观传导，最终旨在“目的先行”地去影响和改变他人的行为。从词性上看，宣传就是中立的。所以从 20 世纪 20 年代起，他坚持使用 propaganda 去指称“宣传”，直到数年后，他深感这个词在人们心中先入为主、难以根除偏见，这才改用 publicity 来替代。至于 Public Relations 作为后来“公关关系”的代名词，那是 20 世纪 40 年代以后的事了。

当宣传不是也不该被误解为“操纵思想”，伯内斯在宣传上可发挥的舞台空间就更大了。一方面，他热衷投身实践，在营销、广告、公关行业中摸爬滚打，在全世界各地穿梭，而受他指引的追随者、“弟子门生”在该领域也逐渐崭露头角，开始功成名就、树立标杆，如伟达公关的希尔、博雅公关的夏博新，后者还出版了回忆录《我的公关人生》；另一方面，伯内斯不断拓展公关宣传理论的内涵，丰富其方法论模型、行动性框架。在许多经他之手的企业公关事件中，他的一整套宣传理念可转化为以下这组关键词：制造事件（议题）、利益互惠、群集效应。更值得一提的是，伯内斯擅长从大处着眼，以宏观视野去对待局部、微观、个体的营销需求。这个手法的高明之处在于，它避开了细碎的、可能引起正面冲突的障碍，而迂回地采取降维打击。譬如，当你被要求去推销一款沐浴产品，按照伯内斯的做法，他不会把重点放在产品本身，而是会努力去呈现一种拥有该沐浴品之后的全新的、潮流的、品质的生活。他的逻辑很简单，你认可该生活方式，你就自然接纳这款上市新品。

而对广受诟病的宣传的道德性审视或正当性追问，伯内斯虽深知任务艰巨、道长且阻，但始终不遗余力。就这一点来看，他对这个专业的功劳远超巴纳姆、艾维·李两人，如果非要给后两位盖棺定论，我们无法否认他们先驱的身份，但真正开一派之先河的非伯内斯莫属。具体来说，伯内斯认为公共关系是一种应用于科学的艺术，沟通应当采取“双行道”，即宣传主体与公众要相互理解、彼此协调，客观上还得要创造和维护公共之善，促进社会进步——尽管这只是一种冠冕的措辞，但伯内斯能意识到并对公关业对社会性的关切加以修饰，毫无疑问，这是一种释放善意和尽力消除公众疑虑的有益之举。不仅如此，伯内斯还试图为公关业探寻历史源头，目标是为其找到合法性论证。

借《舆论的结晶》在 1961 年再版之际，伯内斯专门撰写了一篇长达 54 页的序言，取名《公共关系史纲》。在文中，对公关追溯至古希腊，然后一路往下讲到 20 世纪中期，公关业的全面崛起、发展成熟以及他对此所做的一些从概念到实践原则的归纳。这番历史性回顾后来成为大多数美国公关院系教材回溯自身专业的经典叙事范式。

然而，对伯内斯的学说一直不缺批判者、反对声。代表性的观点有：伯内斯的公关史缺乏精确性，忽略了大量细节；很多结论性的内容有“裁剪”的痕迹，融合了诸多来自李普曼、《乌合之众》作者勒庞的说法，论证浅尝辄止、内在逻辑自洽性不够；有强烈的精英主义倾向，骨子里蔑视大众，其对外宣扬的要与公众沟通、联络，但难以摆脱隐形操纵、迷惑使之确信的目标……火力更为猛烈的还有尤尔根·哈贝马斯和诺姆·乔姆斯基，两位当代知名思想家分别从批判学派和语言学的立场，对伯内斯（事实上也可以牵连上李普曼等）发起了最严厉的抨击。他们的靶向大体是借由符号、语言、仪式、器物、产品等媒介，巧言令色地制造公众认同，这种推销之术、议程设置会侵蚀公共领域，进而影响民主、牺牲大众的权益。

倘若伯内斯与这些批评者相识，且有机会面对面坦诚地交流，不清楚他会以怎样的雄辩和策略去践行他的“双行道”，从而去说服他们“黑转粉”。

但当我们得知哈贝马斯和乔姆斯基是激进的左派意见者，而且素来以反对者的姿态出现，甚至横眉冷对西方的民主制度时，伯内斯可能会向李普曼一样，从古希腊的政治观念尤其是柏拉图的相关学说中汲取灵感，并反问道："指责公关的不是，不也正是民主固有的悖论？政治如果不是精英统治，还能是什么，现实中有反例吗？"

若干年后，当我们再次阅读伯内斯的著作，在品味其内容简练直观之余，其实还可以读出那些富有深意且余声不断的弦外之音。

笔记

把"宣传"作为中性词来对待的话，它是信息传递、是观念传达、是价值观传导，最终旨在"目的先行"地去影响和改变他人的行为；如果你忌讳用这个词，怕引起误会，那就改称"公关传播"吧。

观念史的书写与顾虑下的叙事

整本书像是一部传播学和社会学相关的经典名家、名作的文献综述，那些耳熟能详的传播巨匠及其代表学说，都有赖于刘海龙的归纳得以重温。

1924年1月27日，广东高等师范学校礼堂，孙中山正在演讲《三民主义》，听者络绎不绝，把现场围了个水泄不通。

1929年，胡适、罗隆基、梁实秋等一批知识分子，以《新月》杂志为阵地，以英美自由主义和民主理论为援引，抨击国民党政府。

1936年，日本侵华野心已经昭然若揭，燕京大学新闻学系教授梁士纯通过文章、演讲宣传积极抗战的意义。

三个历史片段，三组历史场景，共同指向一个概念：宣传。我们不由得展开一系列的追问：什么是宣传？宣传是否有不同理解？其正当性何来？它是如何被实施的？在《宣传：观念、话语及其正当化》（以下简称《宣传》）一书中，刘海龙懂得修辞的重要，富有叙事策略地为读者营造出现场感，让人沉浸其中，体会到宣传的无时不在和无处不在。限于篇幅，这里只摘要了书中开篇的前三段素材，而同样的，刘海龙也出于文本空间的精要，只是将"历史上的宣传"止于中国近现代的若干时期（包括当代2011年，全国政协会议召开题为"政协委员谈公共外交"的记者会），而未将视野延至海外、追溯千年。但这些素材足够支撑起作者的论证，不管具体以什么称谓出现，被谁在使用，作为说服和改变他人目的的"宣传"一直都在——要注意，刘海龙的书写何尝不是一种观念的宣传。

然而宣传一度被招致误解乃至诋毁。如刘海龙在书中写道的，"研究宣传思想，最大的障碍之一是宣传话语的多变和难以捕捉"。在他的梳理之下，与宣传构成同义、近似的词组包括洗脑、灌输、再教育、思想改造、政治教育、新闻管理、公共关系、危机管理、策略传播、形象管理、公众外交、心理战、大众说服、意识形态霸权、社会动员、心理操纵、共识制造、意识操纵、信息操纵、国际传播、文化侵略等，这些有着不同词性的语词，共同构成了有关宣传的复杂、多面、迁移、流变的"观念史"。而刘海龙要做的工作多少有点像米歇尔·福柯，后者曾对性话语进行了考察，他发现在中世纪经院道德的专制之下，谈性成为一种禁忌，但即便如此，有关性的谈论却没有消失，相反，它们以训诫、科学、道德、神话、通俗故事等方式大量出现。如今，刘海龙把宣传选为研究对象，做了大量脉络梳理或知识考古，并声称在结果上得到了与福柯在《性经验史》中一样的体察。“对宣传概念的压抑，带来的不是宣传话语的减少，反而是相似概念和知识的大量涌现。在这个过程中，作为一种知识的宣传话语正式诞生。”刘海龙总结道。

《宣传》一书源于2008年刘海龙的博士学位论文，转眼十二年过去，此次修订再推新版。虽然时隔数载，但此项研究仍具价值。一方面，它的意义并不旨在填补国内相关学术课题的空白——尽管在刘海龙写作该文稿时，这一领域“在国内基本还是无人问津的地带”，但近些年，情况大有改观，把宣传当作传播学的一项子课题来关注的并不少见。另一方面，该书借由宣传的关键词串联，它会涉及新闻伦理、信息传播、专业主义、媒介素养、舆论导向乃至公共领域构建等从学科到社会等一连串时代议题。有两个相似的场景既耐人寻味又发人深省：一则，当你在读一篇报道、看一则新闻或观赏一部影片，你确定它不是别有企图的宣传？二则，我们如何保持信源的不受污染和头脑的不被侵扰，避免成为沃尔特·李普曼笔下被嗤之以鼻的“坐在剧场后排失聪的观众”？

和第一版相比，刘海龙在新的《宣传》中做了许多大刀阔斧的修正，内容涉及从研究方法到文本编排再到结论提炼。这在某个角度也反映了国内外学界和作者本人在宣传观念认知上的跃迁。就方法论而言，刘海龙剔除了以今天眼光参酌昨日之事的“立场预设”，会在更长、更广的时空与尺度中把握观念的延续、发展和变化。同时，讨论前提依旧是将人们明确提出宣传观念后的20世纪作为研究史的起点。“观念是主角，而不是历史事件的附庸。”刘海龙直言不讳他在写作思路上向大卫·阿米蒂奇的《内战：观念中的历史》致敬。

目录体系的调整是一种很直观的变化。把它与初版的《宣传》对比，章节顺序回到了人们熟悉的“你我有别”模式，而非先前的“你中有我”。确切地讲，刘海龙曾为了强化中国作为全球的一部分，刻意地把对中国宣传史的介绍嵌入全球化的框架内。这么做，自然顾及了世界范围内观念自由流动与思想无界传递，但却对外界造成了不小的阅读障碍。人们会认为编排过于眼花缭乱、线索略有模糊不清。本次《宣传》做了及时的调整，亦是一次传统的回归。全书十余章，对国外与国内宣传思想的概述评析各占对半的篇幅。

在书中，刘海龙曾多次强调他所讨论的宣传，是在观念话语层面上，落脚点在实施行为的正当性的探寻上。如同该书副标题所说明的那样——“观念、话语及其正当化”，从站位来看，刘海龙是在考察宣传作为一种思想引导或改造方式的学理分析，而非对宣传策略如何制定、行为如何贯彻、效果如何评测以及受众如何反馈等一般性描述。这就是说，通过对该书的阅读，我们希望从作者口中探究他信奉的“宣传观”到底是什么，以及在浩繁如海的传播学著述中，作者为我们整理出哪些可贵的思想资产。

整本书像是一部传播学和社会学相关的经典名家、名作的文献综述，那些耳熟能详的传播巨匠及其代表学说，都有赖于刘海龙的归纳得以重温。但真正对刘海龙创作起到框架作用的是已故宣传史学家菲利普·泰勒所提出的一组概念：“一体化宣传”与“科学的宣传”，它们分别用来指代历史上的苏俄和英美国家主要采用的宣传模式。两者的呈现千差万别，但两者关键区别在于：宣传是否尊重和保障受众享有自由选择信息的权利，是否允许和容纳宽松的舆论环境，是否采用强行灌输还是柔性推送的方式。不过，仅从概念的命名来看，“一体化”与“科学的”似乎是不妥当的。它既忽略了英美等国家也会采用总体、一体化的宣传方略，例如法国人雅克·埃吕尔提出的“总体宣传”与“整合宣传”的理念，同时，它也貌似否认了苏俄不重视宣传效果、不懂得利用社会科学的各种理论和技术。

于是，这多少解释了刘海龙为何在第二版中把“一体化宣传观念”“科学的宣传观念”分别用“宣传观念 1.0”和“宣传观念 2.0”的称呼来替代。至少在数字的递进上，它表明了一种进步的、提高的、改善的意义。同时，刘海龙也借修订的契机，对之前的部分观点做出了纠正。这主要是指他对中国宣传范式的认定和推断上。他认为中国宣传在信息技术的迭代与加持之下，宣传的平台、渠道、理念、手法等都发生了深刻的变化，因此一场“宣传观的数字化升级”在所难免。然而，中国的国情与舆论环境的特殊性决定了它不可能复刻 2.0。既然老路又走不回去，也不能再走，所以“宣传观念 3.0”的称谓就匆忙出来了，在书中，作者用它指代在前两者迭代产生的兼具前两种宣传观念的特征，但同时又在新技术和管理条件下的新型宣传观念。

限于篇幅，我们自然无法对“宣传观念 3.0”的定性是否妥当做出评判，也正如刘海龙在全书的末尾部分，用一些网络“小粉红”和“粉丝民族主义”的案例引述，就简单地打出了宣传观念 3.0 的大旗；想必他知道，其观念论证是否充分以及基于不言自明的道理所做的技巧性的处理。但不可否认，刘海龙翔实的资料收集、扎实的学问功底和务实的研究导向，为我们揭示了中西方一直都存在却又向来神秘的“宣传面纱”。就像威廉·夏伊勒在《第三帝国的兴亡》、杰弗里·赫夫在《德意志公敌：第二次世界大战时期的纳粹宣传与大屠杀》中所不断警示世人的，宣传可用于沟通，也可用作遮蔽；可劝人向善，也能教人作恶。它的界限与底线意识，是我们关注宣传观念的应有之义。另外，在涉及中国近现代宣传观念的形成、发展、演变和转型的不同历程时，《宣传》给予了全景式的描绘，是一份可供参考、引证的重要研究史料。

笔记

宣传可用于沟通，也可用作遮蔽；可劝人向善，也能教人作恶。它的界限与底线意识，是我们研究、形成科学“宣传观”的应有之义。同时，在信息接收时要懂得区分什么是新闻、什么是宣传，前者力求客观，后者基于主观。

布尔迪厄的深刻与浅见同在

用电视为电视祛魅，无疑会是一种奇妙且错置的体验。这就好比用公共协商的方式对话民主经常出现的低效与无奈。然而这种“思想的冒险”是必要的，亦是有价值的。

“我想在这里，在电视上设法提几个关于电视的问题。”1996年3月的一天，皮埃尔·布尔迪厄受法兰西公学院的邀请，在电视台录制了两讲公开课。课程主题围绕电视，当然，内容无关时政或风月，也不谈媒体业的变迁或记者是如何工作的；两次授课题目——从“台前幕后”到“无形的结构及其影响”，布尔迪厄旨在戳破电视的幻象。他说，“本应成为民主的非凡工具的电视却蜕变为象征性的压迫工具”，这句话应当换个角度理解，至少在布尔迪厄眼里，电视“事实上”在很多场合中已成为权力骄纵的工具。

由于面向的对象是大众，要求布尔迪厄要尽力讲得通俗，而非一味追求思想的严肃和理论的深奥，所以，那一次演讲为他引来了广泛的关注，同时也包括争议。备受瞩目对布尔迪厄而言司空见惯。作为法国当代久负盛名的社会学家、文化批评家，他的学术威望与睿智观察，在观念和舆论的市场里总占得一席之地，况且，他还借助了最具传播力的电视媒介选了一个不让人望而生畏的话题。但问题也在于，它会惹来一些不满及愤怒，尤其是电视从业者。当布尔迪厄面对镜头和镜头之外的绝大多数观众说出“上电视的代价，就是要经受一种绝妙的审查，一种自主性的丧失”“电视求助于双重意义上的戏剧化：它将某一事件搬上荧屏，以影像的形式加以呈现，同时夸大其重要性、严重性以及戏剧性、悲剧性方面的特征”，不知道当时在同一演播室内的制片人、导播、摄像等电视人，会作何感想。

用电视为电视祛魅，无疑会是一种奇妙且错置的体验。这就好比用公共协商的方式对话民主经常出现的低效与无奈。然而这种“思想的冒险”是必要的，亦是有价值的。在现代文明、开放的社会里，它有助于人们对那些耳熟能详或见怪不怪的流行文化、社会现象予以重新审视，并借此展开批判；它启迪民众认知和思想，对可能冒犯到私人领域和侵害公民权利的行为抱有警惕。然而，布尔迪厄会用一些他独创的词汇，如“场域”“资本”“习性”来建立起他的分析框架乃至路径。

对于布尔迪厄，中国读者并不陌生。在过去20余年间，他的作品不断被引进出版，从较早的《实践与反思：反思社会学导引》到《言语意味着什么：语言交换的经济》《帕斯卡尔式的沉思》，再到近几年再版的《实践理论大纲》《世界的苦难》《男性统治》《自我分析纲要》。他的学说日渐成为社会科学领域的一门显学，在评价文化工业、资本市场时，援引其一两句经典话术或概念，是一种流行的标配。他和他的法国同胞，像雷蒙·阿隆、米歇尔·福柯、让·鲍德里亚等一众知识分子，星辉熠熠，在社会学界里建构了重要的思想资产和理论谱系。

但总体而言，布尔迪厄的作品以艰深晦涩、佶屈聱牙而著称，从理解接受上并不容易。相反，由他那次公开课讲稿所形成的《关于电视》这一小册子为它的受众考虑，最大程度上体现了语言的亲民，因而少了一些距离感。它更像是通往布尔迪厄“观念丛林”的导航图，简明扼要地呈现了其庞杂理论的最大公约数。

其中，“场域”便是一个例证。这个称谓几乎在布尔迪厄的作品中随处可见，在《关于电视》中也不例外。“一个场就是一个有结构的社会空间，一个实力场。在这个场里，有统治者和被统治者，有起作用的恒定、持久的不平等关系。同时，这也是各个参与者为改变或保存自身的位置而进行斗争的战场。”布尔迪厄笔下的“场”有着多重的指代，它可以是具象的、可见的、实在的，也可以泛指一切组织、机构、有机体；对于后者序列，更简单、直接的替代词可以是“权力关系”。这也是布尔迪厄一贯的学术立场和基本主张。

当运用“场”的理论来检视电视，布尔迪厄提醒我们，各大电视台及其不同节目会受到来自收视率（经济）、节目编审（文化）、价值立场（政治）等内外因素的制约与影响，这是一个相对稳定的结构，身处其中的每个人在其各自的位阶上，主动或被动、自觉或不自觉地融入整个体系的运行。为此，布尔迪厄还专门新创了两个术语——“习性”（也译作“惯性”）和“信念”，它们分别用来表示在场域中的行动者长年累月形成的能动反应，以及在所处环境中自然而然塑成的态度、意识和信仰层面的东西。譬如，一个从业多年的资深记者，会出于收视考核、播出口径、商业合作乃至对个人职位晋升等考虑，将一些新闻专业主义的要求置于一旁或轻描淡写，且通常采取漠视或习以为常的态度，这便是布尔迪厄指陈的“电视场”的残酷真相。类似的例子还包括记者就某一话题采访嘉宾，但主题预设、导向明确、假借之口，要求受访者尽力在限定露镜时间内将记者希望展现给观众的内容讲完、收工。

布尔迪厄对电视媒介的批评在某些论点方面与沃尔特·李普曼、迈克尔·舒德森、赫伯特·甘斯、兰斯·班尼特等传播学者的一些论断不谋而合。他倒不是像尼尔·波兹曼那样痛批电视的粗鄙、浅薄，而是善于将资本、权力、统治、冲突等表征对立抗争关系的思维模式（或“分析工具”），用来诊断各种社会问题。所以，在电视场之外，自然还有媒介场、学术场、政治场、文学场、法律场、科学场……值得一提的是，德国法兰克福学派以大众文化和意识形态批判而著称，而布尔迪厄在相近的领域里不遗余力、持续发表见地，这很容易招致误解，让人们误以为布尔迪厄与法兰克福学派如出一辙。但这只是一厢情愿的误会。当布尔迪厄的代表作《区分：判断力的社会批判》在 1979 年出版时，法兰克福学派的所有开创者都已去世，因此没有机会对这部关于文化阐释的重要作品做出任何回应。而布尔迪厄在其有生之年却有大把时间对法兰克福学派的重要著述进行评述，不过他却通常选择忽视。这种视而不见虽然较为遗憾，但两者理论不管从师承渊源还是从最终结论，本质上都是不同的。法兰克福学派继承马克思学说，布尔迪厄承继韦伯；前者认为现代社会拥有的是统一的大众文化，而布尔迪厄提出不同阶级造就多样的文化。

相较而言，《关于电视》对布尔迪厄的其他作品，表现出阐释上的克制、点到即止。基于对当时法国电视媒体市场的观察，布尔迪厄将“场域”的范式适用其中，得出了一系列有别于传统媒介学者的见解，例如“市场的竞争导致新闻媒体传播的内容的同一和平庸”“新闻场域具有高度的他律性，尤其受到政治和经济两种力量的支配”“新闻场域内部的审查以及符号暴力不利于思想的交流”。

不可否认，布尔迪厄的诸多观点似曾相识，起码就学说创新的维度来看，并没有太多原生性的内容。其主要原因可归咎于布尔迪厄在新闻与传播圈内，终究是一个外来人、闯入者，他对该学科研究文献、各家学说的掌握明显不够，因而力不从心。而作为修辞策略，他势必会有所顾忌地避开他不熟悉的话题，仅从他具有话语权和判断力的方向去谈论一些宽泛的议题。与此同时，他显然也低估了媒体的“自洽性”。当然，这个自洽与布尔迪厄用这个词时，所指的内涵不一样。它表现为电视媒体具有多重功能，既有教化功能，也不能忽略它的娱乐功能。至于渗透到电视场中的外部力量，政治的、经济的、文化的固然没错，但也不能否认跃迁的技术及其融合时代下各种边界的重塑与关系的重整。所以单就《关于电视》来说，布尔迪厄的深刻与浅见同在，一如荧屏中播放的节目，不全然让你“至死方休”。

笔记

电视媒体具有双重功能，既有娱乐，也有教化。此外，那些政治的、经济的、文化的力量会渗透到电视内容生产与传播的“场域”中，从而按照某些意志重塑电视与大众的关系。

《传播纵横》的出版价值与需要留意的几点信息

李金铨以他的实践与示范，向华语传播学界充分展示了由施拉姆、罗杰斯领军的当代北美传播学派的风格，也提点了后人在研究过程中应当避免的雷区。

李金铨毫不掩饰他对社会学家 C. 赖特·米尔斯的推崇。在多个场合，他说是米尔斯的《社会学的想象力》影响了他的学术旨趣与治学风格。这本书堪称米尔斯思想集大成之作，也是其作品中流传最广、引发讨论最多的一本。它有一个最重要的论述，知识分子应当对于日常生活有丰富的感知能力，并且能从历史视角，深入理解人与社会结构、时代背景的联系。

所以时隔数年，当李金铨把自己“讲学四十年”“治学五十年”的经历进行回顾、总结成书，并取名《传播纵横》之际，他又一次表达了对米尔斯的敬意，“早年求学时期，邂逅了米尔斯，让我明白了自己想做怎样的学者”，“我曾自许要发展深刻的问题意识，从远处大处着眼，并发展各种组成的环节与细节，以期以小见大，并愿意承担社会伦理与学术责任”。从很多方面看，这是一本致敬之作，也是展现作者研究“想象力”的终局之书。

在华人传播学圈内，李金铨声名赫赫、地位崇高，受人景仰。这个完全可以从其同行对《传播纵横》充满溢美之词、奉为圭臬的评价中感受到。从姜红的《五味杂陈，去塞求“通”》到朱丽丽的《入乎其内，出乎其外》，包括相关媒体的报道，李金铨在其专注的国际传播领域，无论是成果还是为人，都获得了主流的认可。事实上，对于大陆传播学者来讲，他们从李金铨这里更是获益良多。

2004 年，李金铨在转入香港城市大学执教后不久，便以其所参与创立的传播研究中心的名义，发起“中国大陆新闻传播青年学者到访计划”，之后的十几年，陆陆续续有两百多位学者参加，遍布国内各大高校。这个研究项目无疑促进了内地与香港的学术交流，在客观上，也是借助香港的特殊地理位置，及时掌握国际（尤其是欧美等西方国家）新闻与传播学的前沿动态、最新研究成果。按照李金铨的说法，这些到访的学者，“是当前中国传播研究的中坚队伍，有的已成长为学界翘楚”。鉴于李金铨早年先后在中国台湾（政治大学）、美国（夏威夷大学、密歇根大学）从本科到博士的求学经历，以及最主要的在美国明尼苏达大学执教多年的履历，使得他相对绝大多数中国本土传播学者而言，有更为突出的语言优势、海外背景及广阔的国际视野。这种机缘让他在当代华语世界中成为传播学领域的先驱者起到了布道以及桥梁的作用。

在《传播纵横》之前，李金铨在中国出版的著述并不是太多，有迹可循的唯有《文人论政：知识分子与报刊》一本，所以在认知度和相关原创、译著作品上，他都远不如何道宽、李希光、黄旦等人。但从仅有的著述来看，连同他在海外以中英文不同语种出版、编著的图书，如脱胎于他博士论文的《媒介帝国主义再商榷》和之后的《超越西方霸权：传媒与“文化中国”的现代性》《报人报国：中国新闻史的另一种读法》等，基本确立了他对华语传播学的智识贡献和他一贯的学术主张（脉络）。所以《传播纵横》出版的价值在于，它结集了李金铨几篇经典的、能反映其基本思想的文章，包括为同行作品所写的导读和序言，此外还首次收录了他曾以英文发表的若干篇论文。

虽然是一本文集，并且文章写作的时间相隔数十年，但李金铨要传达的观点基本保持了统一。书本收录的十余篇文章，除去序、跋、附录等几篇，其余按主题分成了两个单元，分别是国际传播和民国新闻史。结合李金铨长于台湾、求学美国的特殊经历，这无疑是他擅长的话题领域。然而，最能反映其价值立场、思想脉络的，还是国际传播这一部分，它包括了《传播研究的“内卷化”：简评美国主流研究的典范与认同》、《国际传播的国际化：反思以后的新起点》、《在地经验，全球视野：国际传播研究的文化性》、《视点与沟通：华人社会传媒研究与西方主流学术的对话》、《海外中国传媒研究的知识地图》（该文以问答的方式记录）这五篇文献。

要概括李金铨的传播学见地，既是容易的，也是困难的。容易的一面在于他遵循的研究方法和秉持的观点路径清晰并具有说服力。和多数优秀的理论工作者一样，他极为注重“问题导向”，但区别在于，他既认同“小题大做”，也不反对“大题小做”。他认为，在更开阔的视域内，可以去研究一些宏观的问题，但宏观不可宏论，可以通过一系列小问题的探索逐步逼近研究课题的核心。在此基础上，他旗帜鲜明地表达了对“内卷化”（involution）的批判与不满。这一概念来自美国人类学家克利福德·格尔兹（Clifford Geertz）的首创，大体意思是只专注于内部，自我陶醉，呈现出细节化、琐碎化的倾向，从而不再理会现实的宏大问题。对此，李金铨有一点精辟的归纳，他写道：

"内部细节精心雕琢，一味炫耀巧技，以致忽略概念创新、大胆尝试以及开放性的变革。有人赞扬传播期刊文献引用日臻'自足'，是学科成熟的象征。我不以为然，毋宁相信这是典型的学术'内卷化'，心态上自我陶醉，概念上近亲繁殖，对新兴领域的发展极其不利。只顾在琐碎的问题上面精耕细作，碎片化，好比放大镜照肚脐眼，徒给自己一种虚假的安全感，可以躲在学术高墙下面高枕无忧，对大问题不闻不问，不主动参与，更不积极争鸣。"

以此为靶向，李金铨批评了美国主流传播学界的理论贫乏和目光短浅。像美国新闻与传播学科中曾密集出现过的一些理论、概念，议程设置、知识鸿沟、沉默的螺旋、第三者效应、涵化（cultivation）、框架、使用与满足、创新扩散等，不少学者会满足于在这些"内部理论"中埋头操作，不敢越雷池一步，"手中拿着锤子，眼前都是钉子"。视野的狭窄，让他们不断复制、就地打转，写出一些千篇一律、无痛关痒的文章，并以为在经典权威的"庇护"下是安全的。与此同时，在美国传播学界，还有一种"美国经验即普世做法"的误判，以及有些美国学生会把"美国"与"国际"做对立面切割。这些信息，经由长期在美国旅居、教学，学问上"贯通中西"的李金铨之口说出，更显真实性与针对性，这对中国学人而言，何尝不是一种必要的警示——很难说，国内的学术风气不会发生类似现象，甚至还有过之而无不及。当然，李金铨有一点提醒了我们，当有人大肆反对美国学术"帝国主义"、搞"知识霸权"之际，有可能是一场"庸人自扰的误会"，他们中的不少人并不认为自己很"国际化"。

其实这些论述从李金铨早年的那本《媒介帝国主义再商榷》中可觅得踪影。不过，李金铨传播学思想的复杂面在于，他从其他诸多学科中汲取了养料，而不仅仅局限在传播或新闻学中。类似的例证不胜枚举。他多次提及的米尔斯是社会学的；他提出要"超越西方霸权"的论点是得益于爱德华·萨义德的，后者是当今世界极具影响力的文学理论与文化批评家，著有《东方学》《文化与帝国主义》《知识分子论》等；他讨论的尤尔根·哈贝马斯的"公共领域"，又是政治学、哲学领域的。他从人类学、文化学、心理学、历史学等汲取灵感、借鉴学说的做法，在《传播纵横》中比比皆是。也正是因为有这样的高度和广度，让李金铨以一种相对“超脱”的姿态开展研究，他提出“在地（本土）经验，全球视野”，这意味着，做学问时“不全盘接受西方支配性的观点，也反对抱残守缺的本土观点……普遍性与特殊性间有辩证关系，社会科学是处理这种关系的一门艺术：一味抹杀特殊性，造成霸道的学术殖民；但一味诉诸特殊性，毫无普遍意义，必然一事无成”。

这番表述承袭了其当年《超越西方霸权》一书中的观点，“既要超越西方霸权，又要警惕义和团式的学术民族主义”。李金铨以他的实践与示范，向华语传播学界充分展示了由施拉姆、罗杰斯领军的当代北美传播学派的风格，也提点了后人在研究过程中应当避免的雷区。有个值得注意的细节，常年生活在海外的李金铨在书中行文流畅、用词古朴，展现了汉语的典雅巧致，这和当前中国某些传播学译著的佶屈聱牙、晦涩难懂形成了强烈的反差。

笔记

要有全球视野，也要有本土意识。治学需要这样，实践更是如此。在对待西方经验时，我们很容易走向偏执的一端，要么一味遵从，要么一味抹杀。如何协调好普遍性与特殊性，既是一门艺术，更是一种自觉。

媒介环境学：一场事先张扬的学派开创

读者透过它，除了能概览媒介环境学派从萌芽、诞生、成熟到壮大的历程，也能快速地了解媒介环境学派那些先驱、奠基人和代表人物的生平、思想、著述精要。

“如果你是这里的老师，如果你想要创建媒介环境学，你会把什么样的内容放进去？”1975 年，尼尔・波兹曼向刚入学的博士生提出这个问题，回头来看，他不完全是从学术的角度对他们提出挑战，更像是希望从眼前这些年轻人当中选出一两个合适的学生进而协助他将媒介环境学研究发扬光大。

此时，波兹曼正在纽约大学执教，以此为据点，不断发展专业——从核心师资到学生门徒，还有课程的开设、研讨会的组织，以及学刊的创办。波兹曼丝毫不掩饰他对媒介环境学抱有的期望与雄心。他喜欢对学生说，这个学位点的使命之一就是探索麦克卢汉——他的学术偶像、传播学巨擘，曾经提出的著名隽语“媒介即讯息”。波兹曼不仅把它的理论与精神实质写进了他的教学计划里，事实上，他是想更进一步地把“专业”向外拓展成为一种“学派”。在这场事先张扬、意图明显的“话语圈层”的建构中，波兹曼的手法倒非常贴合其所主张的三大基本命题：第一，媒介固有的物质结构和符号形式发挥着信息是什么、如何被编码和传输以及如何被解码等决定性作用；第二，传播是先天带有偏向的，媒介信息蕴含着目的与理由；第三，传播技术会影响媒介文化。

波兹曼被广为人知始于他那部《娱乐至死》，那是一本问世于 1985 年的作品，同时它也成了波兹曼在学界从此声名鹊起的代表作。用林文刚的话来说，“这部雄辩滔滔、言辞犀利、力透纸背的著作，是媒介环境学对美国电视文化的有力批判”。在美国，它不但作为学术著作走红，而且还是大众市场的畅销书，人们把它视为一种大众文化批评的读本。然后，在另一个层面上，《娱乐至死》的成功成为一个载体，推动着媒介环境学闯入传播学的领地，并开始与北美经验学派、德国批判学派齐名，并最终与它们并列为当今传播学三大学派。

波兹曼当然功不可没，他先后写出的《作为保存活动的教学》《童年的消逝》《技术垄断》等佳作，共同构成了媒介环境学的一种理论资产，也为该学派的崛起注入了概念框架、人文意涵。波兹曼被公认是媒介环境学派的创建人和学科领袖，标志性事件是 1998 年 8 月媒介环境学会（Media Ecology Association）在纽约宣告成立。但即便如此，波兹曼仍坦承他和他的门生都是麦克卢汉的孩子。在为菲利普·马尔尚的《麦克卢汉传：媒介及信使》一书撰写的推荐序中，波兹曼写道：“到 1996 年，我们有 100 多位学生拿到了博士学位，400 多人拿到了硕士学位。我担保，他们都知道，自己是麦克卢汉的孩子。当然我也认为自己是他的后代，不是很听话的一个孩子，可是这个孩子明白自己从何而来，也明白他的父亲要他做什么。”媒介环境学派的这种“有意识”的认同与寻根，在传播学圈子里也无出其右了。

由美国学者林文刚编写的《媒介环境学：思想沿革与多维视野》一书既是介绍媒介环境学派的入门之作，也是该学派的小小百科全书。读者透过它，除了能概览媒介环境学派从萌芽、诞生、成熟到壮大的历程，也能快速地了解媒介环境学派那些先驱、奠基人和代表人物的生平、思想、著述精要。这是一串华丽的名单：除波兹曼外，尚有刘易斯·芒福德、雅克·艾吕尔、马歇尔·麦克卢汉、哈罗德·伊尼斯、詹姆斯·凯利、本杰明·沃尔夫、苏珊·朗格、沃尔特·翁和伊丽莎白·爱森斯坦。

林文刚试图通过这样的人物脉络、观念谱系的编写，旨在强调 20 世纪 60 年代后期媒介环境学派的异军突起，他在“绪论”中写道：“思想类似的学者组成无形的学苑，这些团队又组合成互相交织的网络。对于媒介技术和变革，他们具有相似的关切，这些变革的背景是 20 世纪初宏观的社会、经济、政治和思想变革。”其实要了解一个理论阵营的形成并非易事，其中涉及的背景、问题、人物、事件和阐释，太过庞杂、枝蔓丛生。有时候，很难说清究竟是谁影响了谁，或该以何种视角去审视、解读。尤其面对理论的发展史、学说的演进论，持相同观点的不在少数。如埃弗里特·M. 罗杰斯就在《传播学史：一种传记式的方法》中就表达过以下说法——“传播学方面的重要进步往往是由某些学派所促成，这些学派又由属于一个研究所的核心学者们的连贯一致的网络所构成。”“拉斯韦尔、拉扎斯菲尔德、勒温和霍夫兰的确在开创传播学领域方面发挥了关键的作用，但是还有许多其他的创始人，其中有几个人就构成传播学来说，具有与这四个人相等同或更大的影响……进而言之，四个奠基人反过来又有‘奠基人’，即影响了他们的传播思想的那些个人。”而詹姆斯·凯利则在《芝加哥学派与大众传播研究》中开宗明义：“大众传播研究的历史势单力薄，这是一个新的文体样式：它是一个具有自觉意识的创新，它把积累已久的碎片调整、分类、重组，使之成为一个整合一体的叙述文本。”

所以，林文刚采用“初探”一词来表明他并不知道故事的全部，而只是提出一个不成熟的、初步的、粗略的历史框架，为理解媒介环境学的来龙去脉尽绵薄之力。他采用了库恩、穆雷关于理解学派及其形成的说法，即一个典型的学派应当由关系密切的学者组成，他们或多或少共有一套清晰一致的理念和理论视野；他们的研究和教学推动理论和方法论的进步，使之在现有领域或“常态科学”的范式中运行。对此，穆雷的归纳更简洁明了，他认为一个严密的学派必须具备三个先决条件：好的理念、思想理论和学科领导。这三者分别回应了一个学派扩张所必需的核心主张、代表人物和推广布道。

《媒介环境学：思想沿革与多维视野》基本上按照这样的框架梳理了媒介环境学派从萌芽到勃兴的全过程，而且书中补充了许多生动的历史细节、实录，让这段横跨几十年的“观念史”显得更有温度。例如，林文刚披露了波兹曼与麦克卢汉初识的经过，并回答了波兹曼如何对麦克卢汉敬重不已。“20世纪50年代，波兹曼首次邂逅麦克卢汉。彼时，波兹曼在哥伦比亚大学师范学院攻读硕士。而当时的麦克卢汉是多伦多大学的文学和文学史教授，他应邀到哥大做报告，邀请人路易斯·福斯戴尔是该校师范学院的教授。自此，波兹曼和麦克卢汉建立了持久的友谊，原因之一是相同的旨趣，他们从生态学的角度去理解媒介和文化。”林文刚还用波兹曼的陈述加强了这段史料的准确性，波兹曼回忆道：“我清楚地记得他的一个观点，即学校只不过是借以传播其重要思想的媒介之一，而且我理解，在文化中扮演同样角色的还有其他一些媒介。”

关于马歇尔·麦克卢汉的争议向来不少，这主要因为他的议题庞杂、引证广泛、论理跳脱、遣词随意、写作离散等。尽管如此，却丝毫不影响波兹曼对他的推崇，以其信徒自居，同样也没有影响林文刚的站队。按照学界的梳理，媒介环境学派发展至今已有“三代”：麦克卢汉和伊尼斯是开疆拓土、开一派先河的第一代；波兹曼、沃尔特·翁和詹姆斯·凯利等人是光耀门楣、成就非凡的第二代；而包括林文刚、保罗·莱文森、兰斯·斯特拉特、埃里克·麦克卢汉等人，则构成活跃在当今欧美传播学界的第三代。

写到这里，我们大致可以框定这本书对传播学一种范式研究的价值。它集结众人之力，向外界展示了关于该学派的人物素描与思想主张。对于任何一个想快速、简要了解这一学术团体理论的读者而言，它不失为开启媒介环境学认知与观念启蒙的优秀作品。但或许太过讲求“师承”——这位师出纽约大学、师从波兹曼的编者，对波兹曼着墨过多，反而对麦克卢汉、伊尼斯“双子星”下笔较浅；这也意味着，一个媒介环境学流派，纽约、多伦多两个分支，全书自然有所侧重，顾及不全在所难免。

笔记

传播学的繁荣与进步得益于不同学派的助力，它们往往通过几个核心学术人物，由他们的思想、著述、门生，串联起一个知识网络，然后完成一个整体的叙事和有纵深的历史。

经由“设计”的议题论争与它们的立场划分

在传媒研究领域，几乎没有一成不变的理论，也没有放之四海而皆准的原理规范。于是，这些都为新闻与传播学存在不同学派阐明了合理性，也为他们展开论辩与争鸣奠定了必要性。

如果有一种学说提出某个论点，必然会有别的理论去支持其对立的观点。在埃弗里特·E. 丹尼斯和约翰·C. 梅里尔合著的《媒介论争：数字时代的 20 个争议话题》（以下简称《媒介论争》）中，我们就看到了这样的编排与书写。

排除为了争执而争执的意气用事，意见相左通常因为经验、认知上或所持立场的不同。尤其是媒体，它被两位作者认为“存在的主要价值是描述自己周围的世界”，但“关于这一点本身就常常存在争议”。在传媒研究领域，几乎没有一成不变的理论，也没有放之四海而皆准的原理规范。于是，这些都为新闻与传播学存在不同学派阐明了合理性，也为他们展开论辩与争鸣奠定了必要性。

然而，新闻传媒是否有那么多似是而非、各执一词的议题？仅在《媒介论争》中，这个数字是“20”，它们是从 100 多个传媒学界、业界经常讨论的概念或话题中选取出来的，因为具有普遍价值、持久意义和深远影响而被重点关注。《媒介论争》里面不乏一些经典的命题，如新闻是否自由、报道有无客观、记者是否预设立场（导致存在偏见），以及公民新闻的兴起对新闻形态和标准产生何种冲击，这些都是新闻学通往专业主义之路不容回避的问题。当然，新闻学究竟是不是一个独立的学科、一个自洽的体系，这一“元问题”也常有争论。如美国哥伦比亚大学新闻学院教授、知名传播学者迈克尔·舒德森，他就否认“新闻有学”，并提出新闻业当与社会学、政治学、历史学有更多关联，并成为这些学科研究的对象。舒德森的几部代表作品，如《发掘新闻：美国报业的社会史》《为什么民主需要不可爱的新闻界》《好公民：美国公共生活史》《新闻社会学》等，均反映了他这一思想脉络。

在丹尼斯和梅里尔这里，两人则采用“辩论”的方式对上述一些以及更广阔的议题进行检视。这是一种在传统文本中不多见的写作方式，且极具挑战性。两位作者，首先就每一个话题，解释其内涵，概述目前已有的普遍认知，然后由其中一位发起挑战，陈述其观点主张，接着由另一位展开回应，通常是基于对立面和相反意见予以阐明。但他们也特别强调——虽然每人各有站队、各持己见，但表达的并不必然是他们个人的观点，他们只是扮演持有不同理念的人，各自呈现证据力陈己方结论同时力图驳斥对方。如此一来，对话模式营造出一种“公共领域”的意味，它是对等的、开放的、协商的、交互的，它没有必然要灌输与推销的论调，答案供读者自己去思考和寻找。

作者丹尼斯，是纽约市福特汉姆大学商学院传播与媒体产业课程的教授，曾创建哥伦比亚大学媒体研究中心并担任主任，并在多所大学执教。梅里尔则是美国密苏里新闻学院名誉教授，其大部分学术生涯在那里度过。在书中，两人没有太过明显的立场倾向，也没有表露各自的学派归属，但结合他们在新闻主义、传播伦理、客观报道、传媒监管、媒体与政府关系、研究方法论、公共关系、互联网与新媒体、全球化与媒体业等不同议题表达出的各自见解，其实仍有迹可循。

例如对于新闻自由，丹尼斯认为这个崇高且带有浪漫气息的目标并非“完成时”，新闻自由会受到法律及各种社会因素的限制，而梅里尔则深信新闻自由是一个已经基本解决的问题，特别是在美国的媒体环境下。如果仔细聆听两者的说辞和说理的逻辑，两人是对“自由”做了不同层面的理解。丹尼斯把自由视为“具有做什么的权利”，即更积极、更主动、更进取性的权利彰显；而梅里尔的自由则相对缓和许多，他认为新闻自由的核心内涵就是编辑自主权。当梅里尔把审视的语境置于美国本土，当一家媒体可以不受政府干扰或者事先审查，自由地出版或播出它们想传播的内容，那么自由便得到证实了。

鉴于他们对“自由”的认定不一，两人的一些根本性观念由此分野。所以，当他们谈及媒体与政府关系、媒体与民主、媒体与公众信任、公共关系与新闻时，丹尼斯的基本论点是与政府对立的、应该更民主、媒体追求公共福祉应优先于赚取利润以及公共关系操纵新闻；而梅里尔回应于不应该与政府对立、无须民主、媒体存在的目的就是为了赚钱以及为公共关系提供一种必要的新闻服务。按照西方媒介批评的主要流派分类，丹尼斯的气质更像是法兰克福学派，他把大众流行文化作为研究与批判的对象，认为其娱乐化、市井化、低俗化，掩盖了严肃的政治和社会问题，扭转了大众对自身生存状态的注意力。例如丹尼斯写道：“对于媒体来说，利润是最重要。新闻越来越受到市场力量和市场细分的推动。不管是有意还是无心地造成报道倾向性，从而疏远一部分观众，对于新闻机构来说都是毁灭性的。”此外，这一阵营的其他代表人物，如霍克海默、阿多诺、约翰·费斯克、雷蒙德·威廉斯、本雅明等，他们认为大众文化产品迎合了统治阶级的需要，通过复制不断向受众灌输娱乐与狂欢，既是一种新型意识形态的统治，又是媒介资本营利的手段。但他们忽略了媒介市场化的必然趋势，无法看到市场化迎合大众的经营动力，更没有对民众的精神追求进行深入探析与深刻检讨。

相反，梅里尔更倾向于政治经济学派。该学派从生产、分配、流通、消费及政治控制领域剖析媒介及其传播行为，揭示媒体传播的所谓自由、中立与公正的虚伪立场，强调政治及经济力量对媒介的支配能力。所以，他反对媒体所有权的过度集中，指出这样会丧失信息和思想的多样性，报刊和广播电视上的思想越来越贫乏。“协同效应使同一家公司可以掌控多家不同的媒体，推销同质的观点、产品、明星和政客。……从穿衣时尚、政治到公共政策，全方位地影响着公众。”同时他也不否认媒体的主要目标就是获取利润，正如英国拉夫堡大学教授、知名传播学者格雷厄姆·默多克指出媒介公司的目标是营利，但常常介入意识形态层面，把媒介主的利益与价值纳入媒介内容中。他的同胞、同行，威斯敏斯特大学荣誉教授尼古拉斯·加汉姆强调在商品生产主导的社会里，传媒产品的交换价值是第一重要的，资本家投资传媒主要是为了营利。

然而，派别之分也只是一种概括性的、人为贴的标签。值得一提的是，在书中丹尼斯和梅里尔的立场并不是非此即彼、各自有绝对的归属。两人在许多方面都有美国传播学界哥伦比亚学派、芝加哥学派的影子。如果按照美国新闻传播学者弗雷德里克·S. 西伯特在《传媒的四种理论》（又译作《报刊的四种理论》）中的归类，丹尼斯可能是“传媒的自由至上主义者”，梅西尔更接近于“传媒的社会责任主义”，但这也是一个大致的划分。倘若以媒介与政治体制为考察重点，根据丹尼尔·C. 哈林和保罗·曼奇尼合写的《比较媒介体制：媒介与政治的三种模式》，丹尼斯和梅里尔其实殊途同归了，他们同属于“北大西洋或自由主义模式”，其余两种为“地中海或极化多元主义模式”和“北欧／中欧或民主法团主义模式”。

《媒介论争》首次出版时间为 2002 年，历经十多年，今次已经修订出第四版。区别于上一版，第四版新增了对新媒体冲击、全球化兴起、传媒业所有权加剧集中、新闻媒体参与政府选战等现象的评述。这部分反映了世界传媒业界的一些变化，也反向地促使了研究者们重新思考与理论创新。假使把这本书和那本享誉世界的《麦奎尔大众传播理论》做对比，前者会因为经由“设计”的冲突与交锋感，让新闻传播学的各种理论、学说、结构、模式更直观地展现。它不失为一部影响广泛、具有导读指引的优秀媒介读本。

笔记

观点或意见相左，通常因为经验论、认知上或所持立场的不同，这也构成了观念市场的千姿百态、多元纷呈。一个有责任感媒体要做的，便是提供一个对话的平台，然后允许各自发声，把判断权交给民众。

传播圈子的趣闻与真知

将新闻理论、历史和个人传记结合，埃弗里特·M. 罗杰斯开创了现代新闻传播学史一种新的书写方式。

将新闻理论、历史和个人传记结合，埃弗里特·M.罗杰斯（Everett M. Rogers）开创了现代新闻传播学史一种新的书写方式。

正如《传播学史》的副标题——“一种传记式的方法”（A Biographical Approach）所说明的，罗杰斯写了许多人的故事，他们来自社会学、新闻学、政治学、心理学、人类学、传播学领域；那是一连串如雷贯耳的名字：施拉姆、达尔文、弗洛伊德、马克思、拉斯韦尔、拉扎斯菲尔德、勒温、霍夫兰、维纳、香农。以他们为“点”，还有一大批在“传播学史”勾勒中留痕的人物，例如法兰克福学派的霍克海默、阿多诺、马尔库塞，芝加哥学派的约翰·杜威、乔治·米德、罗伯特·帕克等。他们构成了一个知识群体的“面”，也从一个新颖角度生动地展现了20世纪新闻传播学的学说成就与观念成果。

无论是叙述笔法，还是行文内容，罗杰斯的这本《传播学史》都因趣味盎然、视域辽阔、枝节丰富而显得卓越。通常一部旨在介绍传播学思想渊源、各种学术流派的文本会将考察重点置于理论本身，人只是附带，尤其是对于他们的个人生平和逸闻趣事，但罗杰斯则采取了相反的策略：首先，他把人做了“大写”。通过回顾个人的历程（生活的或学术的），发现其思想演变的轨迹，观察出其受影响的各类因子，这在知识谱系上有个别致的称谓叫“脉络”。接着，作为新闻学的一个分支或根植于社会科学的思想土壤，罗杰斯将传播学理论体系做了时间与空间上的放大呈现。时间上，他认为19世纪的进化论、精神分析理论和马克思主义奠定了传播学的某些理论雏形；空间上，这些来自欧洲的思想以及因为“二战”许多欧洲知识分子涌入美国，客观上促成了一次知识的集中“迁徙”。更为重要的是，他借助大批史料文档、知情人或亲历者的口述，把传播学“建构”过程中相继出现的先驱者（forerunners）与奠基人（founders）以及相关联的各路人马进行了“人际网络”的梳理，虽然后一个概念并不是他这本书重点评述的对象（而是传播学另一个术语“大众传播”），但罗杰斯花了不少篇幅讲述他们之间的人在江湖、快意恩仇。

长期以来，埃弗里特·M.罗杰斯以向学界输出了“创新扩散”和“议程设置”两个驰名的理论而成为享誉世界的传播学家。相对应的，《创新的扩散》和《议程设置研究》两部作品可视为罗杰斯长达数十年传播学研究的两条“主轴”：一条是将传播作为理解社会变革发生、引爆流行的主要手段；一条是把风行于20世纪六七十年代的“议程设置”理论引向更为全面、客观的视域下检讨。为此，他后续写出了《大众传播与国家发展》《创新的传播：一种交叉文化的方法》《90年代的艾滋病：一个公众问题的议程设置》《议程设置研究分析》等作品。在此之外，还有《传播技术：社会中的新媒介》《早期大众传播研究》《从布莱尔到施拉姆的传播学和新闻学：一种沉积》《传播学中的信息论的历史》等专业性著作，以及那本30多年前曾影响过中国一代高科技创业者的商业畅销书《硅谷热》。

“创新扩散”在20世纪60年代提出，《传播学史》初版时间是1994年，如今这一版译自1997年的新版。倘若我们将该理论中有关劝服人们接受新观念、新事物、新理论的一套说辞用来回溯传播学各种学说产生的机理，会发现它们似乎也遵循着“扩散”的阶段规律，而且在影响扩散速度的参数中，社会渠道、社会结构、人机网络扮演着重要的角色。罗杰斯在序言中写道：“传播学方面的重要进步往往是由某些学派所促成，这些学派又由属于一个研究所的核心学者们的连贯一致的网络所构成。”“拉斯韦尔、拉扎斯菲尔德、勒温和霍夫兰的确在开创传播学领域方面发挥了关键的作用，但是还有许多其他的创始人，其中有几个人就构成传播学来说，具有与这四个人相等同或更大的影响……进而言之，四个奠基人反过来又有‘奠基人’，即影响了他们的传播思想的那些人。”

根据罗杰斯的细致整理和详尽描述，不仅美国传播学思想的源头相当程度上受到了达尔文、弗洛伊德和马克思三人的影响，包括后来社会学的三大流派——法兰克福学派、芝加哥学派和帕洛阿尔托学派，也曾浸染过这三位欧洲大师的思想。对此，《传播学史》一书的译者，复旦大学新闻学院教授殷晓蓉在“译者的话”中写道：“达尔文的进化论思想在19世纪90年代通过芝加哥学派的努力，被深深地植入传播学的主流学派之中：

现代传播的整体被当作社会进步的一种力量，也被当作恢复广泛的道义和政治一致的力量；弗洛伊德的精神分析理论对现代心理学有强烈的影响，对社会学、政治学和人类学也有重要的作用。它借助于批判学派、帕洛阿尔托学派和拉斯韦尔直接地影响了传播学领域；法兰克福学派将马克思主义和弗洛伊德理论结合起来，它被列入批判的传播学理论谱系之中。”

罗杰斯似乎写了一部具有创新观念的传播学的“扩散史”。在类似的学术史研究中，罗杰斯采用了传播学界所谓的“大师主导式”的叙事结构。在一篇题为《解放灰色地带：对传播思想史叙事的反思》的文章中，国内传播学者刘海龙将学术史叙事归纳为五个结构，分别是：编年式、里程碑演进式、大师主导式、学派冲突式和观念统领式。其中，大师主导式的结构会比较突出个人在学术发展中的作用，认为传播学术的发展由少数学术大师推动；他们个人的故事构成了传播学术发展的脉络。对此，施拉姆创造了“传播学四大奠基人”的说法（即拉斯维尔、拉扎斯菲尔德、勒温和霍夫兰），并一度成为该学界普遍达成的共识。罗杰斯虽然在叙事主体构造上承袭了施拉姆的范式，但他对这一结论却并不苟同，不但如此，他还不厌其烦地以大量例证来说明“有些奠基者其实是先驱”以及“许多人或学派是被有关四个奠基人的神话所忽略的理论团体”——这是《传播学史》对学界所做的智识贡献，它多少突破了此前由“集大成者”施拉姆在《传播学概论》中所确立并通行许久的“四人奠基说”。

综合许多方面来看，罗杰斯的《传播学史》堪称优秀读本，而他本人对传播学的建树功不可没、影响深远。当然，与这本书齐名的还有希伦·A. 洛厄里与梅尔文·L. 德弗勒合著的《大众传播效果研究的里程碑》、汉诺·哈特的《传播学批判研究：美国的传播、历史和理论》、詹姆斯·W. 凯瑞的《作为文化的传播》、埃姆·格里芬的《初识传播学：在信息社会正确认知自我、他人及世界》、戴维·克劳利和保罗·海尔合著的《传播的历史：技术、文化和社会》等。它们共同为传播学的学科探索与繁荣提供了有价值的素材。尤其像罗杰斯的笔法，引经据典、娓娓讲述，向外界分享着传播学圈子里的趣闻与真知。总体来说，他对这部著作是满意的，他曾毫不谦虚地说："我坚持讲述着这个一般领域的发展史话。它足够复杂的了。我将每一个专业的历史留给其他人去阐述。"

笔记

施拉姆创设了拉斯维尔、拉扎斯菲尔德、勒温和霍夫兰为"传播学四大奠基人"的说法，而罗杰斯则为这个说法提供了丰富的细节、有趣的脚注。

“新新闻主义”是否还活着

曾几何时，“新新闻主义”肩负历史批判的大旗，以“反叛者”的姿态完成了对新闻准确、中立、道义等这些不言自明的准则（底线）的审视与重构。从根本上看，它是某种社会思潮、文化运动的产物，它的出现，构成了对老派保守主义新闻机制的冲击。

从亨特·S. 汤普森（Hunter S.Thompson）到盖伊·特立斯（Gay Talese）再到汤姆·沃尔夫（Tom Wolfe），我完成了私人化的、阶段性的“新新闻主义”（New Journalism）阅读路径。在他们的显赫声名之下，有一长串文字华丽、叙事精巧、风格别致的非虚构作品清单：《惧恨拉斯维加斯：一场直捣美国梦的凶蛮之旅》《朗姆酒日记》《王国与权力》《被仰望与遗忘的》《邻人之妻》《画出来的箴言》《从包豪斯到我们的豪斯》。

新闻是否算作文学，以及究竟能否成为文学，这一对问题注定了“新新闻主义”自产生起就背负的“原罪”。一方面，“新新闻主义”需要保持特立独行、自成一脉，并与传统的非虚构写作有所区分；另一方面，它渴望获得主流新闻界的认可，将各自的差异描述为在观察角度、故事技巧、报道策略和目标认知的不同。新闻讲求客观、公允和不偏不倚的立场，它毫不否认，且以此尊为记者的使命与媒体的责任，但相对一般报道而言，该流派却更容易倾向对边缘群体、小人物的刻画，主观视角的运用、心理场景的再现和对文学创作的孜孜追求。这需要写作者有胆识、才华、敏锐的观察以及一定的天分。

特立斯的报道生涯始于高中二年级。那时棒球队的助理教练叫他为比赛的事去一趟当地报社。特立斯很快将这些事写成了一系列文章，并且最终写成了一个专栏。多年后，他先后加盟《纽约时报》和《时尚先生》杂志，一待便是数年。在此期间，完成了数部著作。曾有书评家这么评价特立斯：“特立斯先生，《纽约时报》的一名年轻记者忽略一切重要的人和一切出名的事，而专注在不寻常的、不引人注意的、被忽视的、被遗忘的人和事上。”事实上，这番话点出了特立斯的新闻敏感性或某种报道者的特质，也同时概括了“新新闻主义”的部分特征。

然而，要为这股崛起于 20 世纪 70 年代的新闻写作风潮做一番系统、工整的梳理，颇有难度。首先，它并非固化、一成不变；它成员众多。在美国纽约大学新闻学教授罗伯特·博因顿（Robert S. Boynton）编写的《新新新闻主义：美国顶尖非虚构作家写作技巧访谈录》中，这份名单已扩至泰德·科诺瓦、理查德·克拉默、莱昂·丹斯、威廉·菲尼根、乔纳森·哈尔、亚历克斯·寇罗威兹、迈克尔·刘易斯等二十余位当代知名非虚构作家。这些作家之间没有联系，但是他们都不约而同坚持着“新新闻主义”的呈现与手法。博因顿把这种更新状态称为“新的新新闻主义”。

不过即便被归为同一个阵营，作家彼此看不惯彼此或有保留意见的情形，司空见惯。汤姆·沃尔夫与诺曼·梅勒就互相瞧不上，前者认为梅勒的写作没有抓住当下的美国精神，而梅勒则认为，所谓“新新闻主义”，主语依然是新闻，作者被每天发生的事情牵着鼻子走，这种创作并不能被称为文学。诺曼·梅勒写道：“即使身为一流的作者，你仍然很快转向另一个主题，另一个人。所以，当你年轻的时候，你就不会形成那些最好的小说习惯，那些人只是在他们的网页上为你活着，所以你的任何角色都不需要任何满足。”而在特立斯这边，对于汤姆·沃尔夫奉上的“新新闻主义创始人”的称号，特立斯本人反而忐忑不安，他的雄心是要“将非虚构写作提升到前人未至之境，一探虚构作家之禁脔，与同侪菲利普·罗斯、约翰·厄普代克一较短长”。

其次，强调将文学技法大量引入新闻报道中，这一写作模式可被简单地贴上“新新闻主义”的标签，但除此之外，并没有得到太多学术性、理论化、体系上的阐述。它是一种技巧、观念还是文化浪潮，都没错，但“新新闻”之所以是种“主义”，它的边界在哪，特征有什么？这方面最经典的文献莫过于1973年，由该领域翘楚和奠基人的沃尔夫参与主编的《新新闻主义》一书。书中有一篇由沃尔夫亲自执笔的“纲领宣言”，再结合他创作的一系列精彩绝伦、思想深刻、富有灵性的作品（文章或是书籍），“新新闻主义”应当坚守并倡导以下几条约定俗成的技巧原则：①观察、收集，并且巧用“状态细节”。在描写人物特征时，一个典型的面部表情就能让这个人物“活”起来。②在描写人物对话时，采用第三人视角，即以无意的旁听者口吻述说人物对话内容。这种方式可以将想要表达的人物对话以更加戏剧的方式呈现出来，而不是像传统报道那样，惯用双引号。③将动作与场景联系起来。动作应该建构于具体的场景中，而场景是所有叙述性故事的重要元素。④要使报道深入且视角丰富，应该从正面、侧面多个角度切入。也有评论者把沃尔夫写作心得归结为擅长长短句型、拟声词以及标点符号的巧用或借用。沃尔夫认为，传统的客观性报道已经无法真实地展现错综复杂的现代社会，他主张记者应该花费大量时间深入采访，记录人物的对话和行动，并在自己的作品中表现出来。可同为“新新闻主义”两大代表人物的汤姆森和特立斯并不以为然。前者会采取更奇幻色彩的故事，着重在文本选择上；后者只是追求一种让人感觉轻松的、轻描淡写的、优美的笔调，不贪图华丽的辞藻和充满野心的冒险。

美国当地时间 2018 年 5 月 14 日，沃尔夫因肺炎医治无效，在纽约曼哈顿的一间医院去世，享年 88 岁。美国新闻业的一颗璀璨之星就此陨落。在他之前，或许从未有过像沃尔夫这样一位能够将天赋、学习、调查和极致的观察融合得如此完美的新闻实践者，同时他也是一个无畏的冒险者，是他拓展了新闻专业主义的技艺疆界。按照国际文学新闻研究会（The International Association for Literary Journalism Studies）的定义，“新新闻主义”隶属“文学新闻”（Journalism as Literature）的范畴，与它并列的还包括报告文学（Literary Reportage）、叙事新闻（Narrative Journalism）、创意非虚构（Creative Non-Fiction）、文学非虚构（Literary Non-Fiction）和叙事非虚构（Narrative Non-Fiction）。这一门类在不离经叛道新闻报道要求的客观性准则基础上，对传统话语和表达范式却不墨守成规，甚至被鼓励要“不循规蹈矩”。沃尔夫 1963 年发表在《时尚先生》上的那篇《糖果色橘片样流线型宝贝车》让他一举成名，掀开了新闻业璀璨的新篇章。由他引领的更多创作修辞被记者运用到采写中，新闻作品不仅可以像文学，也可以是文学了。

当被马尔库塞所形容的“单向度”的时代在切换，越来越少的人会刻意注重用新方式去写作，移动网络环境下融媒介所以引发“阅读”的体验感、多样性（图文、视频、音频），以及自媒体的蓬勃发展提倡表达的多元化。这些还不算社交媒体对新闻严肃伦理价值的冲击所导致的“假新闻”“后真相”的负面效应。前述种种让人们突然意识到，其实坚持“新新闻主义”方法和审美的，仍旧是沃尔夫那一代人。于是这自然引出最后一个问题，随着沃尔夫的离世，“新新闻主义”是否还活着？

曾几何时，“新新闻主义”肩负历史批判的大旗，以“反叛者”的姿态完成了对新闻准确、中立、道义等这些不言自明的准则（底线）的审视与重构。

从根本上看，它是某种社会思潮、文化运动的产物，它的出现，构成了对老派保守主义新闻机制的冲击。如今，它的现实意义大不如前，但它的精神影响深远。从沃尔夫、特立斯等人写就的作品上，我们看到了“场景化”和“现场感”对一篇伟大新闻报道的贡献。特立斯说，通常他会为不断地检查、更改、重写一个句子耗时整日也不在话下。之后，他还会一遍又一遍地编辑修改这些句子，直到有了一页打印好的、令他满意的内容……不论哪种主义，这些卓越不凡的作者总能给人以触动和力量。

笔记

非虚构写作、调用大量文学技法，此举无疑拓展了新闻报道的表达界限。随着一大批优秀的“新新闻主义者”的引领和实践，更多创作修辞被记者运用到采写中，新闻作品颇具阅读的快感，因为它们既像文学，有时亦是文学。

从“后真相”到“假新闻”，新闻的幻象与迷思

当班尼特指责媒体在监督批评政府、建构公共领域上乏善可陈，而且不断以争议代替报道、利用尖叫代替分析，热衷于传播狗血情节、娱乐八卦或转述小道消息、不实传言，起初被期待为“把关人”的角色逐渐模糊、庸俗、堕落……事实上，班尼特用书名就很好地说明了一切——《新闻：政治的幻象》。

《新闻：政治的幻象》的开篇，便是汤姆・罗森斯蒂尔（Tom Rosenstiel）和比尔・卡瓦奇（Bill Kovach）的一段话，他们说："记者的职责就是要从各种推断中筛选出事实，并向公众提供准确可靠的信息，帮助他们实现自我管理。但这一过程正面临着危险……随着新闻界越来越成为展现冲突的讲坛，人们已经开始渐渐游离于新闻之外……这类新闻报道倾向于走向极端，却不能为公众提供可靠、有效的途径以便了解和掌握这个世界。"为此，两位资深媒体人曾联手试图总结出新闻业如何还原事实、揭示真相的操守指南，于是就有了后来我们看到的并屡获专业殊荣的《新闻的十大基本原则》以及《真相：信息超载时代如何知道该相信什么》。

W. 兰斯・班尼特引用他们的观点，自然有其考虑。从他随后写的"很少有人会对今天的新闻状况感到满意"到他认为的"日常的新闻充满了神秘主义、情节剧、老生常谈、越来越多的政治欺骗和权威人士的喧嚣"，再到他关注的"四种不可忽视的信息倾向性——个人化、戏剧化、片段化、权力－无序"，有太多迹象表明，班尼特与前面两位同行看法一致——不论是出于经济效益的考量、眼球效应的驱使，还是受到利益团体的干预、数字科技的冲击，新闻正在偏离其原本的轨道；信息貌似自由流动、唾手可得，但经过"别有用心"的人为加工后的新闻却无法透明、无法促进民主。那么，本该"作为民主信息体系的新闻"，它的功能和价值何在？当班尼特指责媒体在监督批评政府、建构公共领域上乏善可陈，而且不断以争议代替报道、利用尖叫代替分析，热衷于传播狗血情节、娱乐八卦或转述小道消息、不实传言，起初被期待为"把关人"的角色逐渐模糊、庸俗、堕落……事实上，班尼特用书名就很好地说明了一切——《新闻：政治的幻象》。

该书初版时间为 1983 年，它的问世在当时是一个里程碑事件。一方面，关于新闻媒体对政治影响的研究自"二战"以后长期萎靡不振；另一方面，班尼特采用现实主义路径，更多关注政治新闻传播是什么、为什么以及怎么了。用他本人的话来说，《新闻：政治的幻象》建立在美国新闻与政治间关系悖论的基础之上。这种悖论表现为，在向来以言论自由、民主开放著称的美国媒介系统里，政治通常"把持"着新闻的生产与传播（例如很多新闻来源都是政府官员提供给记者的讯息，当报道故事的另一面时，则往往来自反对派、其他政党的言论），与此同时，那种嚼舌根、耸人听闻、鸡毛蒜皮的新闻因为收视率通常较高而长期占据头版和被连篇累牍地报道。很多时候，新闻已经到了“只报道校园枪击事件，不报道学校；只报道火车事故，不报道交通；只报道地方政治家的丑闻，不报道选举本身；只报道最近的谋杀案，不报道正在降低的犯罪率”的尴尬地步。

就新闻在何种程度、多大能力促进民主建设和公共问责而言，班尼特对美国的新闻业现状是相当不满的。全书的思想主旨同尼尔·波兹曼《娱乐至死》、沃尔特·李普曼《公共舆论》和《幻影公众》里的核心主张一脉相承。尤其像李普曼关于“舆论”发表过一段经典阐述：“对于未曾经历的事件，人们所能拥有的唯一感受只能是这一事件在他心中的幻象所引发的感受。”这位桀骜不驯但又富有洞察力的美国记者甚至还把“公众”比喻成“坐在剧场后排失聪的观众”，传统民主理论所塑造的神圣的公众形象无异于幻影。

兰斯·班尼特现为美国华盛顿大学政治传播学教授和“传播与公民参与中心”负责人。该中心致力于探究传播过程与科技如何提升公民对社会生活、全球事务的参与度。在加州大学和耶鲁大学学习期间，班尼特的思想深受涂尔干、韦伯、马文·哈里斯、维克托·特纳等社会学大家的影响。而民众如何在社会中创造出超越个体与现实生活之外的意义，这一议题吸引着班尼特的研究志趣。但对班尼特影响最大的当属哈罗德·拉斯韦尔（Harold Lasswell），他是美国社会科学界的泰斗、传播学四大奠基人之一、行为主义政治学的创始人，他提出的社会传播“三大功能”、传播的“5W 模式”清晰地阐释了传播的发生机理和内在规律，并肯定了政治宣传、舆论导向或意识形态传递是作为社会传播类型的一种不可忽视的存在。

所以在《新闻：政治的幻象》中，能看到拉斯韦尔一系列作品的影子。在对现实政治的理解上，它是接近《政治学：谁得到什么？何时和如何得到？》的；在政府利用媒体宣传、包装自己的公关策略上，它是类似《世界大战中的宣传技巧》的；在新闻应当如何被报道和应该有的传播效果上，它是默认《传播在社会中的结构与功能》的。然而，要值得注意的是，班尼特并非从一个媒体人的价值立场去审视或批判政治新闻，而是利用政治传播学的分析框架，去检讨新闻参与民主政治的得与失。很多时候，他笔下的新闻其实是宣传，是公关，是形象展示，是危机应对，它既和“挖掘”有关，但更多是被生产、“做”出来的，在这方面，他和《做新闻》的盖伊·塔奇曼（Gaye Tuchman）、《什么在决定新闻：对CBS晚间新闻、NBC夜间新闻、〈新闻周刊〉及〈时代〉周刊的研究》的赫伯特·甘斯 (Herbert J.Gans) 等人的论调不谋而合。

自从《新闻：政治的幻象》出版以来，前后历经数次修订，到2018年中国推出的中译本，已经是第九版。每一次更新，班尼特都会把新的案例、素材补充进来。对比几个版本，在最新这版书中出现不少有关数字媒体、社交网络的描述。这既符合当下新闻媒体场域面临技术变革、转型融合的事实，也进一步拓展了公民在线权利表达、民主参与的理论研究。就在2013年，班尼特和他人合作出版了《连结性行动的逻辑》（*The Logic of Connective Action*）一书，该书关注网络公众如何形成，及他们如何采取行动。按照班尼特的说法，数字媒体已然改变了核心传播范式。这些新的关切和论述，在新版的《新闻：政治的幻象》书中很多都有涉及。

然而，就在《新闻：政治的幻象》第一版出版后的几十年来，班尼特批评的现象有好转吗？答案是否定的，且在一定程度上愈演愈烈。以2016年为例，“后真相”（post-truth）一词的出现，以及由此衍生出的“后真相政治”（post-truth politics），它们所反映的某些事实不断地刷新人们的认知底线和冲击基本的价值共识，可怕的是，它们正演变为一种不良的集体行动。按照《纽约时报》的报道，在“后真相”被《牛津英语词典》选为2016年的年度词汇时，它被定义为“诉诸情感及个人信念，较陈述客观事实更能影响舆论的情况”，其实是忽视真相、枉顾事实的委婉表达。而“后真相政治”是“雄辩胜于事实”，意见重于事实，立场决定是非；人们把情感和感觉放在首位，证据、事实和真相沦为次要（甚至毫不重要）；政治人物说谎，不再是为了瞒骗，而是出于巩固目标群众（选民）的需要，以换取共鸣与支持。在2016年的美国总统选举和英国脱欧的两大历史性事件中，情绪宣泄代替理性判断的行为非常普遍。

即便到了 2017 年，“后真相”的负向发展苗头不仅并未得到遏制，而且鉴于社交媒体在当今人们获取资讯、消息时扮演着的举足轻重的作用，所以不加核实、未经审查、投其所好、迎合大众的大量虚假消息反而不胫而走，这一年，“假新闻”（fake news）又成了热词。而“脸书”（Facebook）在明知有泄露用户隐私，会被第三方非法获取数据的前提下，提供“帮助侵权”的事件还在持续发酵中，伴随着融媒趋势的发展，传统媒体的坚守与崩解，还会有像“脸书”一样的社交媒体遭遇“史诗级沦陷（epic fail）”。

正如约翰·基恩在《媒体与民主》一书中所言：“政治是一种既制造假象，又让人们相信这种假象的艺术。政治家非常依赖这种艺术。”班尼特毫无保留、入木三分地揭示了美国新闻自由的迷思。虽然他花了许多笔墨来痛陈政治的丑陋、媒体的尴尬和公众的无知，但面对眼下的困境，他也没有给出太多良方。躲避不是对策，完全抽离也毫无可能，所以他曾一度设问“什么样的新闻能更好地服务于民主”，并从框定新闻报道的侧重点到提供更多角度的补充材料等几个方面来提出建议，但这仍旧无法回避以下事实：面对政治和商业的压力以及媒体自身存在的问题，新闻如何寻求一个平衡点，其难度显然要比写一篇看起来客观、公允、中立的报道要大得多。新闻，何止是政治的幻象，班尼特想简单了。

笔记

面对政治和商业的压力以及媒体自身必然存在的价值预设的问题，如何寻求一个平衡点，这事关一篇报道到一家媒体在多大程度上彰显客观、公允、中立的核心问题。

关于沃尔特·李普曼的误差、误会和误读

李普曼是一个现实主义者，所以他揭穿了“新闻等于真实”“报纸治愈民主”的幻象；他也是一个行动（实验）主义者，所以他更期待在程序、制度设计上来完善公共治理体系。

在沃尔特·李普曼（Walter Lippmann）那本出版于1922年《舆论》（*Public Opinion*）一书及其阐明的观点立场上，我们有过不少认知偏差。

就译名而言，从最初的《舆论学》到《公众舆论》再到今天的版本，翻译版本的不一，反映了学术界对关键概念Public Opinion的不同理解。“舆论学”强调学科属性，容易忽略社会意见本身，但译名勉强尚可；“公众舆论”犯了同义反复的语病，值得商榷；反倒是“舆论”二字，直译简洁，最为正确——虽然这个有时又被称为“民意”“共同议题”的语词其“构成主体究竟是什么”，人们尚未达成共识，但它并不影响我们大体懂得在何种场合、在何种语境下使用——通常，舆论是指社会不特定多数对某一事件、话题产生的看法、意见和态度的观念集合体。

当然，译法的问题只是一个误差，更大的误会还在于李普曼与杜威之间那场针锋相对的围绕“民主”与“公众”的论战。然而，它是被后人拟态化和想象性的。最常见的故事版本是把两人因论点分歧所引发的争论描述成20世纪20年代美国文化圈的一桩大事。约翰·杜威（John Dewey）是美国哲学家、思想家、教育家，被认为是美国实用主义哲学的重要代表人物。他在李普曼出版了《自由与新闻》（*Liberty and the News*）、《舆论》和《幻影公众》（*The phantom public*）三本著作后，开始矛头相对。杜威不同意李普曼把公众看作是一个个原子个体的集结，而应当看作是有机的整体，是社会的有生力量。当李普曼质疑民众能否参与民主，否定性地评价他们在智力、能力上难当重任，因此倾向于“精英政治”之际，杜威却坚信公众的客观存在和积极行动（两个分别对应于李普曼的“公众是幻影”“公众具有消极性”的论调）有利于民主的践行与进步。

针对李普曼所发表的不同看法，杜威“发声”的方式只是在《新共和》（*The New Republic*）杂志上刊登对《舆论》和《幻影公众》两本书的书评，以及1926年在凯尼恩学院（Kenyon College）发表演讲并随后结集出版的《公众及其问题》（*The Public and Its Problems*）一书。事实上，并没有确凿素材证明两人存在过辩论、交锋，哪怕是李普曼后续有无回应杜威的批评，也无从考证。更有观点进一步指出，至今尚不存在任何同时代的评论将杜威的书解读为是对李普曼的直接驳斥。值得一提的是，刊发杜威评论文章的《新共和》是美国老牌政论刊物，自由派色彩浓厚，其由李普曼参与创办。当时李普曼26岁，横溢的才华和勤奋的写作让他开始名满天下。

然而，关于两个人对立的误传是如何发生的？这离不开一个名叫詹姆斯·凯瑞(James Carey)的已故美国传播学者在一定程度上的推波助澜。在20世纪八九十年代，凯瑞在一篇名为《大众传媒：批判的观点》（Mass Media: The Critical View）的论文中，用争论、冲突等形容词来形容杜威与李普曼原本温和的交流、探讨。于是，有一篇重要的文献将两人的关系描述成"对抗性"了。在随后出版的《作为文化的传播》（*Communication as Culture*）文集中，凯瑞收录了这篇文章。在书中，凯瑞旗帜鲜明地表达了对杜威观点的推崇，认为杜威是在建构一个更可取的世界；相比较而言，李普曼对民主前景的担忧、对大众自治能力的质疑、对精英主义无节制的赞美，都是被凯瑞予以严厉反对和猛烈抨击的。在这样的情形下，李普曼被刻画成一个傲慢的知识分子、桀骜的专栏作家、激进的政治学家形象。

也是由于凯瑞在传播学界的声望和影响力，之后不少学术著作或多或少受到了误导，出现以偏概全或以讹传讹。一个比较典型的事例是在谈及《舆论》时会引用杜威说的话，杜威认为这本书"可能是目前用文字表达的对民主制最有力的起诉"，可惜这是一个断章取义的结果。这句话出现在杜威文章第一段的结尾处，而这一段对该书极尽称赞之词，如"辉煌的""有启发性""客观性"等。

当凯瑞首次将李普曼与杜威建立起连接，他在诠释与重构过程中存在许多有意为之的举动，包括夸大两人的理论分歧、塑造李普曼极端化的一面、对有利于自己"仪式观"传播学说的文献选裁使用，在此基础上，当后来者再对这些文献加以引用、解释、补充等，一个被营造出来的"外部世界"便呈现在了世人面前。而那些不明就里的公众，往往通过观察、阅读、想象、交谈、听闻、理解等方式来认识它，他们以为不断拼凑细节、寻求对话，这样总能掌握事件的真相，但实际上，从第一步就已受到了来自信息供给方的审查与筛选了。

假使李普曼还活着，这个牵扯到自己的流言可能会被他用到“舆论”的产生与传播机理的研究案例上。正如他在《舆论》中写道：“在政治生活中，我们面对的世界是触不可及、无形无边、难以捉摸的。对于这样的世界，人们只能去探索、描摹和设想。……每个人在现实世界里面仅存在于很小的一部分时空之中，而这一部分时空又刚好能够维系我们的生存。我们所拥有的幸福和远见与漫长的时间之河相比，不过是转瞬即逝的片段而已。”李普曼相当于提出了一种“不可知论”，它的奥义在于外部世界的纷繁复杂多变和人们只能通过局部、阶段、模式化地去认知和把握这个世界之间的落差，将势必影响着形成于人们脑海中的是那个自我不可企及但以为是“可靠真实”的世界。在李普曼的话语体系中，他把人们个体意识去感知外部环境的方式称为“刻板印象”（stereotype），而把通过媒介选择、加工、整理、报道重新展现给大众的事物称作“拟态环境”（pseudo-environment）。

李普曼意识到“新闻与真理并不是一回事，它们必须得到清晰的区分”，这部分是因为人们看待事物的路径依赖、情感牵绊、主观偏见等，这些非理性因素将有碍于民众对公共事务的认识和参与。此外，某些外在力量的干扰、介入，也会阻碍人们认清事实，从而被误导，引起误判。它们包括：人为的审查机制、社会交往中的阻绝因素、人们每天用于关心公共事务的时间的匮乏、过于简单的叙事描述引起的信息扭曲、用有限的语词描述复杂世界的难度，以及人们因不愿打破稳定的生活现状而怯于直面事实的情形。对大众民主和群体智慧的理想幻灭，自然使李普曼将缺乏特殊训练、缺少专业技能、无法做出正确决断的公众视为政治生活的“局外人”，正如他在《幻影公众》中直接将公众定性成“仅仅是一个幻影”，一个抽象的东西。据此，误解乃至误读接踵而至，很多人认为李普曼流露出的精英主义、少数人议政、“专家治国”的思想是对大众参与式民主理论的否定。

《舆论》是李普曼自称为其第一部“真正严肃认真”的著作，但书中模棱两可的结论，是它至今仍有广泛争议的原因。全书以一段充满雄辩、智性、启迪的文字收尾，在它迷惑性的叙事之下，隐藏（或修饰）了李普曼的真实意图。对一个经历过“一战”硝烟战火和目睹过恐惧蔓延、社会动乱的李普曼，一个在哈佛大学聆听过“实用主义大师”威廉·詹姆斯（William James）课程并信奉其哲学主张的李普曼，他的思维认知也在不断修正。李曾曼是一个现实主义者，所以他揭穿了“新闻等于真实”“报纸治愈民主”的幻象；他也是一个行动（实验）主义者，所以他更期待在程序、制度设计上来完善公共治理体系。

有学者指出，自《舆论》之后大众传播的研究大多不过是对它的注解，如兰斯·班尼特(Lance Bennett)的《新闻：政治的幻象》、赫伯特·甘斯（Herbert J.Gans）的《什么在决定新闻》、盖伊·塔奇曼（Gaye Tuchman）的《做新闻》等，包括本文的写作。在真实环境中、实操环节下冷峻地审视新闻业的运行，发出对易于被扭曲和操纵的新闻界的警觉，在此意义上，《舆论》是作为实证主义者的李普曼对新闻界又一大贡献。

笔记

基于人为的审查机制、社会交往中的阻绝因素、人们每天用于关心公共事务的时间的匮乏、过于简单的叙事描述引起的信息扭曲、用有限的语词描述复杂世界的难度，以及人们因不愿打破稳定的生活现状而怯于直面事实的情形……李普曼告诫我们，新闻未必等于事实及其全部。

麦克卢汉，聊得很多，却又知之甚少

若干年后，当我们再读麦克卢汉的著述，我们期待能得到什么？又或者说，那些策划、编著者们希望给我们带来什么？这事关当下“重提麦克卢汉”的时代价值。

马歇尔·麦克卢汉，是一个公众聊得很多，却知之甚少的名字。

聊得多的是他那些恣意洒脱、似是而非的警句或概念，像“媒介是人的延伸”“媒介即讯息”“冷热媒介”“我不解释，我只探索”“媒介成双结对”“地球村”等，但让人产生很多误解乃至不解的是，麦克卢汉的思想实质是什么？理论渊源又是什么？几次学术转向如何塑形他的理论体系？他是个技术决定论者吗？在学界形成共识的媒介环境学派外，是否还有一个学派干脆叫麦克卢汉学派？凡此种种，在麦克卢汉议题繁多、学科混杂、文风恣肆、思维跳脱、语言晦涩的作品面前，有的批评指责，有的不以为然，有的顶礼膜拜，而大多数则干脆望而却步。正如他的第二本著作《谷登堡星汉璀璨：印刷文明的诞生》所述，在纸媒仍占主导地位的大众传播时代，麦克卢汉借由一系列印刷读本播种和布道他“浩瀚如星空”的媒介文化观。

然而，他或许是传播学史上最受争议和最具两面性的人。何道宽，深圳大学英语及传播学教授，也是麦克卢汉在中国的理论代言人、推广者，他在《麦克卢汉画像：媒介理论的播种者和解放者》一文中提到，加拿大人麦克卢汉，作为现代文学批评家、传播学家、传播学媒介环境学派的一代宗师，被誉为20世纪的“思想家”“先知”“圣人”，甚至是充当了“数字时代预言家与鼓吹手”角色及《连线》（*Wired*）杂志笔下的“先师圣贤”。但在反对者看来，麦克卢汉不仅浪得虚名，更可能是欺世盗名的。“经院派和保守派极尽攻击之能事，给他取了很多诨名：‘通俗文化的江湖术士’‘电视机上的教师爷’‘攻击理性的暴君’‘走火入魔的形而上巫师’‘波普思想的高级祭司’”，何道宽还写道，“攻击他‘出尽风头，自我陶醉，赶时髦，追风潮，迎合新潮。可是他错了’。宣判他的文字‘刻意反逻辑、循环（原书用了‘巡回’一词，怀疑是何的笔误）论证、同义反复、绝对、滥用格言、荒谬绝伦’。”不论是否有恶意诋毁，但客观上也呈现了这样一个事实，在很多正统的学院派眼里，麦克卢汉离经叛道、不按常理出牌，且擅长利用大众媒体哗众取宠，对他们而言则是喧宾夺主，提出的很多观点听起来言之凿凿，但经不起学术的细究和逻辑的推敲。总之，在学院派看来他就是个骗子，迎合了一部分受众假装高深、貌似深刻的知识市场需要，若照此发展下去，势必“将成为一场国际性的思想丑闻”。

但事后来看，这场所谓的“思想界的庞氏骗局”也未东窗事发，麦克卢汉依旧声名在外和富有威望。1964年，麦克卢汉自他第三部作品也是被视为其巅峰之作的《理解媒介》出版后，很快掀起了第一波明星般的旋风。北美大大小小媒体竞相报道他、颂扬他，连《花花公子》都破例用几万字篇幅来刊登《麦克卢汉访谈录》，并且用了一个极富修辞性的副标题：流行崇拜中的高级祭司和媒介形而上学家袒露心扉。然后到了20世纪70年代，他又像颗短命的彗星，迅速黯然褪色。直到20世纪90年代和21世纪的头十年，随着互联网、新媒体的兴起和广泛应用，第二波、第三波“麦克卢汉热”相继而至，特别到了麦克卢汉百年诞辰的2011年，相关学术纪念活动更是将麦克卢汉的学界地位推向前所未有的高度。在传播学思想谱系中，很少有像麦克卢汉这般钟情新媒介、新技术，并持乐观主义态度的学者，所以，就有人如美国作家汤姆·沃尔夫称他为“电子时代的代言人，革命思想的先知”，当然与此同时，仍不乏批评质疑的声音。一直以来，学界对麦克卢汉毁誉参半，这是常态，只是近些年逐渐沉寂。

在中国，倘若对相关著述进行梳理，或者如国内学者史洪智所说“围绕麦克卢汉研究书系的研究”，得到的总体观感是国内学者较西方学者对其更宽容、肯定甚至推崇。由麦克卢汉的同胞，加拿大不列颠哥伦比亚大学的理查德·卡维尔教授编选的两本麦克卢汉文选《余韵无穷的麦克卢汉》《指向未来的麦克卢汉：媒介论集》，加上由麦克卢汉的“拥趸”昆廷·菲奥里（Quentin Fiore）等人编辑的麦氏语录两本《媒介即按摩：麦克卢汉效应一览》《媒介与文明》，这套四卷本丛书的翻译、引进，代表着中国对麦克卢汉学说的持续关注度以及面向大众普及的推广度。

在这之前，国内麦克卢汉的著作以及关于他的研究书系已不在少数。首先是麦氏三大本——《机器新娘：工业人的民俗》以及前面提到的《谷登堡星汉璀璨》、《理解媒介》中文版已经出齐。其次是大批国外研究论著翻译出版。保罗·莱文森，这个美国媒介环境学派（纽约学派）的顶梁柱、有“数字时代麦克卢汉”雅号的学者，他的授业恩师虽然是尼尔·波兹曼，但他气质上更像是承袭了麦克卢汉的精神衣钵，他那本《数字麦克卢汉》将“麦克卢汉研究”抬至相当的高度。这是一本集人物评传、学说普及以及数字媒体研究“三位一体”的著作。还有像麦克卢汉之子埃里克·麦克卢汉与弗兰克·秦格龙编著的《麦克卢汉精粹》、菲利普·马尔尚的《麦克卢汉传：媒介及信使》、“麦克卢汉圈子核心成员”罗伯特·洛根的《理解新媒介：延伸麦克卢汉》等。中国的相关研究也陆续问世，如李曦珍的《理解麦克卢汉：当代西方媒介技术哲学研究》、范龙的《媒介的直观：论麦克卢汉传播学研究的现象学方法》与《媒介现象学：麦克卢汉传播思想研究》；有些以电子刊物发行的方式，如由新媒体观察者魏武挥主编的《数字时代阅读报告》第七期，就策划了一组用 17 篇文章纪念麦克卢汉的研究专刊。当然，在麦克卢汉作品及思想的“中国行”中，何道宽居功至伟、功不可没。除了《余韵无穷的麦克卢汉》《指向未来的麦克卢汉》等四卷本丛书外，何道宽翻译、编著的关于麦克卢汉的著作多达十五六本，这还不包括他发表的相关论文、书评等。可以这么说，何道宽凭一己之力，让麦克卢汉在 21 世纪的中国发扬光大、重返荣耀，类似情形还有苏力与波斯纳、邓正来与哈耶克、曹卫东与哈贝马斯、林少华与村上春树……

若干年后，当我们再读麦克卢汉的著述，我们期待能得到什么？又或者说，那些策划、编著者们希望给我们带来什么？这事关当下“重提麦克卢汉”的时代价值。就拿眼下这套新出版的“麦克卢汉文集”来说，概念语词新创的不确定性、观点提炼的非线性、论理过程不囿于分析的随意性、资料收集超越传统学派的非常规性，以及麦克卢汉不断从西方诗学、文学、哲学（尤其是现象学、结构主义）、文化学汲取养分后在修辞上的碎片性，使得阅读其作品的障碍依然存在。但麦克卢汉通过不停地著书立说引起轰动或争议刷出来的存在感，反复在提醒或告诫世人，须好好认识媒介对人心灵与社会产生的深刻影响。

针对始终难以摆脱的非议，1976 年，麦克卢汉在面对主持人汤姆·斯奈德的问题“为什么大家觉得你难以理解？”时，他的回答幽默而犀利：“那是因为我用的是右脑，而他们用的是左脑。”他是在援用史蒂芬·平克（世界知名心理学家，著有《语言本能》《思想本质》《心智探奇》）的研究成果吗？不得而知。但可以肯定的是，既然有左右脑之分，喜爱和讨厌麦克卢汉的人将长期并存。在这个意义上，读与不读既是一种站队，也是一种姿态。问题是，你读吗？

笔记

喜爱和讨厌麦克卢汉的人将长期并存。在这个意义上，读与不读是一种学术站队，也是一种理念姿态。但这不影响我们对接纳一家之言、百家争鸣的价值观的遵循。

一本书，带你进入公关世界

出于通识普及的考虑，《对世界说话》基本涵盖了公关业及其相关理论、实践层面的知识点，同时，也回应了时代议题，将现代公关业的全球发展、互联网与新媒体对公关活动的冲击、体育和文旅行业中的公关等逐一进行介绍。

公共关系作为一门学科，可溯及爱德华·伯内斯的“自觉”，算上菲尼尔斯·泰勒·巴纳姆和艾维·李的“自发”，它的确有近百年的历史了。现如今在世界范围的各大高校均开设有公关专业或系列课程，相关学术研究和实务活动亦成果斐然。即使对于当中的概念、学说乃至方法、建议，各方业者仍存有分歧，但没有人会否认，公关是一套为了达成传播者与公众的双向交流、相互理解，以最终实现说服和改变为目标的系统性策略。

对公关的介绍、讨论，市面上从来不缺著述，更不乏优秀的作品。丹尼斯·L.威尔科和格伦·T.卡梅伦等人合写的《对世界说话：公共关系与传播》（以下简称《对世界说话》）便是杰出的代表，它面向大众，旨在帮助他们快速了解和简要掌握公关业是什么、有什么以及怎么做。就创作初衷而言，它就是一本典型的启蒙读物——用语生动、说理浅显、案例丰富、条理明晰，虽然它有了现在的译名，但若将其称为公关“导论”“概论”“引论”“通论”乃至曾用过的“公关！公共传播的革命”的书名，都影响不了该书的基调。

出于通识普及的考虑，《对世界说话》基本涵盖了公关业及其相关理论、实践层面的知识点，同时，也回应了时代议题，将现代公关业的全球发展、互联网与新媒体对公关活动的冲击、体育和文旅行业中的公关等逐一进行介绍。从篇幅来看，该书体量适中，但它既然能对众多议题都有涉及，也意味着每个议题被分配的版面极为有限，很多论述点到即止也就情有可原了。

在图书编写过程中掺入自己的观点、主张并不稀奇，对于同一主题，不同作者的作品有各自乃至意见完全相左的表述，在学界也是常有之事。但《对世界说话》在许多方面表现出力求公允，在讨论一些概念、历史或原理时，作者会尽力顾及、整合众家之言，并给出一种较为主流的说法。甚至可以进一步说，该书的总体框架承继并借鉴了公关学的几个经典文本，包括伯内斯的《舆论的结晶》和《宣传》、阿尔·里斯的《广告的没落，公关的崛起》、卡尔·霍夫兰等人的《传播与说服》、詹姆斯·格鲁尼格的《卓越公共关系与传播管理》等。

例如，在对公关历史的梳理上，作者将其起源追溯至古巴比伦、古希腊和古罗马时期。这些古文明使用说服的方式来提升统治者和宗教的权威性。

这一传统脉络的厘定，其最初提法来自伯内斯《公共关系史纲》一文，该文章系伯内斯在《舆论的结晶》1961 年再版之际，专门撰写的一篇长达 54 页的序言。伯内斯从古代一路往下讲到 20 世纪中期公关业的全面崛起、发展成熟以及他对此所做的一些从概念定义到实践原则的归纳。而这番回顾不久后便成为多数美国公关院系教材回溯自身专业渊源的经典叙事范式。稍有不同的是，在《对世界说话》中作者是把艾维·李《原则宣言》的发表视作现代公关业成立的标志。

对于公共关系解读，《对世界说话》采取了普遍共识的“管理说”，具体定义来自作者之一的现执教于密苏里新闻学院的卡梅伦教授。他指出，公共关系是“从组织机构本身的利益角度出发所进行的对于竞争和冲突的战略管理，并在可能时兼顾该机构与其股东或公众之间的互利关系”。就本质上讲，公共关系是一项管理技能，它囊括了调查研究、行动规划、沟通交流和评估测量四个步骤。在有些地方，公关过程会被描述成其他更多项要素，但确立的基本范畴不变。

以此为基准，作者向读者讲解了公关学与新闻学、广告学、市场营销的区别。这些称谓常因为工作方式、媒介依赖、功能边界多有相似与重合，以至让人概念混淆、无法区分。书中不仅对它们做了极为简要、清晰的区分，还把一些能辅助加深理解、扩展见识的代表学说及著述予以了引述。毫无疑问，这将有助于人们建立起更为准确和全面的公关学观念。

和公关学类一般教材不同，《对世界说话》对职业、行业情况有所兼顾，而不仅仅停留在纯粹理论教学层面。所以在章节编排上，作者把“公关职业生涯”置于第二章，仅次于概念介绍的第一章“什么是公关关系”。即使在回顾公关学科的发展史时，他们也用了“行业发展”来命名该章。而之后的“今日实践：公关部门与公关公司”“调研和活动策划”“传播和测量”等篇章的展开，让整本书像是公关业调研报告和入职指南。不光如此，在有些话题讨论上，这本书写得趣味十足、信息量巨大。譬如，它发起了一个具有开放性探讨空间的议题——“应届毕业生应该选择企业公关部门还是公关公司的工作？”，并以对比栏的方式呈现出各自的利弊。它没有立场预设，也不会给出主观定论，它就像大多数自助类畅销书一样，提供素材、指引方向，然后启迪思考。

《对世界说话》由丹尼斯·L. 威尔考克斯、格伦·T. 卡梅伦、布莱恩·H. 雷伯与申才和四位教授、博士联袂写就。其中领衔的两位作者，即威尔考克斯和卡梅伦均为美国公关领域资深学者、顶尖专业人士。威尔考克斯曾任美国加州圣何塞州立大学新闻和大众传播学院院长、公共关系协会教育学院主席、新闻与大众传播教育协会（AEJMC）公关部主任等职，而卡梅伦为密苏里新闻学院荣誉教授，该校健康传播研究中心的创建者。两人在公关领域各自发表过不少具有影响力的作品，但被翻译引进中国的，该书尚属首次——该作品集中反映了几位作者的研究成果，也代表了专业著述的高位水平。如果想通过一本书进入公关世界，《对世界说话》会是一个不错的选项。

笔记

公关是一套策略。它指导我们如何与公众展开行之有效的对话与双向交流，增进相互理解，以达到说服和改变他人的目的。那些输出观点与价值观，试图做引领姿态的媒体，其传播行为不是另一种“公关”？

一个公关人的自白及其“说服的事业”

这本书在公关行业的地位，犹如广告业中的大卫·奥格威的《一个广告人的自白》或克劳德·霍普金斯的《科学的广告＋我的广告生涯》。

2017年，96岁高龄的夏博新（Harold Burson）出版了自传，回顾其极富传奇色彩的“公关的人生”。这本书在公关行业的地位，犹如广告业中的大卫·奥格威的《一个广告人的自白》或克劳德·霍普金斯的《科学的广告+我的广告生涯》。

在各种教科书或字典里，“公关”常被定义为“一种与公众建立良好关系并促进这种关系发展的方法或学科”，但夏博新有其独到的见解。正如他在这本回忆录中写道：“对于公共关系，我更喜欢的定义只有一个词——说服，说服到人去做我的雇主或客户想让他们做的事。”所以他的自传书名为《说服的事业》（*The Business of Persuasion*）。这种直接、实用及结果导向的认识，让夏博新创办的博雅公关自创立之初，便展现出非同一般的行事风格，此后在业内快速崛起，并最终成为当今世界老牌的公关巨头。

在夏博新当初决定进入公关行业时，时机不算早，但机会的风口确实在他这一边。据他介绍，1900年就有了一家名为“公关宣传局”的公司，从时间上算，比他开办的公关企业早了整整46年；1904年，乔治·帕克和艾维·莱德拜特·李堪称公关业的先驱，两人的名言是“追求准确、真实以及利益”，李更是提出了公关行业的某种宣言性的话语“我们所有的工作都公开进行”；“一战”期间，时任美国总统的伍德罗·威尔逊把改善公关关系视为政府的一项重要职能；1927年，约翰·希尔在克利夫兰建立了一家公关公司，该公司后来发展成为著名的伟达公关，夏博新的博雅公关在业绩上超过它已是数十年后的1983年了……

历数过往种种，夏博新旨在澄清早前外界的存疑，外界认为他在选择公关时，既有顺势而为的趋势性，又有洞察先机的预见性，但主要还是市场处于“蓝海”，缺乏竞争对手。对此，夏博新除了带领我们重温20世纪初到中期公关行业的演变历程外，还披露了一组细节，他写道：“为了确认我对这个行业的认知，我曾经派助理去纽约公立图书馆，一个个数在‘公关和宣传’目录下的企业黄页名单中有多少家企业。在排除重复之后，统计数量超过了700家。在这些公司里，活到21世纪的企业不超过12家，而博雅公关就是其中之一。”这番话夏博新以赢家的口吻，一方面展示了他卓越的事业成就，另一方面也强调了他面对激烈竞争的突围与坚持。

作为现代公关业缔造者与标志性人物的传记，《说服的事业》的看点自然集中在对该行业内在运作规则的揭示，对若干重大企业公关事件内幕的呈现，以及作者对这个时代商业工作的体悟。不过很可惜，夏博新对他所参与的那几起业界知名（事实上，也进一步确立他的行业地位）的公关事件，并没有着墨太多，更缺乏细节、支线的描述，只是停留在一个大致的说明。当然也不排除是因商业秘密保护的限制。所以像强生泰诺危机、可口可乐新配方上市、受聘出任香港行政长官的公关顾问等重要事件，读者无法获得更多一手的信息及引人入胜的情节。夏博新花了不少篇幅介绍他带领博雅人如何扩展全球业务版图，从进入欧洲到拓展亚洲业务，再相继来到大洋洲、南美洲、中东与非洲，他提到博雅公关努力地拓宽服务范围，将服务对象的行业延展至食品、医疗、制药、技术等，不停地介绍公司持续壮大的发展历程，对一本书（而非企业宣传册）而言，这写法则显得乏味和多余了。

相较而言，该书的精彩看点反倒是前半部分，也就是夏博新开创博雅前后以及更早些的大学时光。和通常传记的叙事套路一样，夏博新后来为公众所熟知的光环、成绩，是因为自身的拼搏不懈、奋斗不止；他就像大多数的励志典范者，父辈一代并没有为他创造什么得天独厚的有利条件。用夏博新的话来说，他家的经济状况也就算是刚脱离贫困线。而且，就在他出生前一年，夏博新父母举家从英格兰移民到了美国，开启新的生活，这里面也包含了夏博新这个二代移民“美国梦”的起点。

至于为何会从事公关并以此为毕生事业，夏博新道出了原委：“当我回首人生近百载岁月时，我惊奇地发现，生命里发生的一系列事件无形中将我引向了公共关系行业，这个行业成为我工作生涯里的舞台中心。”如他所言，从他童年起，就对媒体工作充满热爱与职业向往，初中便成为《孟菲斯商业诉求报》（*Memphis Commercial Appeal*）学生版面的记者，这个身份持续了很长时间，直到大学毕业后他成为这家报社的在编员工。在不同时期，他负责不同的版面，新闻报道的领域也各异，但正是借助这个媒体平台，夏博新有意无意地体会到了传播的重要性。他还结识了广泛的人脉，其中包括美国最具影响力之一的作家威廉·福克纳。这个起点为年轻的夏博新赢得了宝贵的接触社会的契机，也积累了不少阅历，这使得他较之同龄人更加自信、从容，遇事老练与处事成熟。特别是对一个从小就梦想成为记者，平日里就喜好阅读《纽约时报》《华尔街日报》《金融时报》《纽约客》的人来说，能追随初心、少年得志、坚持做其所热爱的事业，夏博新是幸运的！

同样，机会的把握也是职场必修课。夏博新在担任记者后不久，因采写报道当地基建工程的缘故，受项目方管理层的赏识，而转投到建筑公司出任公关宣传人员。这一“跑道”的切换，对比之前的媒体工作是全新的，在思维切换和技能要求上，也是极具颠覆性的。

“我每天的工作能够快速学习业务知识，获得与公司高层领导、中层领导、后勤人员等同事打交道的能力。”“我在狼溪（项目所在地）待了5个月，学到了该怎么管理大型的建筑工程，并且乐在其中。”对于夏博新而言，这段经历至少让他获益了两点：一点是，他有意识地从原本新闻记者的角色积极转变成公关顾问，当他开始专注于为公司做宣传，联络各家媒体发公关稿的时候，他实则是为日后博雅的诞生等待那个“决定性的时刻”；另一点，在创业后，他的早期客户几乎都来自建筑业，因为在当时的美国，像他这样既懂媒体，又懂建筑行业的人相当稀缺。夏博新以他的专业和敬业，精准地找到了一个细分市场，并很快成为头部。

事后来看，有太多迹象表明夏博新与公关业是一场冥冥中被注定的“相遇”。他最后没有去纽约做他心仪的媒体工作，那只能说新闻界或许少了一位出色的记者；但他的商业天赋、市场嗅觉、经营手腕和对媒体宣传的热衷，使得他在公关业的成就更大。以他对公共关系的洞见、其确立的行业标准以及他领导下的博雅在全球享有的品牌声誉，他都无愧“20世纪最具影响力公关人物”的殊荣。

夏博新于2020年1月10日逝世，享寿98岁。阅读这本他生前的唯一自传，是一种缅怀，而对那些有志于从事公关、广告工作的人来说，相信会得到启发与激励。

笔记

虽说成功不可复制，但从一些行业先驱、商业传奇人物的经验中总能获得一些灵感、启发和激励的内容。夏博新和大卫·奥格威、克劳德·霍普金斯等大师的成就，无疑是投身公关、广告业的晚辈该熟知与学习的。

对网络文化的深切忧患仍有意义吗

徐贲对沉溺于虚拟空间、习惯“数字化生存”的网络族群忧心忡忡，进而对这个时代的人文景象进行悲观的展望。

“我们常说，互联网时代缺少的不是信息而是知识，不是知道而是思考，不是零碎的常识而是贯通的学识。”徐贲以此开篇，拿起批判的武器，投向互联网，目光如炬。

如同许多人文学者，徐贲并不在意技术的演进与科技的未来（他说他不是一个技术控，事实上，他也未必懂技术），他关注的是数码时代人类的读写状况，确切地讲是网络媒介在多大程度上改变了人们的智识、思想、文化与伦理，以及对此又当如何作为。当他把这种具有启蒙意味的人文主义注入对网络行为、数字文化、科技生活的批判中，便有了《人文的互联网：数码时代的读写与知识》一书。至于这个主标题，可在两个层面展开联想：一个是用人文的眼光打量互联网的当下，另一个则是呼吁互联网场域应该多些人文关怀。

就徐贲关切的议题来看，不算“先见”，也谈不上独到的“洞见”。在他之前，不少具有强烈忧患意识和人文关怀的理论家、科技作者，已经有过大量类似阐述，并发表了丰富的文献成果。例如，徐贲在书中提到的迈克尔·林奇，在其《失控的真相》中追问了为什么在网络时代知识很多，智慧很少；戴维·温伯格的《知识的边界》试图呈现在线化知识的新疆域，以及如何用“网状”“开放”“连接”等媒介形式重构今天的信息与知识体系；尼古拉斯·卡尔这个长期不遗余力对科技予以批评并为此声名鹊起的畅销书作家，在其代表作《浅薄》一书中发出以下的警告：当我们每天在翻看手机上的社交平台，阅读那些看似有趣和有深度的文章时，在我们尽情享受互联网慷慨施舍的过程中，我们正在渐渐丧失深度阅读和深度思考的能力；还有威廉·鲍尔斯的《哈姆雷特的黑莓》，这本书揭示了一个道理：“深度让我们扎根于这世界，让生命有质量和完整，丰富我们的工作、与他人的关系，以及我们所做的每一件事情，可惜，在碎片化、移动化、信息超载的‘读屏’年代，深度、严肃、崇高等或已踪迹难寻……”

从材料编排、观点罗列和主题揭示来看，徐贲的这本书显然是冲着站队上述这些“观念阵营”而去的，在言辞的精准与表达的力度上，有过之而无不及。在许多方面，他既像写出过《你不是个玩意儿》《互联网冲击》的杰伦·拉尼尔，有着浓厚的人本立场，不厌其烦地重申人是目的、拒绝被异化成工具、沦为技术的附庸；也像素有“科技的牛虻”之称的安德鲁·基恩，左手痛批广大未经新闻专业训练的网络游民会阻碍真实信息的传播，右手担忧科技将拉大财富差距，造成新的社会不公及“阶级之战”，这些书目包括《网民的狂欢》《数字眩晕》《科技的狂欢》《治愈未来》等。在徐贲这里，他反乌合之众的情绪没有那么激烈，因此在措辞和语态上克制许多。

正如多数人在谈及大众文化与科技浪潮的“阴暗面”时，言必称尼尔·波兹曼的《娱乐至死》或乔治·奥威尔的《一九八四》，这两本书俨然成了反思流行与乌托邦绕不开的引注——对此，徐贲也没有例外，他援引了波兹曼在《娱乐至死》中对所谓“阅读”和“智力”应有之义的诠释，如“你应该相当长一段时间保持基本不动”“如果你已经学会了怎样不受外观的干扰去理解意义，那么你就应该采取一种超然而客观的态度，这包括你要能够区分文字的感观愉悦、魅力或奉承语气和文字所表达的观点之间的逻辑”“在判断观点性质的时候，你要同时做几件事情，其中包括，把判断推迟到整个观点完成时做出；把问题记在脑中，直到你已经决定何时、何地或是否能够回答它们；用你所有相关的经历作为现有观点的反证”……徐贲想说，没有哪种媒介能够代替书面文化，包括阅读、写作，它们正构成了人文教育的核心。然而，既然用到了波兹曼的《娱乐至死》这个经典文本，徐贲大可以引用那里面一段更为精彩绝伦的文字作为他论点的升华——“有两种方法可以让文化精神枯萎，一种是奥威尔式的——让文化成为一个监狱，另一种是赫胥黎式的——让文化成为一场滑稽戏”。波兹曼强调，赫胥黎式的方法更具有威胁性，而众声喧哗，重在营造享乐主义和欢愉氛围的网络文化何尝不是？

徐贲对沉溺于虚拟空间、习惯“数字化生存”的网络族群忧心忡忡，进而对这个时代的人文景象进行悲观的展望。他曾在多个场合、以不同形式表达“网络上到处是知识丰富的傻瓜”，他的意思其实是，知道很多知识与能否独立思考可不是一回事。按照凯斯·桑斯坦的观点，人们倾向于在网上选择他们所乐于接受、偏好的信息，同时拒绝接受自己不喜欢的资讯，这势必造成偏见，形成“信息茧房”效应。一个民主、自由的环境，其前提是确保多元，所以“网络共和国”不过是美好的假想。他用“网络共和国”做书名，不过是“正话反说”，此外，他也不否认网络平台在“维基模式”（其核心强调“大规模协作”）下信息生产的积极一面，所以他又写了《信息乌托邦》一书。但徐贲几乎通篇是持否定性评价的，他就像美国亚特兰大埃默里大学的马克·鲍尔莱恩教授，后者曾在《最愚蠢的一代：数码世代如何麻痹了年轻的美国人并危及着我们的未来》中写道：“他们现在进行的所有这些因特网的活动，以及他们所拥有的数码领悟能力并没有转换成对过去和现在的世界事务的了解，或是他们的生存所需要的技能……美国的年轻人对此并不以为然。”徐贲就差以类似的口吻对外喊话了。

除了关心读写与知识生产，徐贲也把讨论的半径扩展至人工智能、公民教育、社会平等、公共领域构建等话题。从相关篇章的结论来看，徐贲似乎认同托马斯·皮凯蒂、尤瓦尔·赫拉利等人的观点，他们两位分别在《21世纪资本论》与《未来简史》中看到了隐藏在当下一系列动荡、不安的线索。这些观点概况来讲，科技、经济的发展已进一步拉大社会贫富差距、造成阶层的对立，而且先进的技术让权贵有能力检测基因、预防疾病，甚至改进他们和下一代的基因成为“超人”，不管是在体力还是智力上都远超过普通民众。令人不免心生畏惧的是，这种差别是不可逆的，阶层的流动性也更加趋于固化。

徐贲显然没给网络空间以任何回转的余地，也丝毫看不出他对互联网在扮演新形态公共领域过程中有些许的益处。他总体的基调是消极的、悲观的。实际上，从他以往谈论互联网、媒介的基本主张来观察，他的论点几乎是一致的、延续的，他认为说理、沟通、协商，有助于公共空间的建设，而适用于网络空间的话语方式、思维方式会阻碍社会公共讨论。至于徐贲批评的“犬儒主义”则是对网络理性对话体系的一种冲击。他曾指出，当代中国的公共话语面临过度简化，以贴标签的方式污名化、妖魔化论敌，这种粗鄙而充满暴力色彩的话语在网络上充斥。当今中国互联网上充满了敌意，使得正常的说理变得根本没有可能。

作为一名主攻并积极倡导人文教育的学者，徐贲对网络的阐述明显过于悲观，让人略带失望的是，他也没有给出一剂良方。诚然，他不认可眼下的网络空间有助于公共领域的构建，也无益于公民教育的落实，那么，让徐贲满意的“说理文化传统”的土壤又在哪里？在这本《人文的互联网》之前，徐贲已经相继出版了《阅读经典：美国大学的人文教育》和《经典之外的阅读》，此外还有其他一些充满真知灼见、富有浓厚人文气息的作品。这构成了他的写作图景，也展现了他的使命责任，他百般努力地去激发公众思考，强调对话，鼓励思想操练，但在这个时代，他的沉重在面对轻快的文化时，往往吃力不讨好，结果就像《十三邀》的许知远面对马东的“我没那么自恋”，显得一脸尴尬、无能为力。不管这本书能让多少读者坚持读完，不可否认，徐贲做了有益且必要的尝试。

笔记

用沉重面对轻快，以严肃对待娱乐，有时候会吃力不讨好，但这个时代需要有人去这么做，激发公众思考、引导他们对话、鼓励思想操练，积极地介入与建设数字社会。

数字牢笼或这是我们想象的互联网吗

在担忧技术过多侵入的同时，是对被剥夺自由的恐惧。卡尔拓展了讨论的深度与高度。他总是像一个不合时宜又有点逆潮流而行的人，在众多赞颂“科技创造美好生活”的论调中发出不和谐的声音。

曾几何时，互联网被认为是人类的精神家园、电子天堂，这种乌托邦的想象在约翰·佩里·巴洛这里近乎到达顶峰。巴洛是一名彻底的网络自由意志主义者，生前先后参与创办“电子前沿基金”和“新闻自由基金会”，他因《网络空间独立宣言》一文成名天下。在文中，他饱含激情、真切地认为“网络空间永远不应受到法律的规制和政府的管辖”。2018年，美国当地时间2月7日上午，他在家中安详去世，享年70岁。

作为互联网先驱的巴洛以及他同一代的数字思想者，将诸多反主流文化、自由独立乃至无政府主义思想的基因注入早期的硅谷意识形态中。正如弗雷德·特纳在《数字乌托邦：从反主流文化到赛博文化》中所描述的那样，他们走在一起，共同定义了计算机和早期网络的形象：技术是解放自我的武器，它能建筑令人耳目一新的虚拟社区，还能让人们更大胆地拓展社会的新疆界。这批人当中，有大名鼎鼎的斯图尔特·布兰德、霍华德·莱因戈德、凯文·凯利等。

不过，当人们连接网络，且愈发适应尼葛洛庞帝所谓的“数字化生存”的在线时光时，他们突然发觉，过去虚拟空间的自由、如入无人之境的说法不过是一个低分辨率、美丽的神话。现任哈佛大学法学院教授、曾参与创办斯坦福大学网络与社会研究中心的全球最负盛名的网络法律专家劳伦斯·莱斯格，在其《代码：塑造网络空间的法律》（以下简称《代码》）中就公开宣扬“网络空间从来都不是自由的”，他写道：“对于控制本身而言不一定是指政府施行的控制，也不一定是指某种罪恶的、法西斯极端主义式的控制。在网络空间中，某只看不见的手正在建造一种与网络空间诞生时完全相反的架构。这只看不见的手正在通过商务活动构筑一种能够实现最佳控制的架构，一种使高效规制成为可能的架构。”

《代码》出版后震动了学界和业界，被人称为“也许是迄今为止互联网领域最重要的书籍”“网络空间法律的圣经”，而莱斯格也被《纽约客》誉为“互联网时代最重要知识产权思想家”。很快，尼古拉斯·卡尔（Nicholas G. Carr）接过“接力棒”，以一系列观点鲜明、富于雄辩的文字，不断揭示互联网“反乌托邦”和现实并不美好的一面，二十年来如一日。卡尔俨然成为数字思想观念市场中以理性、批判、反思精神见长的最重要的成员之一。

《数字乌托邦》是卡尔的新书，收录了从2005年到2015年这十年间他博客上的精选文章，共计96篇。虽然是一部作品选集和专栏结集，但整本书却自始至终都对当前硅谷精英的一些基于“技术至上主义”和“互联网中心主义”的过分乐观情绪给予讽刺、挖苦和反对。

从开始的“Web2.0”概念的辨析到“性爱机器人”再到“谷歌眼镜”和“智能胸罩”等，《数字乌托邦》讨论议题范围广泛，硅谷趣闻信手拈来，论证过程引经据典。对上述这些议题，卡尔倒不是都给予体无完肤的抨击，而是通过有趣的、精于文学修辞、充满智慧灵性的叙事，对一些经由媒体不加审视地报道后呈现出一派歌舞升平的科技讯息给出发人深省的解码。他所持的立场和观点都指向——网络空间不是乌托邦。

从翻译来讲，说它是“数字乌托邦”肯定不妥，卡尔举手反对的正是这个。其实他想说“乌托邦是跛脚的，且有来自其他方面的挑衅”。通过卡尔的指引，硅谷的技术和产品发展史鲜活地呈现在读者面前，也让公众明白，一切未加检视和批判的信息哪怕再迷人，都有导向无知、偏见的风险。安德鲁·基恩（Andrew Keen）说，卡尔前进的方向，就是我们跟随的方向。对于这种褒奖，我们不妨说，他看到的方向，是我们对待技术应当时刻警惕和审慎的态度。

尼古拉斯·卡尔是美国知名的科技作家，素来以发表对网络、新科技被滥用导致的社会负面效应的警示言论而著称。他经典的“批判三部曲”，即《大转换：重连世界，从爱迪生到Google》、《浅薄：你是互联网的奴隶还是主宰者》（以下简称《浅薄》）、《玻璃笼子：自动化时代和我们的未来》在不同程度上开启了美国乃至世界思想界对于新科技时代到来后，人们如何延续和捍卫主体性这一严肃命题的讨论。其中，《浅薄》一书荣登《纽约时报》畅销书排行榜，在2011年入围普利策奖。就这些作品普遍关心的议题来看，他和杰伦·拉尼尔、威廉·鲍尔斯英雄所见略同。

尼古拉斯·卡尔指出，互联网尤其是移动互联网获得更为普及、广泛的应用，再加上工业、管理等领域投入更多的自动化设备，在带来应用便利的同时，已经不可避免地展现出其危险性，即技术工具将人奴役的现实。卡尔有力地驳斥了一些企业家忽视新科技应用冲击社会伦理、漠视人的生存现状等问题而讴歌美妙前景的言论。卡尔指出新科技应用一方面带来了便利，却也不可避免地桎梏了人的思维，窥探我们的隐私，让人逐渐习惯于不再动用大脑，成为算法、自动化的奴隶。

在担忧技术过多侵入的同时，是对被剥夺自由的恐惧。卡尔拓展了讨论的深度与高度。他总是像一个不合时宜又有点逆潮流而行的人，在众多赞颂“科技创造美好生活”的论调中发出不和谐的声音。他提醒世人，别过度沉溺数字环境里无法自拔，否则结果就是过度依赖或盲目乐观。在卡尔的认知范围里，网络的积极面可被忽略不计。就拿《数字乌托邦》来说，那些因技术带来的工作效率提高、繁杂任务的转移、沟通距离的缩短等，在卡尔那里“不置可否”。他的思考重心通常是一旦过分利用技术，会诱发人的懒惰、不思进取、思想浅薄乃至沉沦其中。他是一个坚定的持怀疑态度的人，因此对于每一项科技新事物总是报以挑剔、质疑的眼光。

当然，我们很期待卡尔会给出什么建设性的意见。事实上，并没有。据《经济学人》杂志的说法，那本令他声名鹊起的《浅薄》是卡尔躲在没有电源插头的深山里完成的。凡事都有得失两面。一些持进化论观点的生物学家声称，人类和其他灵长类动物一样，生来就该具备迅速观察到危险和机会的能力。如果确实如此，那么网络在某种程度上正不遗余力地孕育出肤浅而分散的头脑。不过卡尔再怎么讨伐互联网，也没有将互联网和毒品相提并论。就像德国学者弗兰克·施尔玛赫在《网络至死》中也一度担忧的“网络在创造一切，也似乎在摧毁一切”，例如人们的注意力极易分散，记忆力严重退化，想象力和创造力被极度扼杀等，但这还都是比较表面化的声讨。不过可以肯定的是，网络所产生的负面效应与吃甜食过度导致肥胖并无差别：补救之法就是尽力自我节制。譬如，在写这篇文章时，我就把手机静音而且翻了个面。

笔记

科技带来便利与效率，也造成侵扰与不安，网络空间从来不是也不会是美好的乌托邦，它所产生的负面效应与吃甜食过度导致肥胖并无差别，补救之法就是尽力自我节制。

二十年来没看过，但现在你总该听过

如今重读《数字化生存》，曾经的“科幻书”已变成了“历史书”。对照今天的数字世界，该书出版至今，有预判实现的部分，也有误判或错判的内容，这都非常合理。

1995 年，在吴晓波的《激荡三十年》中是被称为“收复之役”的关键年。柳传志领导的联想，凭借着惊人的廉价优势及民族品牌热浪的助推，对外来品牌电脑发动了一场“绝地反击战”。到了 1995 年底，战果已经非常显赫地展现出来。在一份“最受消费者喜爱的品牌”调查中，排名前两位的是联想、长城，第三名才是 IBM，排名前十位的名单上国产品牌就占了六个。

伴随着民族信息工业的振兴发展，在 1995 年这一年，中国出现了第一批投身互联网事业的先行者，他们奔走相告、跃跃欲试。在这批人当中，有阿里巴巴王国缔造者马云，他当时创办了一个叫“中国黄页”的网站，类似在线的信息公告栏，设计粗糙、页面简陋；还有曾经声势浩大、后来改行养猪的丁磊，他是中国三大门户网站之一的网易的创始人，不过彼时的他向家人宣告决心摔掉电信局的“铁饭碗”下海创业。于是丁磊独身一人跑到广州，进了一家美国数据库软件公司赛贝斯（Sybase）做技术支持工程师。在那里，他第一次接触到互联网，并成为第一批用户。而一个叫胡泳的青年人，在这年的秋天，在清华大学的机房第一次登上了互联网，这次经历让他觉得妙不可言，感叹网络世界的神奇。于是，他向其所供职的《三联生活周刊》杂志老总表示想写一个关于“互联网”的封面故事，虽然最终刊行时只是一篇专题文章（意味着篇幅减少），但这次写作竟让他之后意外地成了“中国互联网发展早期最有影响的启蒙者之一”——就在那篇题为《Internet 离中国有多远》的文章发表后，正有满肚子网络宏论的胡泳，接到海南出版社的邀请计划写《网络为王》一书，并机缘巧合地翻译引进了让美国新媒体学者尼葛洛庞帝名闻天下的《数字化生存》。

根据美国《商业周刊》的统计，在 1995 年初，互联网已经连接全世界 4 万多个网络、380 万台计算机，154 个国家和地区通过互联网互通电子邮件。这一年，雅虎公司成立，微软 Windows95 全球同步发行，网景公司（Netscape）上市。中国互联网在 1994 年 4 月 20 日全网接通世界互联网后万象更新，它在林军的《沸腾十五年：中国互联网 1995—2009》里被称作“互联网商业元年”。而这个时候，来自麻省理工学院尼葛洛庞帝的《数字化生存》的出版正逢其时，无论是产业界还是公众，都太需要这样的图书为互联网进行宣传布道、摇旗呐喊了。就像在当时刚创办两年的美国《连线》杂志，因为其很好地扮演了“数字时代预言家与鼓吹手”的角色，而被竞相追捧、传阅。尼葛洛庞帝的这本书契合着的时代背景也迎合了多数人的心理需求，自一出版便很快登上了 1995 年《纽约时报》的畅销书排行榜。算上前一年凯文·凯利的《失控》以及随后比尔·盖茨的《微软之路》，它们共同构成了那个时期西方民众对未来技术的认知与想象图景。

在大洋彼岸、遥远的中国，虽然互联网为人们进一步打开了了解世界的大门，也愈加拓展了全球的视野，但一切才刚开始，离马歇尔·麦克卢汉的“地球村”或托马斯·弗里德曼的“世界是平的”还为时尚早。所以对西方现代信息经济、商业管理有相当敏锐度的胡泳欣然接受了出版社邀约，从一大堆花花绿绿的外国原版书里挑中了《数字化生存》进行翻译。多年以后，他回忆起当时的情景时说，那本原版书黑色、看来有几分出挑的封面引起了他的注意，而书的扉页更是戳中了他的兴奋点。扉页是作者尼葛洛庞帝写给他夫人致谢的话，其中表明时间年份的不是用阿拉伯数字，而是 1 和 0 构成的计算机二进制代码。像胡泳这样在 20 世纪 80 年代人文氛围熏陶下成长起来的中国年轻知识分子一代，极度渴望接触世界，又对身处的转型和大变革的年代充满焦虑和躁动。他随手翻开《数字化生存》几页，都是对数字未来的乐观主义描绘，意识到眼前这本书将会是 90 年代的《第三次浪潮》。

《第三次浪潮》是由美国“未来学之父”阿尔文·托夫勒所写。书中，托夫勒将人类发展史划分为三次浪潮，分别为：大致从 1 万年前开始的第一次浪潮“农业文明”；从 17 世纪末开始的第二次浪潮的“工业文明”；以及发轫于 20 世纪 50 年代后期的第三次浪潮的“信息社会”。这些变化的浪潮冲击又重叠，造成冲突和压力，也给世界文明带来新生和转机。同时，托夫勒还预言：“今后电脑将使“SOHO 一族”（在家工作）成为可能；人们将摆脱工作朝九晚五的桎梏；未来核心家庭将瓦解；DIY（自己动手做）运动的兴起等”。可以想见，在人文复苏、资讯匮乏又处于改革开放初期的中国，这本书的引进对国人的冲击是巨大的。托夫勒的一系列著作，包括“未来三部曲”的其他两本《未来的冲击》和《权力的转移》正好顺应了民间对国家政治、经济未来充满希望的整体氛围。而相隔十余年问世的《数字化生存》也被赋予了同样的期许和意义，因此，这很好地解释了为什么它对中国的影响是全方位的，而不局限于产业界或知识界。

其实《数字化生存》和《第三次浪潮》一样都是对无限开放与可能的信息世界的“一曲赞歌”，只不过前者比后者更为深入、细致地介绍了“革命性的技术”与“技术的革命化”。在书中，尼葛洛庞帝拉拉杂杂地介绍了比特技术、数字电视、交互游戏、虚拟现实、人工智能、可穿戴设备等，并冠以一种当时看来前卫的、易于传播的口号“数字化生存”（Being Digital）时，它带给中国读者一种不亚于被领进大观园的震撼。尤其是在同一时期没有更好或更利于普及、启蒙的读本的情形下，《数字化生存》的历史性价值和时代使命就显得更为厚重。这就好比多年以后，成为中国互联网体系中不容小觑的力量之一的“小米系”缔造者雷军，回忆了出版于1984年的保罗·弗赖伯格（Paul Freiberger）和迈克尔·斯韦因（Michael Swaine）合著的《硅谷之火》让他读后激动不已，对他进入IT产业多少产生了影响；还有周鸿祎，奇虎360的创始人，他则坦言埃弗雷特·M. 罗杰斯（Everett M. Rogers）的《硅谷热》对他人生启发最大，这本书同样在20世纪80年代出版。

然而，《数字化生存》的影响力和覆盖面则更广了——对投身互联网新经济的弄潮儿来说，这本书既可以用来给自己注入执念和信心，也可以当作发放给政府官员以获取建设信息高速公路支持的宣传材料，譬如亚信创始人、前网通集团的CEO田溯宁；对整个中国知识界和普通读者来说，这就是一部启蒙之作，书中展现的高科技生活图景，令人心驰神往。它打开的是一道指向未来的大门，在尼葛洛庞帝的笔下，互联网世界第一次以如此具体、亲切、精彩纷呈的面貌呈现在国人面前。所以在2016年恰逢该书引进出版满20周年，国内专门出了此书“纪念版”，而作者尼葛洛庞帝也被奉为“数字化之父”，获得中国互联网圈的尊重和重视，曾受邀数次访华交流。或许尼葛洛庞帝在美国都不曾享受过这些高规格的“礼待”，墙内开花反倒墙外更香，这是由中国网络信息化建设的特殊性决定的，这是后发之势，也因而后劲十足。

如今重读《数字化生存》，曾经的“科幻书”已变成了“历史书”。对照今天的数字世界，该书出版至今，有预判实现的部分，也有误判或错判的内容，这都非常合理。尼葛洛庞帝从来不曾宣扬过自己是“能预言的巫师”，而且你会发现，那些善于写未来趋势的作者，从前面提到过的托夫勒、凯文·凯利，以及彼得·德鲁克、约翰·奈斯比特等人，他们都无一例外地拒绝承认自己有“卡桑德拉（Cassandra，希腊神话中有预言能力的人物）”的一面，他们不过都是基于大量现实素材做的趋势判断。但是在尼葛洛庞帝这里，他还信奉一句话，那是在书中曾出现过的：预测未来的最好办法就是把它创造出来。

譬如，20多年前，当尼葛洛庞帝不遗余力地推行用100美元的廉价电脑将第三世界国家的孩子们连接到互联网事业中来的梦想时，他向一个登门拜访他的来自中国的年轻人投了一笔钱，这笔钱帮助到这个年轻人创办了门户网站并运营至今——他就是张朝阳。

笔记

二十年前，是“数字化生存”，是一种被描绘与展望的未来姿态；二十年后，是“数码化生活”，是一个被加速与重塑的在线状态。

电报，互联网的“前世”

作为某种意象参考，电报相当于互联网的前世，回顾这“人类史上第一次大连接”，可以有更全面和辩证的视角来审视互联网。从已有的发展历程来看，它们在许多方面如出一辙。

维多利亚时代有互联网？别逗了。两者至少差了一百多年。汤姆·斯坦迪奇用这样一个比喻，除了有点“标题党”设计外，他看到更多的是电报网与互联网的共性——互联互通、即时联络。作为某种意象参考，电报相当于互联网的前世，回顾这“人类史上第一次大连接”，可以有更全面和辩证的视角来审视互联网。从已有的发展历程来看，它们在许多方面如出一辙。

在《维多利亚时代的互联网》一书中，汤姆·斯坦迪奇开篇写道：“在19世纪，人们没有电视机、飞机、电脑，也没有宇宙飞船；抗生素、信用卡、微波炉、激光唱片和移动电话也都尚未问世。然而，此时的人们已经建立了一个互联网络。”他指的当然是电报网，这是一种行之有效的长距离即时通信技术。更重要的是，它的缆线穿越洲际和大洋，前所未有地将欧美两大洲紧密地联结在了一起，“一个世界范围的沟通网络由此建立”。从沟通彼此、信息交互的功能来看，它不正是后来从阿帕网到互联网诞生的本质吗？

不仅如此，随着电报技术的成熟、网络的铺设以及更大范围地使用，由此滋生的问题、乱象亦层出不穷。例如，面对一样新生事物，总是有守旧势力——不管它来自政府国会，还是商界民众，对它犹豫不决、推三阻四或干脆嗤之以鼻。摩尔斯电码的创立者，美国人塞缪尔·摩尔斯就曾带着他雄心勃勃的“电报计划”多次游走美国、英国和其他欧洲大陆国家，游说政府以求支持，可惜常常无功而返。从他开始推销到正式拿到美国国会的3万元资助，过去了4年多。“电报计划”中途在提交议会表决时，还差点被怀疑论者认定是“一场蓄谋已久、精心策划的骗局”而遭到否决，投票数也不过以89比83的微弱优势通过。

到了19世纪中期，建设全球电报网络从最初不可实现、痴人说笑的梦幻发展成为激动人心、前沿尖端的伟大事业，一条长达3 300公里、连接欧美两洲的海底电缆正式建成，并投入使用。根据汤姆·斯坦迪奇提供的历史细节，通过电报，维多利亚女王和时任美国总统的布坎南用叙事诗般的语言相互致意、庆贺，其中布坎南总统如此写道：“一场最为辉煌的胜利，因其带给全人类的福祉，远胜任何征服者在战场上取得的伟绩。”这样的场景似曾相识，就在116年后的1976年，英国女王伊丽莎白二世在视察一座陆军基地时兴奋地按下键，发出其平生第一封电子邮件。严格意义上讲，那时的网络根本还称不上互联网，只是一个用于应对苏联阵营、军事科研的冷战产物的“大局域网”。

对比飞鸽传书、快马加鞭或烽火狼烟，电报的出现无疑是信息传播在速度和广度上的一次突破性的革命。就好比体验过即时通信软件、电子邮件便利的用户难以忍受电报、邮政书信的效率低下，同理，在当时年代，一旦体验过通信便利了，就再也回不到过去了。可问题接踵而至，随着电报业务量的快速增长，信息拥堵的困扰便开始突显，那些大城市的电报中转站长期处于超负荷运转的状态。与此同时，一种被今天的我们所熟知、感同身受的现象也随之产生，即“信息超载”。每天都有大量信息传来传去，每年原本只有几次的大批发货，如今，全球主要市场信息每天都会发布，信息经常都有更新，使得人们始终处在紧张之中，没有时间清净。但是，“对于商人来说，电报就像是一剂毒品，而他们也很快就上了瘾”。电报很快成了商业交易中必不可少的手段，而且依赖度越来越高，其结果是商业习惯得以改变，而像股票、黄金、外贸交易规则体系被升级换代。比照今天，这一幕不过是场“预演”。人们加深了对移动互联的“科技瘾”而始终在线，电子商务便捷、快递物流力争解决“最后一公里”，更多行业开始融入“互联网+”的行动，敞开怀抱迎接信息化浪潮。

“从某种意义上说，我们至今还是生活在电报为我们揭开序幕的世界里。”汤姆·斯坦迪奇写道。当然，这要看我们怎么去理解。就一种通信工具被发明，并纵观其之后所经历的各种阶段以及相继出现的新现象、新议题、新问题，电报网络对于时代的意义或许远高于我们今天见证的各种文明。“来自维多利亚时期的穿越者来到20世纪末之后，毫无疑问，对互联网只会反应平淡……互联网——他们自己就有一个。”斯坦迪奇的话多少有点厚古薄今，但客观地看，在他所记述的一部内容详实、趣味横生的电报网络“编年史”中，又有什么桥段是后面没再重演的呢?

除了对新生事物一开始的抗拒，到后来大肆吹捧，以及出现的“信息超载”、“在线婚礼”、信息商务，黑客、骗局等相关的网络犯罪问题，这既是今天互联网发展进程中遇到的，也是两个世纪前电报网所经历的。斯坦迪奇回顾这段历史的目的在于，以史鉴今，通过了解电报的过去，帮助我们从全新的角度去分析互联网带来的挑战、机遇和陷阱。用他的话来说，“电报的兴盛与衰落是一则有关科学发现、精巧技艺、私人恩怨和残酷竞争的传奇故事。同时也是一篇新技术之下的众生相：有些人深陷于乐观主义，也有些人发现了实施犯罪、寻找浪漫或轻松赚钱的新路子——很多现象其实是人的天性使然，却被怪罪到了新技术的头上”。显然，汤姆·斯坦迪奇持“技术中立主义”，阅读他的这本著作最大价值在于，他反复提醒人们，除了乐观、热情，还当以审慎和理性的态度去对待技术。

说到汤姆·斯坦迪奇，他拥有牛津大学工程与计算机科学学位，是《经济学人》杂志科技版主编，同时还是专栏作家、媒体评论员。他也为《连线》《卫报》《纽约时报》等撰写专栏。这本《维多利亚时代的互联网》是他的成名作，也是其代表作。以一种“大历史”的写法来回溯信息科技发展，许多年后又在他的另一本著作中出现，书中得出了社交媒体2000年前早已有之的结论。这本书叫《从莎草纸到互联网：社交媒体2000年》。

笔记

对技术与生活、文化的辩证看待，姿态上可以远观、近观乃至旁观，而汤姆·斯坦迪奇向我们展示了一种远近有度、利弊互现的视角，他提醒说，除了乐观、热情，还当报以审慎和理性的态度。

认知、真相与互联网

作为一名哲学教授，林奇专注于民主、公共领域和技术伦理的研究，他同时也是颇受读者欢迎的《纽约时报》的哲学专栏作家。他对于互联网新闻，尤其是社交媒体被广泛使用后所引起的真相探寻、谎言传播、隐私侵害、理性丧失等议题批判，集中在这本《失控的真相》一书。

2016年4月，美国旧金山。在“F8开发者大会”上，依旧是以跑步鞋、灰T恤、蓝便裤行头亮相的马克·扎克伯格发表主旨演讲。会上，他不仅公布了Facebook未来十年的战略规划，更不忘强调初心，宣告将“努力通过技术，让用户可以与所有人分享一切”。现场有个有趣的细节——似乎是为了强调扎克伯格美好的伟大愿景，会议专用WiFi密码是“code2connect”即“通过代码和技术去沟通世界”。

在此后的一年，外界确实从Facebook上看到了“连接一切”的努力，从加强直播功能、推出Live API、引入无人机直播，再到人工智能、VR/AR和网络基建等领域的投入、研发。

但令扎克伯格始料未及的是，也就在这一年以Facebook、Twitter为代表的社交媒体，成了制造和传播虚假新闻、不实消息的温床。同时，一种更为保守的、极端的、民粹的势力在网上崛起。这还不包括因为技术便利、代码开源带来的隐私泄露、信息监控、系统性风险等一些存在已久的互联网问题。

与此相关联的是，就在2016年年末，《牛津英语词典》将“后真相”（Post-truth）选为当年的“年度词汇”，它被用来描述“诉诸情感及个人信念，较陈述客观事实更能影响舆论的情况”。

互联互通的力量曾一度是一种远大理想，但事实却充满了不确定性、风险性。随着它的弊端和消极影响日益显现，人们开始更多关注技术的“阴暗面”，并希望寻求解决之道。近些年，这类作品频见，如尼古拉斯·卡尔的《浅薄》《玻璃笼子》、安德鲁·基恩的《网民的狂欢》《数字眩晕》、凯斯·桑斯坦的《网络共和国》《信息乌托邦》、耶夫根尼·莫洛佐夫的《技术至死》和雪莉·特克尔的《群体性孤独》、威廉·鲍尔斯的《哈姆雷特的黑莓》、詹姆斯·柯兰等的《互联网的误读》……如今，这个阵营再添一位猛将，来自康涅狄格大学的迈克尔·林奇（Michael Lynch）。

作为一名哲学教授，林奇专注于民主、公共领域和技术伦理的研究，他同时也是颇受读者欢迎的《纽约时报》的哲学专栏作家。他对于互联网新闻，尤其是社交媒体被广泛使用后所引起的真相探寻、谎言传播、隐私侵害、理性丧失等议题批判，集中在这本《失控的真相》一书。

在林奇看来，当前的虚假正构成对自由、真理的威胁，这个问题不只是互联网时代才独有的，其他的形式的大众传媒也同样存在。互联网却让它们前所未有地暴露，变得更加复杂，也不容回避。

正如林奇所说，互联网可以帮助人们“在某种程度上独立寻找真相，而不是由政府或科研机构来主导真相……不仅能够让抗议者们有效地组织起来，而且可以让全世界的人都知道他们的国家发生了什么。如果没有互联网，只要政府对传统媒体进行残酷地打压，信息就会丧失扩散的渠道，无法传播出去”。

林奇看到的正是克莱·舍基《人人时代》《认知盈余》所描述的故事，但随后他又话锋一转，“互联网是一个真相论争的战场，血腥而又混乱。因此，我们比以往任何时候都更难知道何为真相”。此时，林奇显然又倒向了蒂姆·吴这边，后者曾写过《总开关》一书，蒂姆·吴指出，从广播、电视、电影，到今天的互联网、新媒体，纵观信息媒介的发展周期，最终总是由行业巨头占据统治地位，试图掌握着信息流的总阀门（the master switch）。谁都难逃这一轮回。

当然，有所区别的是，林奇并非从寡头、权力、政治经济学的立场去审视互联网，而更多是基于信息传播的角度探讨。在建立公共对话、真理讨论的过程中，时常会发生“回音室效应”（Echo Chamber Effect）和“信息流爆”（Information cascades）。“回音室效应”是指在一个相对封闭的环境内，一些意见相近、气味相投的声音不断重复，并以夸张或其他扭曲形式反复，声音多到令大多数人认为它们便是事实；而“信息流爆”指个人处在群体当中，会有意无意地受到他人的影响，进而有盲从的举动。这两种效应使多元意见进一步分化，导致激烈走向极端、造成冲突。尤其是在“人人皆有麦克风”的全媒时代，不同群体会为了表达己方的主张并确保别人能听到，不断提高嗓门、吸引注意。所以，有时候信息反倒显得不重要，重要的反而是表现信息的形式。

多元民主需要接纳、包容多种声音，但悖论却是声音一多容易众声喧哗，在吵闹中“沉默的螺旋”往往难以避免，最终损害了公平民主。林奇在书中多次提及哈佛大学教授、美国著名法学家凯斯·桑斯坦的观点，无论是《网络共和国》还是《信息乌托邦》，桑斯坦认为过分“同质性”对波普尔的开放社会或哈贝马斯的公共领域构建是极为不利的。桑斯坦还有两本书，《谣言》和《阴谋论和其他危险的想法》也多次论证了这些道听途说、以讹传讹从而导致“群体极化”的现象。

林奇当然知道出路在哪里，他强调“公共空间需要公共规则”，公共规则无非是摆事实讲道理、有理说理、以理服人；但他也同样深知问题的严重性，用他的话来，互联网的碎片化和因为“志同道合”形成的一个个相对隔绝的“部落”，使得辩论无法充分展开，沟通无法做到真正畅通，辩论成了一种自说自话。他担心的是互联网表面上让个人权利得以彰显，但却使公共理性逐步沦丧。从这个观点来看，林奇沿着理查德·桑内特“思维的轨迹”，以网络空间为例，写出了一个新版的“公共人的衰落”。

对于避免谣言和社交网络中一些负面影响，有学者介绍过对策，如增强法律监管、提高信息透明度、建立文化和社会规范等，不过在林奇这里，他提出的解决方案更像是“求诸己身”。他用了“批判性思维”一词，建议人们展开智性、理性的认知与思考。

虽然这种知识分子常有的科学怀疑精神，不一定把人们引向真理彼岸，但至少不会牵引着走向愚昧、无知和盲从。就像林奇所言，批判性思维体现的是人的自主性，它将有利于我们抵制虚假信息、宣传、洗脑和自我欺骗。当一个人有独立的人格（现在包括网络人格），并能依照自己的意志做到不被胁迫、不被误导、不被操纵，那么，这个人便是自由的。当人具备了自主、自立、自觉的前提，才谈得上判断信息真伪、价值对错。

就在扎克伯格那次发表完演讲后，林奇对《连线》杂志谈了看法，他说：“扎克伯格的理想主义并非全无根基。开源网络最终是好事。可是，你需要将网络力量看作整体，扎克伯格已经展现出无人能比的天赋，他正将网络推向极少有人能预见的方向。他会以一种方式或其他方式不断重复这样做，他甚至会将 360 度全景摄像机放在你的客厅中。”

没错，只要互联网还是创意和知识的集市，它总不至于是坏事。林奇写作《失控的真相》的最大价值在于再次提醒世人：小心被技术吞噬。

笔记

对于避免网络谣言和群体极化等造成的负面影响，我们可以通过增强法律监管、提高信息透明度、建立文化和社会规范等措施，但还有一种解决方案是每个用户展开智性、理性的认知与思考。这有点像数字时代的“求诸己身”“每日三省吾身”。

"互联网重塑世界"的变与不变

他们集中在权力和社会结构的演变问题上，从某种意义上讲，作者踌躇满志，他们的《社交网络改变世界》在沿袭了《网络社会的崛起》研究脉络的同时，试图再超越与突破——但不管怎样，有一点他们是做到了，他们续写了卡斯特当年未完成的 Web2.0 篇章。

让我们从一句普遍认同的断言开始：互联网重塑世界。

世界究竟哪些方面被网络改变了——小到工作娱乐学习，大到商业政治社会，包罗万象。早在16年前，著名社会学家，西班牙人曼纽尔·卡斯特就在他那本雄心勃勃的《网络社会的崛起》中，系统且不无创见地描绘了“信息时代网络社会的完整样貌”。卡斯特指出，权力正从国家向网络转移，旧的国家结构崩溃了，与之伴随的是无序网络组织力量施以新模式的行为和新形式的社会组织。

总而言之，我们的社会结构正由信息技术通过创建新形式的社会互动而转变，这些社会互动正“取代了一体化的等级制度作为社会组织的主导形式的地位”。对于这本网络社会学的扛鼎之作，学界给予了一致好评。法国社会学家阿兰·杜罕（Alain Touraine）盛赞“本书将成为21世纪的经典”；英国思想家、《现代性的后果》等书的作者安东尼·吉登斯则认为“《网络社会的崛起》之于信息化社会，正如一个世纪前的马克斯·韦伯的《经济与社会》之于工业社会”。

然而，在曼纽尔·卡斯特写作《网络社会的崛起》之时，哪怕是随后的《认同的力量》、《千年终结》以及《网络星河：对互联网、商业和社会的反思》，他所处的还是互联网Web1.0阶段。在那个时期，以网景（Netscape）为代表的浏览器是通向虚拟空间的主要窗口，以雅虎为典型的门户网站是获取信息的重要平台，点击流量换广告是唯一的盈利模式。另外，内容生产和传播是单向的，即网站将经过专业编辑好的信息“推送（push）”给用户看。

到了2004年，在旧金山的一次新媒体会议上（这次会议相当于互联网业革命的“遵义会议”），针对早前互联网泡沫的破灭，业内开始反思、痛定思痛寻找新的方向。Web2.0概念被正式提出，同时，像谷歌这样的搜索引擎脱颖而出以及Friendster、MySpace、Facebook、Youtube、LinkedIn等社交网站的萌芽壮大，互联网正从一种发布信息、发送电子邮件和出售书籍的“推媒”，发展成为运用创造力和集体智慧的动态网络（信息不再靠push，而是利用搜索引擎通过关键词“拉取（pull）”信息；到了社交网络上，用户则干脆“追随 follow”——关注你朋友所关注的）。倘若给这个阶段添加标签，无疑是：知识共享、集体协作、交互参与、开放合作……对此人们不禁要问，Web1.0 下的卡斯特是否老矣，《网络社会的崛起》是否过时，或者有什么新的观点需要补充呢？于是自然地，马修·弗雷泽和苏米特拉·杜塔的《社交网络改变世界》应运而生。

《社交网络改变世界》出版于 2008 年。Web2.0 早已完成从概念到实践的转变。事实上，Web2.0 所倡导的分享、交互、协作、公开等理念不仅冲击了传统的商业模式、管理方法和官僚制度，而且对消费市场、组织行为乃至参与民主的影响也是深远的。

就在这一年，美国公选出了历史上第一位黑人总统巴拉克·奥巴马，而奥巴马同时也是继“广播总统”罗斯福、“电视总统”肯尼迪之后的“网络总统”。正如弗雷泽和杜塔在书中所描写的：“社交网络正在逐渐向民众开放，以使得选举动员和选举人的反馈更加直接有效。MySpace 和 Facebook 如今已是民主对话中必不可少的交流工具。”按照作者的说法，这正是“社交网络改变世界”的表现之一，你可以理解为“Web2.0 之下的国家 2.0”。

作为一本阐述 Web2.0 时代社交网络如何引发变革的著作，马修·弗雷泽与其搭档并没有将议题随意扩大，因为这样可能导致讨论变得空洞泛泛。他们集中在权力和社会结构的演变问题上，从某种意义上讲，作者踌躇满志，他们的《社交网络改变世界》在沿袭了《网络社会的崛起》研究脉络的同时，试图再超越与突破——但不管怎样，有一点他们是做到了，他们续写了卡斯特当年未完成的 Web2.0 篇章。

为了让结论看起来更凝练、好记，作者在书中提出了一个 ISP 和 3-D 化的模型。所谓 ISP，分别是身份（identity）、地位（statue）和权力（power）的首个英文字母组合。他们认为 ISP 反映了社会组织那些不可动摇的动态机制。“所有的社会组织，第一个阶段就是身份结构，既包括个人身份，也包括集体身份。第二个阶段就是社会资本的不规则分配方式，它也导致了不同的地位和竞争优势。第三个阶段因为社会是由分配稀缺资源和剩余资源的制度结构管理的，所以，社会资本作为各种形式，包括实体意义上和象征意义上的控制权必须得到部署。”

接下来是3-D化。它是3个以D字母起头的英文单词组合，即多元化（disaggregation）、民主化（democratization）和分散化（diffusion）。至此，弗雷泽和杜塔创造性地提出，社交网络引起了三种现象的突然兴起：身份日益多元化（ID）、地位日益民主化（SD），而权力则日益分散化（PD）。

毫无疑问，这样的归纳令人耳目一新，但这里的“新”仅限于形式而非实质。譬如，身份多元化所讲的正是虚拟空间的多重身份，而后者早就是Web1.0相对于现实物理空间固有的特征。相反，作者在之后的篇幅里提到的强关系、弱连接、开放、封闭、隐私权保护等倒是社交网络被广泛使用后所引发的新现象、新问题。关于这些方面的探讨，不出所料的是，作者势必要引用到“邓巴定律”、马克·格兰诺维特的“弱连接”、阿尔伯特·赫希曼的《退出、呼吁与忠诚》、丹尼尔·沙勒夫的《隐私不保的年代》中的一些论述。

如果《社交网络改变世界》再晚几年出版，想必维克托·迈尔-舍恩伯格的《删除：大数据取舍之道》、斯科特·斯特莱登的《强关系：社会化营销制胜的关键》和尼古拉斯·克里斯塔基斯的《大连接：社会网络是如何形成的以及对人类现实行为的影响》等书也会被援引在内。

一样的道理，书中所说的地位民主化和权力分散化实则是Web1.0网络空间的平等和扁平。当然，他们照样会提及一系列Web2.0领域优秀的作家与书目。不难发现，要不是有“日益”的强调和区分，《社交网络改变世界》相比《网络社会的崛起》或里克·列文、戴维·温伯格等人合著的《线车宣言：互联网的95条军规》在回答“究竟多大程度改变”上没有本质差别。由此可以得出两个推论：第一，Web1.0和Web2.0不是割裂式发展，其始终围绕着互联网精神，区别只是程度的深浅；第二，从门户网站到社交网络再到已经来临的移动互联网时代，改善的不仅是带宽、应用、体验，还包括ISP的3-D化。

写到这里，你应该明白阅读《社交网络改变世界》究竟意味着什么。首先，它是一本Web2.0的集大成之作，是社会化媒体研究的必读之书；其次，它梳理了历史脉络，综合了多家学说，不失为一本优秀的延伸阅读索引；最后，随着移动化浪潮的全面来袭，它很可能像《网络社会的崛起》那样略显过时，所以我们更期待它的升级版——或许下回书名就叫《移动网络改变世界》了。

笔记

互联网重塑了世界，那社交网络改变了什么？这本书给我们的洞见指引是：身份日益多元化、地位日益民主化，而权力则日益分散化。

网络时代，来一场不合时宜的哲学讨论

应利用网络工具加强人们对物理世界和现实社会的参与感，让生活更有意义，而不是相反。

在网络时代，谈论哲学是奢侈的。然而，一个耄耋之年的老人，以一本小册子的篇幅来“论因特网”，这看起来多少又有点不合时宜。

1999年，休伯特·L.德雷福斯完成了这本名为《论因特网》的书稿。在这位美国当代哲学家笔下，他想完成对一个思辨问题的探寻：如果网络成为人们生活的中心，允许人们拥有一个虚拟的第二生命，随着时间在网络空间里的积累，那么人们会在一定程度上成为“超人”或“次人类”吗？在德雷福斯写作《论因特网》的时期，两个“斯坦福小子”的谷歌刚成立不久，乔布斯希望通过iMac为苹果挽回声誉，微软Windows98操作系统问世热卖，Napster的推出引发了在线音乐的革命，至于Facebook、Twitter等社交媒体连影子都还没有，此时互联网泡沫还未吹破、纳斯达克指数仍一路飞升，业界痛定思痛后的观念产物Web2.0尚未到孕育的时机。就这本书的议题来看，其前瞻性不可否认，也因此它在思想性上走在了当时的前列，但以今天的眼光回头去看却显得老气横秋，这本书注定总是与它所处的时代格格不入。

一开始，德雷福斯对网络上呈大爆炸式的信息抱有悲观的偏见。他从亚里士多德那里寻找知识的谱系，声称人们已经习惯于以层次化的方式来组织信息，并得到了一些宽泛的分类，可到数字时代，当巨量信息被以超链接水平的方式组织起来时，层次、门类等荡然无存。“超链接系统的用户将不再是期望一个完整而可靠的世界模型的，并拥有固定标识的现代主体，而是后现代的、对新视野持开放态度的千变万化的个体。他们的兴趣不在于那些显著的东西，而在于链接到尽可能多的信息。”

其实德雷福斯所观察到的和戴维·温伯格（David Weinberger）的某个结论“所见略同”，这位哈佛大学伯克曼互联网与社会中心的资深研究员，曾写出数字商业启蒙经典著作的《市场就是谈话》《新数字秩序的革命》，在《论因特网》出版后的许多年写了一本关于“网络时代，知识如何获取，确定性如何追寻”的开创性作品——《知识的边界》。温伯格指出：“在网络时代，知识已经进入了网络中，出现了史上最多的知识，但这些知识是不同的。所有确定性都被连根拔起，话题再无边界，没有人对任何事情能达成一致。”

不过，随着谷歌搜索引擎的出现，德雷福斯意识到，那种对超链接信息组织方式持悲观态度的人（包括他自己）需要转变观念了。德雷福斯写道："谷歌的创新之处在于它使用从人们的搜索中捕捉到的关于结果的重要性来实现语法的搜索，还不需要一个能够理解搜索内容的搜索算法。"事实上，这也正是谷歌区别于当时其他搜索引擎服务的一个关键点。拉里·佩奇、谢尔盖·布林发明的"佩奇算法"（Page Rank）能将任意的两件事情联系起来，从想要获得相关信息的人们点击相关的网页的选择中，挖掘出意义。如此一来，德雷福斯多虑了，他担心人们学习、认知的传统被数字化颠覆，弄得混乱不堪，但从谷歌到后来的维基百科等，它们其实仍然基于人类的经验、常识和判断，有层次地排列、组织杂乱材料，这不仅使得我们在享受到便捷、高效的目标搜索之外，还能按图索骥找到有价值的相关信息。

据此难道说德雷福斯对网络就是一个乐观派了？当然不是。对于网络时代向来以效率著称的远程教育，德雷福斯判断是"它培养不出一个大师"。尽管在过去的二三十年里，计算机、互联网动辄被鼓吹是能够助力（书中用的是"复兴"一词）教育的新技术，但德雷福斯或许又从苏格拉底那里获得了灵感，认定教育首要的便是面对面的交流、言传身教。在他看来，一个完整的"学习进程"应当包含如下六个阶段，即新手（novice）、高阶初学者（advanced beginner）、有能力的（competence）、熟手（proficiency）、专家（expertise）和大师（mastery）。可这些"必经"的学习阶段并未全部被网络实现或给予支持。

"当一个人去审视教育的种种细节——无论是身体力行的训导、必然的情感代入、理论和实践的结合、个人风格的开发，还是行动的把握——他就会知道有多少知识被远程教育给漏掉了。"德雷福斯进一步指出，只要远程教育提供不了一个线下、现实里教室和讲堂的替代品，以便兢兢业业的老师们培养学生时可以情感代入，那么远程学习最多只能教出有能力的学生，至于培养出专家、大师那是遥不可及的梦——面对时下喧嚣尘上的慕课革命、在线教育以及"互联网消灭教室"的论调，德雷福斯注意到了这类信号背后的风险和致命的缺陷。教育使命是崇高的，人才培养是神圣的，德雷福斯不忘告诫人们应当保持冷静、自省，而非在信息化浪潮中随波逐流。

在全书最精彩的一章“信息高速路上的虚无主义”中，德雷福斯与存在主义哲学创始人、现代人本心理学先驱的索伦·克尔凯郭尔（Soren Aabye Kierkegaard）来了场“隔空对话”。当然，一切都是德雷福斯杜撰、假借他人之口（以别人可能持的观点设计对白）的思想交锋。于是你看到，生活在19世纪的哲人克尔凯郭尔对网络伦理的礼崩乐坏忧心忡忡，因为网络上大量出于各种目的的兴趣群组，来去自由，匿名发言，这将诱导人们的言行变得随意、麻木。而作为哈贝马斯笔下公共领域一种衍生的网络空间，克尔凯郭尔认为其基本问题仍然是，存在于政治权利之外，人们可以对任何事情持有自己的观点，却无须有所行动——博客，便是最好的例子。博主们可以随意地诠释其对公共事务的看法，而不需要任何亲身体验，也不需要接受任何责任（除非行为构成违法或侵犯他人合法权利）。

德雷福斯的阐述迂回且极具策略，他以克尔凯郭尔之名回应了他人对网络虚无主义的批评。他认为“只要当人们有了勇气和热情，能够将在网上所学到的东西真正运用于现实之后”，就可以秉承某种信念主动承担起责任来。这既可以避免理查德·桑内特的“公共人的衰落”，也可以鼓励霍华德·莱因戈德《网络素养》中联网精神、群体行动的开展。而对德雷福斯而言，这便是他一直强调的“涉身”概念，通俗地讲，应利用网络工具加强人们对物理世界和现实社会的参与感，让生活更有意义，而不是相反。

早在20世纪80年代，德雷福斯就在《计算机仍然不能做什么》一书中开始关注人工智能对人的主体性、伦理价值观的冲击。尽管在互联网的思想市场中，乐观派长期占据主流，并经由大众媒体、能说会道的意见领袖的宣传而大行其道。但德雷福斯这个哲学老头在肯定大方向之余，也不忘保持一份戒备和内省。用他在《论因特网》中结尾的话来说，“只要我们仍然还是血肉之躯的人，那么网络可以发挥作用，前提是我们抵制住网络带来的一系列最糟的不对称权衡的趋势：教育中的经济因素过强、无风险的非涉身的远程具现与有风险的涉身的交互、与人或物的关系中虚拟超过了真实、在线生活中的超然和匿名盖过了信责、虚拟空间中用替身进行的安全实验超过了现实中亲自进行的大胆实验。”说得有点绕了，不妨引用“虚拟现实之父”杰伦·拉尼尔一本书的标题来说：你不是个玩意儿（You are not a gadget）。

笔记

对科技报以哲学性的审视，不是要我们变得古板学究、老气横秋，而是应当保持冷静、自省，而非盲从于信息化浪潮随波逐流。

古登堡的礼物与网络正能量

贾维斯的这本书并不是呼吁人们在社交媒体上公布自己的生活细节、个人身份，或者财务状况、家庭住址等，而是提供一种现场指导，使人们能够以乐观而不是恐惧的心态来看待网络这种新技术。这便是他乐见其成的信息时代的“古登堡的礼物”。

网络上，有人注重隐私，有人提倡公开，在私人与公共、封闭与开放的角力辩论中，杰夫·贾维斯坚定地选择了后一种立场。

贾维斯是纽约城市大学新闻学教授，透奈特新闻中心的主任，曾出版过数字领域脍炙人口、启迪思维的畅销书《Google将带来什么？》《极客古登堡》。这位见解独到的科技乐观主义者在《分享经济时代：新经济形态，分享什么，如何分享》中声称，如果人们太痴迷于保护网络上的个人信息，那么我们将错失因分享这些信息所带来的重大机遇。

似乎同样在关注现代生活结构中“公共人的衰落”，不过比起理查德·桑内特的悲观论调，贾维斯明显要积极许多。桑内特的结论是，孤独是现代性不可避免的后果，导致个人向私人生活靠拢，从而很少介入乃至对尤尔根·哈贝马斯笔下的“公共领域”态度冷漠。在网络空间或许亦是如此。尤其在隐私安全和个人信息话题上，人们常常觉得像Facebook、Google等社交媒体和搜索引擎能轻易地侵犯个人的私密数字生活空间。于是，每一次伴随技术发展，总会出现奥威尔或赫胥黎式的忧虑，与其说他们担心信息被不法地搜集利用、行为受到政府的监控，倒不如说顾虑“科技的反扑”——随着“人机大战”落下帷幕，谷歌团队研发的AlphaGo四比一轻松拿下“世界冠军”李世石，人们又开始焦虑，随着人工智能不断升级和工业机器人的广泛应用，人类的位置又在哪里。对于这个问题，埃里克·布林约尔松和安德鲁·麦卡菲早有警告。他们在《与机器赛跑》一书中指出，技术进步对技能、薪酬和就业机会都有深层影响。然而，造成糟糕就业现状的原因并不是技术的停滞，而是人类和我们的机构无法赶上机器的脚步。

相比较这些对科技持批判、否定观点的作家们，贾维斯却以轻松的心态来看待问题。他从Facebook的马克·扎克伯格、Google的埃里克·施密特、博客和Twitter的埃文·威廉姆斯以及Foursquare的丹尼斯·克罗利等人身上汲取灵感和想法，当然也用他们在商业上取得的成功证明“分享”的价值。它不仅会催生信息公共服务、形成一种有巨大潜能的产业，还能提高资源使用率和社会整体的福祉。站在今天的角度，这种论点其实并不令人耳目一新，从唐·泰普斯科特的《维基经济学》到尤查·本科勒的《网络财富》再到凯文·凯利的《新经济，新规则》等，有太多的作品在阐明相似主题。与此同时，从早期博客、播客、维基百科、Youtube 等各类 Web2.0 的应用到时下移动互联网时代的 Airbnb、Uber、中国的滴滴、知乎、分答等，一大批基于“分享”理念和“协作”机制的平台在涌现、崛起，按照贾维斯的说法，它们既代表了经济的新趋势，也代表着网络的正能量。

至于不少民众关心的因分享招致的隐私泄露，贾维斯通过梳理“隐私”概念及其权利保护的发展史，认为对隐私的定义太过简单化。“人们渴望分享信息，但又希望由自己来决定谁可以浏览、利用这些信息。”好比书中提到的对隐私表现得更为敏感的德国民众，这事实上是很矛盾的。隐私是非常复杂的东西，毕竟在生活中我们与他人有着千丝万缕的联系。人们该如何确定哪些是本人的信息？如果某个人分享的信息牵涉其他人，那么又由谁来控制呢？

贾维斯写道，或许我们看待问题的角度刚好颠倒了。他阐述了控制信息类别和控制信息如何被使用（个人和机构在获取他人信息时所做出的选择）之间的区别。这就是他对“公开”的定义。他随后又列出了许多帮助人们思考应该如何尊重他人信息的道德规范，并且提出了某些具体的指导（如不要窃取信息）和更笼统的见解（如动机很重要）。值得指出的是，他提出的很多规则与现实生活中家庭、学校教导我们的行为规范大同小异，核心都是：不要随意泄露别人的秘密。

或许是为了强调自己赞同分享的行为，要突出全书的主题，贾维斯的某些言论看起来像个暴露狂。在公开哪些个人信息的问题上，他的某些选择简直令人匪夷所思，比如，他在罹患前列腺癌期间曾在博客上事无巨细地描述了整个康复过程。但是他也因此收获了朋友和陌生人的大量支持，他们同情他、鼓励他，还为他推荐良医。这个故事最有趣之处在于他为此做出的解释，此举更加说明如何以及何时分享个人信息而不致牵涉其他人，以及适当的透明并不是指随时随地把所有事情都告诉给所有人，而是指在公开信息的问题上适时判断，做出明智的选择。

《分享经济时代》这本书不忘提醒人们，每当一项新技术出现，人们最初的反应常常都是恐惧。贾维斯指出，最早期的书籍常常错漏百出，印刷错误可能会在极短时间内广泛传播，对社会造成更大的危害。1631 年，印刷商曾因为意外漏印了《圣经》第七诫中的“不”这个关键字而被处以罚金。所幸的是，世人没有揪着这些印刷错误不放——此后，信息通过印刷书籍和文件的大规模传播已经从根本上重塑了这个世界。关于这一点既可以从他的《极客古登堡》书中一见端倪，还可以从伊丽莎白·爱森斯坦的《作为变革动因的印刷机：早期近代欧洲的传播与文化变革》、约翰·曼的《古登堡革命》、艾伯特·卡普尔的《约翰·古登堡：一个男人和他的发明》等作品系列里得到佐证。

贾维斯显然要把这种推论应用于他的论证过程中。世界是复杂的，数字空间也不例外。当人们在线上因为浏览、点击、搜索、点赞、转发、评论等各种行为而留下痕迹，并以代码的方式将我们的行为暴露于人前，并不是当然的洪水猛兽、无可救药。我们在制定社会规范、处理网络信息的过程中肯定会犯下许多错误，但应对的方法一定不会比问题少。大不了就像舍恩伯格在《删除》中提出的，数字时代，人们有被遗忘的权利，必要时一键删除。同理，贾维斯的这本书并不是呼吁人们在社交媒体上公布自己的生活细节、个人身份，或者财务状况、家庭住址等，而是提供一种现场指导，使人们能够以乐观而不是恐惧的心态来看待网络这种新技术。这便是他乐见其成的信息时代的“古登堡的礼物”。

笔记

每当一项新技术出现，因为无知、误解、偏见，人们最初的反应常常都是恐惧。适当给新事物留点空间与时间，毕竟“创新的扩散”需要一个过程。

当机器人足以智能，小心科技反扑

马丁·福特希望通过他对现象的描述和对趋势的分析，引导读者从以下视角看待机器人时代：加速发展的技术能否将我们的整个体制颠覆到某个程度，以至于需要进行根本性的结构重组来维系我们的繁荣？

效力于某科技公司的程序员幸运地抽中老板纳森开出的大奖，他将受邀前往位于深山的豪华别墅和老板共度假期。在与世隔绝的别墅中，老板亲切地接待了这位员工。事实上员工被邀请来还有另一个重要任务，那就是协助他的老板完成其所开发的智能机器人的测试——图灵测试。该测试旨在测试电脑是否具有“人类思维”，它最早出自“计算机科学之父”和“密码学先驱”的阿兰·图灵（Alan Turing）于1950年所写的一篇论文《计算机器与智能》（Computing Machinery and Intelligence）。图灵提出，如果电脑能在5分钟内回答人类测试者提出的一系列问题，且其超过30%的回答让测试者误认为是人类所答，则电脑通过测试。然而在随后的交流中，这名员工越发觉得他所面对的似乎不是冷冰冰的机器，而更像是一个被无辜囚禁起来的少女，楚楚可怜、令人着迷……结果，故事到最后上演了大反转。

这是在北美上映的、由亚历克斯·加兰（Alex Garland）执导的电影《机械姬》（Ex Machina）的剧情。如果你对谷歌、Facebook之类的科技巨头渗透到人们的生活，爱德华·斯诺登引发的“棱镜事件”和大数据频频侵犯人类隐私等有所思考（或顾虑），那么你一定明白这部影片究竟想表达些什么。同样的，在它之前上映的加拿大导演尼尔·布洛姆坎普(Neill Blomkamp)的《超能查派》（Chappie）、法国导演吕克·贝松（Luc Besson）的《超体》（*Lucy*）乃至更早前威尔·史密斯(Will Smith)主演的电影《我，机器人》（*I, Robot*）等，实则都在反思同一类主题：当机器人足够智能，小心科技反扑！

其实早在乔治·奥威尔、阿道司·赫胥黎的年代，两位经典作家就分别以《一九八四》和《美丽新世界》开启了反乌托邦的批判模式。他们重在讨论社会的政治极权制度、科技中心主义对人类生活的侵害，并试图引起世人警惕与深思。直到60多年后，麻省理工斯隆管理学院的数字经济研究者埃里克·布林约尔松和安德鲁·麦卡菲，两人合著的《与机器赛跑》干脆把奥威尔等人当年表达的忧虑给了互联网时代下的回应：随着智能科技的发展、工业机器人的出现，人类和我们的机构已经出现无法赶上机器脚步的迹象了……与机器赛跑，拜托，省省吧！

马丁·福特在其最新的作品里也流露出了相同的担忧。在这本名为《机器人时代：技术、工作与经济的未来》（以下简称《机器人时代》）的书中，福特指出：我们无法（也不能）阻止科技的进步、世界的发展，同样，我们将很快迎来机器人全面崛起的时代。不过在传统时代，我们对机器人是乐观的，即使一些工作被淘汰，但会有更多的工作被创造出来，以满足新时代新的创新；机器带来的经济社会问题，也可以通过加强医疗卫生、退休和失业保险制度，培训和教育的强化，或者类似于美国的“劳动所得税抵免”计划来调整。

但到了机器人时代，这些想法完全错了。过去很多所谓的“好工作”将会过时：律师助理、记者、药剂师、上班族，甚至电脑程序员，都将被机器人和智能软件所取代。伴随着机器人技术的日渐成熟，工薪家庭和中产阶级家庭将受到进一步挤压。同时，人们还要受到生活成本上涨的冲击，尤其是教育成本和医疗保健成本的上涨。机器人导致的后果很可能是大范围的失业和经济状况的不平等，甚至还有社会固有结构的崩溃。

马丁·福特是硅谷的一名计算机工程师，从事软件开发工作已超25年，可以说直接见证了计算能力的飞速发展，从军用阿帕网到民用互联网再到移动互联网、云计算、机器人革命、人工智能……2009年，他出版了《机器危机》一书。实际上，那本书同《机器人时代》都涉及一个论点，即技术加速发展的重要性，不能低估其对工作机会的威胁性。

在新书中，福特的观察更为深入，论调也更显悲观。他说，技术对就业的影响、对个人生活和社会整体的潜在破坏，会交互于其他主要的社会和环境挑战，比如人口老龄化、气候变化和资源枯竭等。事实上，它的可怕之处在于，如果人们不承认或不适应技术进步带来的消极影响，全球将面临一场“完美风暴”：不平等的剧增、技术失业以及气候变化所产生的影响并行出现，而且在某些方面它们能彼此放大和加强。用未来学家和发明家雷·库兹韦尔（Ray Kurzweil）的话说，它会“撕裂历史的结构”，迎来一个被称为“奇点”的事件或者时代。库兹韦尔在2005年出版的《奇点临近：当计算机智能超越人类》（*The Singularity is Near*）一书中预测，第一台真正的智能机器将在21世纪20年代末建成，奇点将在2045年左右发生。

此外，福特还把机器人分为两类。一类叫专业或“弱”人工智能机器人，“比如能搬箱子或做汉堡的机器人，能创作音乐、写报告，或写华尔街交易的算法”，相当于机器人中的蓝领。“弱”人工智能机器人给人们带来的问题，属于近忧，主要是抢人的饭碗，让不少人下岗失业。福特说了一句特别刻薄的话：“计算机要取代你的工作并不需要复制你所有的智力，它只需要完成你为获得报酬所做的具体事情就好。”这等于说，蓝领机器人并不需要在做好事方面有多高的能力，只要能达到抢人饭碗的要求就够了。实证的例子是，美国从全球抢回制造业，却没显著提高就业，因为就业机会被机器人抢走了。书中指出，2014 年 5 月，美国就业人数终于回到大衰退前的峰值，但是收入却下降了。

但这还不是最坏的消息。另一类达到人类水平的人工智能被称为“强”人工智能。它能达到远高于蓝领工人的智能水平，甚至超过整个人类的智能水平。如作者指出的，随着机器人从弱人工智能时代演进到强人工智能时代，人与机器之间互相加强的正反馈循环不断变快，最终的结果是产生“智能爆炸”，很可能生产出一台比任何人类都聪明十万甚至上百万倍的机器。按照福特的猜想，如果这样的“智能爆炸”真的发生了，届时，它很可能对整个人类文明都造成破坏。

马丁·福特希望通过他对现象的描述和对趋势的分析，引导读者从以下视角看待机器人时代：加速发展的技术能否将我们的整个体制颠覆到某个程度，以至于需要进行根本性的结构重组来维系我们的繁荣？这也是他写作的一大初衷。

问题是，“强”智能机器人真的会毁灭人类、取而代之吗？对于这个问题，很多人认为会，有些则持反对意见。但他们的结果都建立在一个不确定的基础上。反对者认为，人工智能不同于人工智慧，机器人只能“智能”，而不具备“智慧”，所以，充其量是劳动力，而非劳动者，人工智能与人工智慧的关系，好比极限的数列与极限值的关系，永远趋近，近似认为相等，但永远达不到重合。这是最大胆的人工智能专家也不敢称自己是人工智慧专家的原因。可问题是，情况肯定还要复杂得多，好比第二次工业革命时，谁又能想得到一百多年后的科技样貌。在这个意义上，福特的这本《机器人时代》极具阅读价值，它让人们意识到有这么一个“人类历史上最大的事件”，并开始去思考。

笔记

我们无法也不可能阻止科技的进步、世界的发展，同样，我们也将很快迎来机器人全面崛起的时代。不过，我们总体持乐观立场。即便一些工作被淘汰，但会有更多的工种被创造出来。在此情形下，留给人类可做的是要有意义、有深度、有思想的领域。

从“大而不知”到“大而应知”

温伯格借用“大而不知”的语式，旨在强调以下事实：网络时代，知识从速度上看，频繁更迭；从广度上看，信息过载；从深度上讲，扁平开放；因而从牢固度上看，知识的根基随时会被动摇乃至瓦解。

有一次我受邀参加辩论表演赛，辩题是："性格和知识哪一个更能改变人的命运？"我们是正方，其立场认为是性格。在准备防守底线和攻击论点时，为了避免对方把"知识"的界定肆意扩大，我们就把它解释为"人们在实践中获得的，经过提升、总结与凝练的系统的认识"，并且进一步与一些关联词做严格区分，认为知识不等同于常识、经验、信仰，更不同于智慧。这样一来，我们甚至可以"极端"地说，人生而有性格，却不会生而有知识，那么，一个二三岁、谈不上有啥知识的幼儿，它的命运受什么影响呢？于是我们自然得出推论：性格在先天性、广泛度、重要性上都要胜过知识。

当然，以上不过是一场"思维和语言的游戏"，对一些定义不必太当真。但那场表演赛却引发了我对"知识"的迷思——当我们越想搞清楚什么是知识的时候，我们似乎越弄不明白知识究竟是什么，换句话讲，知识的边界又在哪里？

戴维·温伯格也有类似的疑问，然而，他关心的是，在网络时代知识以及知识的获取方式是否发生了变化。人们在互联网上通过社交媒体讨论、沟通、分享、协作，旧有的知识生产体系已经被颠覆——在过去，知识来自书籍、课堂、专家，它们是相对确定和封闭的；但如今"所有确定性都被连根拔起，话题再无边界，没有人对任何事情能达成一致"。

温伯格这种以知识的开放性、交互性以及由此产生的不确定性的论调，像极了哈佛大学法学院凯斯·桑斯坦教授在《信息乌托邦》中所阐明的观点。后者认为：许多以互联网为基础的分享和聚合信息的新方法有助于个人、公司、学校、政府不仅获得知识，而且不断创造知识。开放资源软件使得许多人参与到科技发展之中。温伯格好像接过这话茬，并用一本书的篇幅进一步讨论，互联网如何改变了知识的结构，以及人们该如何利用"网络化的知识（Networked Knowledge）"来做出更明智的决策。这本书名为《知识的边界》。

从书的译名来讲，"知识的边界"未必是最佳的方案。它没有把"Too Big To Know"，也就是"大而不知"的危机感和紧迫感的意味展现出来。在美国的金融界，有一个"大而不倒"（Too Big To Fall）的说法，直到2008年贝尔斯登被收购、雷曼兄弟倒闭，由此引出全球性的金融危机，公众才意识到，

“不倒”其实是一个伪命题。《纽约时报》首席记者及专栏作家安德鲁·罗斯·索尔金在同名的《大而不倒》一书中，首次详实地记录了这场金融危机的始末。然而，温伯格借用“大而不知”的语式，旨在强调以下事实：网络时代，知识从速度上看，频繁更迭；从广度上看，信息过载；从深度上讲，扁平开放；因而从牢固度上看，知识的根基随时会被动摇乃至瓦解。在互联网社会结构中，权威可能被拉下神坛，专家意见甚至不如群体智慧，在众声喧哗的新媒介形态中，观点争鸣、百花齐放，答案在网络中飘扬。

温伯格在书中提及的一个故事，可以说是言简意赅地道出了书本（纸媒）时代和网络（信息）时代的显著差异。2007年，美国溢油防治技术研究所提供两万美元奖金，奖给第一位能将沉在阿拉斯加海底18年的溢油成功抽出来的人。但直接把石油抽出来没有用，因为当它到达海面的时候，冰冷的阿拉斯加空气会让石油和水的混合物凝固，使它无法从平底船抽上来。一位住在伊利诺伊州的化学家，虽然不太懂石油，但他非常懂水泥，而且他知道只要一直震动，水泥就不会凝固。他的解答得到了奖金。放在过去，传统知识生产机制很难应付这种新问题，它的基本套路是利用公司研究院、大学实验室，成立专项小组来寻找解决办法，代价通常是高昂的研发经费支出和可能漫长的时间等待。但在互联网时代，利用“网络化的知识”（噢，我们又一次提到了它。这是温伯格在书中创造的新词，意思是指，通过线上讨论、网上交流、在线协作形成的知识），情况就变样了，反应速度更快，寻找方案的效率越高，解决问题的能力越大。温伯格的这个观点与詹姆斯·索罗维基的《群体的智慧》、兰·费雪的《完美的群体》，甚至唐·泰普斯科特的《维基经济学》、杰夫·豪的《众包》、克莱·舍基的《人人时代》等书的结论如出一辙，只是论证的角度略有不同，温伯格是在探讨网络时代全新的“知识观”，正如他所写道的：“房间里最聪明的人不是站在讲台前给我们讲课的人，也不是房间里所有人的集体智慧。房间里最聪明的人就是房间本身：房间连接人们和思想并连接外部的网络。”温伯格说的“房间”其实就是网络空间，网络有孕育多元性知识的土壤，并且知识是动态的、混杂的、辩证的，也是不确定的。温伯格由此预言：“网络化的知识，会让我们更加接近关于知识的真理。”

《知识的边界》无疑挑战了很多人对知识的认知。温伯格认定知识是无定形的、混沌的，而这个观点他早在《小块松散组合》《新数字秩序的革命》两部作品中就有提及，它们的核心主张是“网络价值并不是来自其整体运行的效率，而是来自大量的小块内容，这些小块指向更多的小块。并且，更为重要的是，网络不仅仅是将网页组织起来，而且还以一种新的方式将人类组织起来。我们是网上真正的‘小块’，我们正在用自己仍然在不断发明创造的方式松散互联”，“就信息划分而言，目前还没有普遍认可的方法，而且所有试图建立数字秩序的体系只是体现作此尝试的倾向而已。混沌并非我们思维的缺陷，而是思维的结果”。如今将视角转移至“知识”的对象上，道理也是如此——戴维·温伯格曾指出：科学，这个最以事实为基础的学科，在链接产生的混乱中当如何自立？最好的结果，是我们使用网络的经验让更多人了解到科学的真正本质，它使容易犯错的人类产生一种宏伟的、持续的合作。而最坏的结果，网络会让我们对科学的方法、态度以及结果的理解，错上加错。有时候，知识大到不仅无知，而且都无法形成理论。

戴维·温伯格，哈佛大学伯克曼互联网与社会中心的资深研究员，长年为《连线》《纽约时报》《哈佛商业评论》等报刊供稿。从互联网思想传播和启蒙的角度看，作为网络思想先驱，他的地位不亚于写出《数字化生存》的尼葛洛庞蒂和出版了《失控》《科技想要什么？》等经典著述的凯文·凯利，但在中国，他似乎未能获得同等的地位，其原因大概是包括《知识的边界》在内的他的几部作品，关注的议题不够宏大。即便如此，我们也不能否认温伯格的深刻洞见，以及他的思想对互联网发展的基石作用。事实上，温伯格最先被国人认识，是从他和里克·列文、克里斯托弗·洛克、戴维·瑟尔斯等一批作者合写的《线车宣言》，而该书最早引进版的译名是《市场就是谈话》。

在《知识的边界》的最后，温伯格就打造网络化的知识结构，给我们指出一系列清晰的行动指南，包括：开放共享，用元数据（Metadata）管理超载信息，具有像霍华德·莱茵戈德在《网络素养》中提到的懂得链接一切的联网精神，不抛弃任何机构化或制度化的知识以及教导所有的人，以及教导人们看懂眼下知识的变革和趋势。在得出结论前，温伯格实际上也对尼古拉斯·卡尔在《浅薄》中提出的"互联网毒化人们的大脑"、凯斯·桑斯坦在《网络共和国》中论及的"回音室效应""群体极化"现象，给出了简单而有力的反驳。

是的，正如我当初在准备辩论赛时，越到后面越不确信概念的准确性，这是一种"大而不知"。网络传播带来的冲击，信息海量、无限超链接以及可以交互的平台，也让知识进入了一种"大而不知"的状态。而在读完该书并写出本篇书评时，要查阅和可以引注的文献其实还有很多，这更是一种"大而不知"。对此，我们允许保持无知，但对此应有自知。

笔记

信息海量、无限超链接以及可以交互的平台，也让知识进入了一种"大而不知"的状态。对此，很多人会感到无助，因而焦虑。其实大可不必，我们建议：允许保持无知，但对此应有自知。

新千年的媒体业及其前世今生

《数字时代的媒介》以广阔深邃的视野、丰富翔实的资料、旁征博引的讲解以及娓娓道来的叙述，将一个处在数字时代变革中的媒体业轮廓描绘在我们面前。

从许多方面看，《数字时代的媒介》很像蒂诺·巴里奥的《新千年的好莱坞》，文如其名，后者通篇在介绍21世纪的好莱坞，一切安好，又或将何去何从。而对埃弗里特·E.丹尼斯和梅尔文·L.德弗勒来说，信息技术的发展重塑了传播的方式，进而也拓展了媒介的范围，在一个被称为“数字时代”或“万物可媒”的环境下，人们应该如何去理解媒体的变迁？

这个话题过于宏大，仅靠一本体量适中的书很难说尽，所以作者自然会选择一个切入点、一个别致的角度，来框定讨论的范围和程度。最后他们选定了“连接”这个词汇，并提出“不管是作为概念，还是作为现实，‘连接’都在从理论和实践角度对数字媒介和传播世界进行阐释”。

我们至少可以从以下三个维度去解读“连接”，它们是快速掌握《数字时代的媒介》这本书核心内容的捷径：第一，从远古石刻壁画的记录到如今网络无缝地传播，该书写了一个相对完整、体系化的媒介发展简史；第二，媒体本身就是一个具有文化意义的“连接器”，它搭建了公众认知外部世界，并在历史、人文、社会、政治等各领域获取信息的桥梁，当然，媒体也同时扮演着串联编辑部、专家、大众等各方群体交互沟通的平台；第三，兴起的数字媒介和媒体全球化，让人们更容易地在无时差、多渠道、低成本的状态下接触到丰富的资讯。诚如作者所言，媒介——不管是过去的，还是现在的，又或者是未来远超出我们能想象的范畴的，它都是生来“为传播而连接”的载体。不过，如果说这本书还有多一个“连接”的话，那便是“它是一本关于各种连接性的著作——各种依托经验和系统性学术领域的、来自不同学科和传统的、不同类型知识之间的连接性”。

这也是这本书的写作风格。作为一本旨在启蒙教育而非学理研究的通识性、普及性读本，《数字时代的媒介》为读者提供了关于网络时代媒介与传播的导引，这就需要作者在素材的遴选上既要贴合议题，又要保持趣味，同时语言要深入浅出，文字得生动活泼，要以娓娓道来、引人入胜的叙事方式讲好大众传播这门课。这本书不仅有作者阐释、说理的部分，在编排上还收录了摄影漫画、新闻图片、人物肖像、访谈对话、数据列表等，形式不一的内容使得整本书呈现出更为立体、多面的信息点，而且也让它看起来像是在进行着一个开放、协商的主题讨论。这种写作体例不失为中国同类教材著述的范本。

出于导论、概述的目的及其所要面对的读者群，这本书并未展现出太多的深度的内容，关于媒体业前沿的介绍，也是点到即止。加之它的出版时间已是十多年前，因此对于时下一些移动互联与传播的交叉、机器人新闻、传感器新闻、基于数据的个性化推送以及由此造成的“信息茧房”、社交媒体滋生虚假信息等热门话题，无法涉及。另一方面，它又不得不事无巨细、有所兼顾地把新旧媒体——从图书、报纸、杂志到电影、广播、电视再到新闻、流行文化、广告、公共关系的曾经和当下做介绍，以此切题它们是正处在汹涌激荡“数字时代（下）的媒介”。

不光如此，在穿梭各种媒介的历史、现在和未来之余，这本书还思考了驱动媒介变革的因素这个较为深刻的话题。按照作者的观点，有三种相互关联的社会力量持续影响着媒介的变革，即经济、技术和政策。这些变量透过媒介的棱镜得以显现，也使得新闻业赖以维系其声誉和权威的“职业伦理”遭受一次又一次的冲击与挑战。然而后者又是一个争议四起、持久深远的话题，有太多值得去探讨的地方，而且通常它们展现的不是非黑即白的“是非题”，而是各有说法的“申论题”。例如，书中提到融合媒介文化面临的伦理挑战，它的非连续性/碎片化表达、把关人的缺失、大众协力生产内容、热衷“轰动效应”头条报道，类似种种新闻生产、传播范式的变化，或专业边界、壁垒因融合而导致的“消失”，都使得过去的新闻伦理体系面对更多不确定性，直至它引发的关注、争议是当年O.J.辛普森一案所无法比拟和想象的。要知道，那时还是电视占据人们主要媒体时间的年代，而如今多数人家中的客厅娱乐则来自互联网、OTT（Over the top，一种透过网络直接向观众提供的流媒体服务）、平台订阅。

书中几乎在对每一个媒介的描述中，都可以被梳理出若干个具有延展性、对话性和普遍性的讨论点。这也使得整本书在媒介通识性读本之外，也具备了学理性探讨的话本价值。该书的领衔作者——埃弗里特·E.丹尼斯，曾与另一位媒介学者约翰·C.梅里尔合著了《媒介论争：数字时代的20个争议话题》，该书不妨视为对《数字时代的媒介》的一种延伸与补白，它在后者作为教科书不得不点到即止的论述方式上，从深度、广度和高度上予以了升华。两位作者基于各自的学术立场、流派观点及其信奉的基本学说，对媒体伦理、新闻客观性、报道偏见、公共新闻、全球化和媒体等20个新闻学中常常以热点、焦点、难点状态呈现的问题进行了各抒己见、观念交锋式的书写，由此形成了一种“纸上的论战”。与之相比，该书不过是一个初步的陈述，并且所涉观点主要出自丹尼斯的一家之言。其写道：“读者在这里所看到的其实是本书作者们长期合作的成果，这些成果包括此前出版的8部著作，以及能够帮助我们更好地理解媒介的专业经验……这些经验既来自美国，也来自我们所生活、工作、研究、教学的其他大约50个国家和地区。”倘若把这两本书对照起来阅读，其所展现的上半场开篇立论，下半场质询反驳的场景不仅有智识趣味，更让人开卷有益。

总体说来，《数字时代的媒介》以广阔深邃的视野、丰富翔实的资料、旁征博引的讲解以及娓娓道来的叙述，将一个处在数字时代变革中的媒体业轮廓描绘在我们面前。读者完全可以通过阅读这本书，大致了解各种媒体形态的前世今生及后续走向。不过话说回来，只要信息技术不断演进，其对媒体的影响、冲击乃至革新势必持续不断。这也就预示着，“数字时代的媒介”这一论题将随着作者及其同行们的深入理解、后续研究，不断地催生出新的篇章。

笔记

有两个基本的判断可以作为讨论数字媒介变迁的共识：信息技术重塑了传播的方式，也进而丰富了媒体的形态；“万物皆可媒”，许多边界正在消失。

动辄“至死”，是否言过其实

这本《震惊至死》有两类读者，一个是读过《娱乐至死》的，一个是尚未读过的。不管是哪一种，斯特拉特都要为波兹曼的有关电视媒介消极效应和对公共话语、社会制度造成冲击的论点做个概述，同时，他还要延续这种基调的讨论，将视线投放至更广阔的媒体环境、文化生活。

兰斯·斯特拉特毫不掩饰对授业恩师尼尔·波兹曼的崇敬与膜拜之情。他给自己撰写的一本评介、品读其导师代表作《娱乐至死》的书取名为“震惊至死”。从“*Amusing Ourselves to Death*”到“*Amazing Ourselves to Death*”，仅一词之差，既展示了作者在构词上的机灵与谐趣，更表达了他有志于传承波兹曼思想衣钵。这不免让人想起波兹曼生前对马歇尔·麦克卢汉如粉丝般的仰慕，在由他们三代人所构成的媒介环境学派里，这像是一种默契或传统，是对道统的承继与对学说的发扬。至于在修辞书写上，他们又是极为重视的，“波兹曼早在童年就意识到了语言的力量”，而且鼓励学生“交流要明晰而准确，尽可能要有口才和文采”，而麦克卢汉曾玩过“媒介即讯息”（The Medium Is the Message）和“媒介即按摩”（The Medium is the Massage）的文字游戏。

从斯特拉特往上追溯再往周边推及，从麦克卢汉、波兹曼、哈罗德·伊尼斯到保罗·莱文森、詹姆斯·凯利、罗伯特·洛根、林文刚等，一众人通过数辈努力，以丰富的著述、频繁的亮相及某些共同的基本见地，使媒介环境学派迅速崛起，并与北美经验学派、欧洲批判学派并肩为西方传播学界的三大主流学说。其中波兹曼起到了承上启下的关键作用。1968 年，他率先提出“媒介环境”（media ecology）一词，并很快使之成为学术圈内认可的“最大公约数”进而为他们所主张和倡导的传播学观念贴上标签。同时，波兹曼的那本《娱乐至死》广为人知、影响深远。尤其书名，不可否认它的贡献巨大——四个字，精练、有力且具有震慑力，它又如记警钟，警示人们当心在收看电视的欢愉中丧失严肃思考与反思精神。

《震惊至死》相当于拾起了波兹曼在《娱乐至死》中的“批判的武器”，不同的是，主要对象从电视扩展到了更多的数字媒介，如互联网、社交媒体、短视频、移动通信设备等。斯特拉特没有偏离其导师在其著作里确立的总体观点，“自由可能成为娱乐的牺牲品”。不光如此，他将这样一种分析框架或路径沿用至当前的数字媒体环境。在书本开篇的《致命的娱乐》一文中，斯特拉特除了评述《娱乐至死》而且不吝溢美之词外，着力重申波兹曼的经典表述，后者曾写道：“人们成为消极的受众，公共事务成为杂耍表演。此时，国家处在危险之中，文化死亡显然是可能的结局了。”斯特拉特深受此一论调的影响，甚至可以说，这一立场预设贯穿了他的大部分作品，当然也包括《震惊至死》这本书。如斯特拉特在该书英文版序言中写道：“我们的责任始于一系列拷问：我们要付出什么样的代价？我们会遭遇什么风险？我们需要放弃什么？我们不得不做出什么牺牲？我们要考虑自己的行为对自然环境的冲击，还要思考对社会文化环境的冲击。”

在媒介环境学一派的学者们看来，作为重点突出的“媒介”一词有着极为宽泛的定义，它既包括一般认知上大众媒体，如出版、广播、电视，也可以涵盖电报、电话、书信、笔记等“点对点”“面对面”沟通的传播载体。书中有《作为学术活动的媒介环境学》一章，斯特拉特简明扼要地归纳了这一研究领域的几点共识。对于媒介，他写道，“在媒介环境学里，如此严格和任意的边界是不存在的，它注重的是技术，而不是内容或具体应用”。此外，“媒介可以被理解为一种语境”，而“符号系统、编码或语言可以理解为媒介，同理，并未清楚系统化的符号形式，包括形象或图标、风格和一般的艺术，也可以理解为媒介”。所以，波兹曼、斯特拉特等人由此定义展开，不仅会关注技术对传播、政治、文化、社会多方位的影响，也会把比“技术”外延更大的传播环境、把一切人类革新当作考察的对象，去研究它的出现会带来什么、改变什么、决定什么。

波兹曼提出过每一种技术，都有其偏向和自己的“议程设置”。所以，作为媒介的电视，它的固有特性就是娱乐大众的。这一先见构成了后来《娱乐至死》的经典叙事。但不可否认，它容易招致反对者的意见，被认为是偏执地怀持“技术决定论”。对此，斯特拉特在书中做出了一定的回应，但本意不在于彻底地批驳，故而显得说理不够、力道不足。另一方面，对波兹曼单挑“好了，现在……”这一新闻主播惯用的口头禅，来论证电视新闻的不连贯性，经常硬是将两段毫无关联的新闻进行串联，造成人为的支离破碎、孤立感，斯特拉特予以延展论述，他认为娱乐损害了新闻的品质，但需要注意的是从波兹曼到他这一辈，电视与娱乐几乎是画等号的。可疑问在于，电视全都一无是处了？或者说，电视的偏向只有娱乐，而没有其他吗？史蒂文·约翰逊在《坏事变好事：大众文化让我们变得更聪明》一书中就提出了相左的观点。在他看来，流行文化包括电影电视游戏，并不是部分观察者所说的如洪水猛兽或极易玩物丧志，事实上，越来越多的娱乐内容、文化消费，因其参与性、社交性、游戏性和系统性的特质，反而可以让受众变得愈加聪明，紧跟时代潮流。

倘若约翰逊的研究发现有一定道理，那么，波兹曼谈论的内容就略显悲观和绝对了。娱乐哪会至死，是否有点言过其实了。这也意味着，斯特拉特重温并套用波兹曼学说框架批评电视使教育委琐化、电视使文化蒙受冲击等，结论过于绝对和武断了。相关文章可见收录在《震惊至死》的《部落发声》《大盗窃教育》和《暴风雨》这几篇。这或许与波兹曼对待技术本身的态度有关，其门生斯特拉特证实，他不同于麦克卢汉，总体上呈现出消极、负面和否定的评价。这一点可以从波兹曼经典三部曲的书名探出端倪，除《娱乐至死》外，还有《童年的消逝》和《技术垄断》。在技术带给人们红利之外，波兹曼几乎死磕技术变革带来的隐患与威胁，并不断向世人发出警告，振聋发聩。

轮到斯特拉特拿过接力棒，他循迹着波兹曼涉猎的领域、探讨的话题，在展开批评的角度和尺度上一如既往，虽不及波兹曼从教育学研究转向媒介文化时那种横空出世、一鸣惊人的程度，但在理论功底和文笔火候上，足以展现媒介环境学基本的主张与范式，而斯特拉特无愧为这一学派当今最具代表性的人物、中流砥柱。

公开的资料显示，斯特拉特是媒介环境学会创始会长，投入波兹曼门下之后，技艺渐长、学问精进，著述也颇丰，至今已出版《论媒介环境学》《语义学和媒介环境学论集》《麦克卢汉与媒介生态学》《媒介环境学：理解人类境遇》等，此外还参与主编、合著了若干文集。在这之中，《震惊至死》无论从篇幅、深度、议题设置来讲都是一本“小”书。它更像一个册子，整理和收录了斯特拉特围绕波兹曼及其最具代表意义的作品《娱乐至死》的书评以及延展开的讨论。它们无一例外的叙事方式是，面对新技术所产生的新现象、新问题，假如波兹曼在世，他会怎么看？还有，《娱乐至死》中已有的观点作何评价？如果这本书还有别名，它或许是“波兹曼教你这么看媒体”。

在此意义上，斯特拉特说的是对的。他的这本《震惊至死》有两类读者，一个是读过《娱乐至死》的，一个是尚未读过的。不管是哪一种，斯特拉特都要为波兹曼的有关电视媒介消极效应和对公共话语、社会制度造成冲击的论点做个概述，同时，他还要延续这种基调的讨论，将视线投放至更广阔的媒体环境、文化生活——尽管他坦诚这些都只是基于美国本土的实例，但个性之中蕴含普遍的规律乃至症结。因此，如果诸位还没领教过波兹曼的滔滔雄辩，《震惊至死》将为你做个指引；如果读过那本著述了，斯特拉特则试图向你阐明什么是经典的文本，因为其“理论之树常青”。

笔记

波兹曼喊出的“娱乐至死”极易引起一种误读和误判，以为电视会让人至死方休。按照媒介环境学派的观点，每个媒介有其传播偏向和议程设置，而电视固有特性就是娱乐大众，由此及彼，网络直播不是吗？短视频不是吗？……所以，我们可以说，阅读是严肃的。

中篇

标本·案例

关于纸媒转型困境，这位行家说了点真话

这本书谈不上学理性的表述或学院派的推导，它的观察和分析，更多来自业务的实操的经验和业内的心得，所以文字会相对朴实，文风也较为务实。不空谈理论、主义，只专注于解决问题。

“报业寒冬”或“纸媒严冬”的论调，放在今天来看，既不新鲜，也不意外。从它提出至今已十多年光景，让更多从业者认识并逐步接受如下事实：传统媒体的衰退不可避免，数字媒体升级、转型融合却又势在必行。

和许多关注此议题的作品一样，范以锦的《泛内容变现：未来传媒商业模式探研》表达了中国传媒人——不论其是从事实务的，还是做理论研究的——最普遍的关切与态度。这里面包含了迫切想要实现传媒生态、媒体业态和媒介形态转型升级的意识，也有在新媒体冲击下，自然产生的焦虑、不安、彷徨直至反思、自省的情绪。事实上，传统媒体陷入困境，原因不光来自层出不穷的新技术、新渠道、新平台的“份额蚕食”，也应当检视其自身从内容生产到商业模式各环节与这个时代的“不合时宜”。《泛内容变现：未来传媒商业模式探研》试图引导人们探寻传统媒体的突围之道或应对之策，但问题的思考路径一般在于在搞清楚“去往何处”之前，先得弄明白“来者何人”又“出自何处”，这样才能提出有的放矢、有针对性的建议。需要说明的是，书中虽然围绕传统媒体展开，但其指向的仅是报刊业，而未覆盖到广电与出版业，这或许会使部分结论存有片面之嫌。

诚如范以锦在书的“前言”提及，“重点放在第三章‘突围：泛内容变现之路’，主要是对传媒未来的经营模式和发展路径进行呈现和分析”，然而“传媒发展的起起起伏是非常复杂的，历史的经验和教训都值得总结、借鉴，同时必须对当前媒体的困境有一个清醒的认识，才能把握好机遇、实现成功转型”。因此，书的第一章“回望”和第二章“困境”，连同第三章“突围”，恰好构成了传统媒体历史演进的昨天、今天与明天。该书全文十三万字，篇幅不长，但就议题设置、体例编排而言，已经显得较为工整和周全。

范以锦当前的身份是南方某高校新闻学院的院长、博士生导师，可以称之为投身学界的教育者和研究者；对比他的大多数同事、同行，他又是最接近新闻一线的实践者、管理者，他曾是南方日报社的总编辑、社长、高级记者，南方报业传媒集团董事长。当然，在传媒业发展的现状分析、趋势思考上，他还是观察者、参与者。产学研的跨界身份以及他的年龄资历，让他在回顾中国报刊业的发展历程时信手拈来，尤其在介绍《南方日报》《广州日报》《羊城晚报》及其旗下品牌的南都报系、南周报系、21世纪报系时，更是如数家珍。借由这位资深国内报人的笔触，我们可以真切地感受到基于国情、制度、政策的特殊性，从事媒体经营的不易与进行新闻报道的艰辛，用一句被业内人广为流传的话来说，“戴着镣铐起舞，还得舞步翩翩”。

任何一个传统媒体从业者都会感同身受，其所受到的压力是全方位的。有市场因素，如过度同质化的尴尬；有政策性的原因，如范以锦披露的那样，“之所以有些报纸叫都市报，是为了规避一个城市不能有两份晚报的规定”；有历史阶段的影响，自新中国成立后，报刊业先后经历了“企业化经营”、“完全事业单位”、“有‘报’无‘业’萧条”、“事业单位，企业经营”和“往市场化、产业化迈进”等不同时期；当然，更大的颠覆力量还是出自网络与新媒体。特别是当纸媒与新媒体狭路相逢之际，即便是同一个内容，也会在呈现手段、发布速度、传播范围、受众参与、角度多元等各方面比拼上，纸媒都会败下阵来。范以锦认为传统媒体经营困境并非全由“内容”造成，他的观点是中肯的，也是正确的，新媒体对于传统媒体的优势，首先在技术维度上便有“碾压之力”。例如，报纸是且只能是大众传播的；而新闻聚合App完全可以是精准的个性化推送，头条与否全然取决于你的关注度……

作为一个过来人，范以锦见证了太多传媒业的起伏变迁，所以在历数传统媒体衰退迹象时自然驾轻就熟不在话下。除了那些经常听到的广告收入下滑、收视率锐减、报刊版面压缩、纸媒成本上涨、发行萎靡不振、改革步履维艰外，范以锦以其业内专家的站位向我们展示了纸媒转型受阻的“七大成因”，即内容模式过于单薄、报业市场秩序失范、报业经营单一、夹缝中的报业人事管理、报业“后备军”不足、改革创新理念亟待提升和特殊环境下新闻内容缺乏保护。

范以锦并不讳言以上问题的存在，而且其中不少属于根深蒂固却又无可奈何的顽疾。就像书中写的那样，仅仅是“同工同酬”在新闻单位就难以长期实行，众人都能看到弊端，但就是解决不了。理由是“有些老员工长期在报业工作的积累和对报社做出的贡献”要充分考虑，“为了把新聘人员的工资提一点，就势必会把老员工的工资压一点，势必会引发老员工的思想震荡，不利于和谐稳定”。如此种种，“老人老办法，新人新办法”的政策便会长期在单位内贯彻。这意味着在选人、用人、留人的问题上就有太多被掣肘的难处，要轻装上阵、尝试创新、重启变革，对现有状况而言无疑是困难的。书中提及的报纸正处于“早转型早死，不转型等死”的困境，而有些则干脆采取了“与其硬撑，不如自行了断”。有时候，揭示真相会伴有痛苦与残忍，但纸媒当下的困局就是这样。

这本书谈不上学理性的表述或学院派的推导，它的观察和分析，更多来自业务的实操的经验和业内的心得，所以文字会相对朴实，文风也较为务实。不空谈理论、主义，只专注于解决问题。对范以锦而言，他能看到纸媒业的危机四伏，但同时也强调或乐于坚信“危中有机”和“危而不倒”。这种论调亦是中国传统媒体业的共识。他们倾向于认为，中西方报纸经营的土壤和环境是不同的，国内报业仍有生存的空间及必要。从媒介演变史来看，新媒体的出现并不意味着旧媒体的必然消亡。例如以人工智能技术为基础应用和特征的“智媒”开始陆续出现，但广播这一媒介形式却依然坚挺，特别是对于私家车出行的人们来说。

回到对策层面，整本书的立意点在于面对困局的“突围之道”。正如其书名所揭示的那样，锦囊之计是“泛内容变现”。“泛内容”是一个新名词，与之类似的还有“泛文化”“泛娱乐”等概念。媒体圈向来不缺一些新的想法和说法，但重要的其实在于它的实质是什么。在多个场合，范以锦都曾把“泛内容”视作传统媒体突破困境的一个着力点，用他的话来说，“泛内容是相对于只做新闻内容的‘窄’，扩大到各种内容都做而出现的内容‘泛化’”。这种转型方案有一个很接地气的表述即“穿新鞋，走新路”，它或许有利于打破传媒当前的僵局，但对那些信奉新闻专业主义者而言，有一种疑虑将长期萦绕：究竟，何处安放媒体的责任与担当？

看看范以锦都说了些什么：从经营新闻内容到经营泛内容，而且内容后面还要加上“创意产品”四个字；泛内容创意产品包括舆情分析、数据产品、评估监测、智库服务、文化展会、项目运营等；以产业融合的视角去寻找符合媒体的多元变现路径，有助于媒体从经营困境中突围……这些观点有部分令人耳目一新，也给业界提供了一种思路。在观念市场的现实情境下，它们也有不得已而为之的商业考量。所以，当有人颇有调侃意味地说道如今“薇娅越来越像媒体，而媒体越来越像薇娅”，范以锦应该意识到一味追求“泛内容的变现”可能会带来什么后果。而有一点是他在书中欲言又止同时又是不言自明的，媒体无论新旧，内容的价值性才是第一位的。无论怎么进行商业上的考量，媒体总是应当将社会责任、专业精神和职业伦理摆在首位。

笔记

传统媒体向新媒体转型融合知易行难，以纸媒为例，其内容模式过于单薄、市场秩序失范、经营业务单一、僵化的人事管理、人才“后备军”不足、改革创新理念亟待提升和内容版权缺乏保护，这七个因素既是困境的成因，也是突围的线索，值得深思。

ESPN，辉煌属于过去

博登海默的高明之处在于能把“体育”和“娱乐”两大元素进行最大程度有效地融合，利用数字传播媒介，将 ESPN 的品牌推向全球市场。

对于体育的喜欢远没有对传媒业的热爱，冲着这一点，乔治·博登海默把他的回忆录取名《体育无处不在》，而我更感兴趣的是这本书的副标题"ESPN的崛起"。和绝大多数传媒业者或媒介研究者一样，我也想试图弄清楚这家全世界第一个全天候播送体育赛事的有线频道是如何获得成功的，其传媒商业版图的又是如何扩大的。

乔治·博登海默写的书理应被寄予更多希望。个中缘由，不仅仅是因为他较早一批入职ESPN，成为其第150号员工。不可否认，这算是一段需要铭记的过往，但谈不上一个值得炫耀的资本。这部作品最令人充满期待的原因，源于博登海默非凡的职业经历。他1981年加入ESPN，也就是在这家电视台开播一年半不到的时间，从公司驾驶员做起，到轮值传达室、录像带仓库岗位，再到营销和市场主管，直至17年后（1998年）担任ESPN主席。博登海默差不多亲历并领导了这家体育传媒头部企业创建的全过程。他的消息无疑是最直接、最可靠的，虽然不排除他会隐去某些关键内幕，粉饰若干细节，但大体而言这种由"当事者""局中人"创作的文本，能从更多层次和多角度的还原历史带来裨益。

博登海默的叙事时间跨度三十余年，几乎涵盖了ESPN从"1到N"最终成为全球首屈一指的体育媒体的各个发展时期。这本书的可贵之处是基于内部视角、个人经验，同特维斯·沃根（Travis Vogan）的《ESPN：成为体育媒体帝国》（*ESPN:The Making of a Sports Media Empire*）、迈克·弗里曼（Michael Freeman）的《ESPN: 未审查的历史》（*ESPN:The Uncensored History*）、斯图尔特·艾维（Stuart Evey）的《ESPN: 创造帝国》（*ESPN :Creating an Empire*）等作品相比，《体育无处不在》更有优势。但由于博登海默略显"私人化"的写作，以及基于此所对应的素材选编、叙事侧重、布局谋篇，均使得整本书看起来更像是一个人的职场奋斗史——讲述了一个原本起点不高、一文不名的社会新人，如何通过自身努力、抓住时代机遇，成为一名卓越领导者和具有创新意识的管理者。

有关他的催人奋进的励志故事，都可以在书中找到。他从大学毕业，仅用了"两分钟面试"拿到ESPN的工作机会，此后一路从基层岗位攀爬到总裁职位。这有点像 Facebook 首席运营官谢丽尔·桑德伯格的自传《向前一步》的基调，但博登海默向前的何止一步？另一方面，他带领着读者回顾了他充满挑战、富有启发的商业生涯。在他的带领下，ESPN 不断拓展事业版图，相继拿下美国几大联赛独家播放权（NFL、NHL、MLB、NBA、NCAA），全力建设家庭网络，开发体育衍生产品，推出高清频道，研发电脑游戏，布局海外频道，甚至还主办极限运动赛等。博登海默的高明之处在于能把“体育”和“娱乐”两大元素进行最大程度有效地融合，利用数字传播媒介，将 ESPN 的品牌推向全球市场。凭借这些傲人的成绩，博登海默无愧为美国“体育产业风云人物”，这是《体育产业日报》（*Sports Business Daily*）给予他最高的荣誉，他的实干、能力和成果，让他成为体育领域最有权势的人物之一。

在很多对外展示当中，博登海默属于那种“高调行事，低调做人”的性格，而按照纽约城市大学迈克尔·莱文教授的话来说，他有时候“中规中矩”。当博登海默将这种风格转化到写作中，在这本书的字里行间其踏实形象、稳健风格跃然纸上。客观地讲，《体育无处不在》文字朴实、语言直白、易于阅读，但故事讲得并不有趣，没有把商战搏杀、跌宕起伏的一面充分揭示出来。通篇行文差不多是以时间为线索，以事件为串联，像流水账一般将 ESPN 公司发展的重大历程进行记录。

这意味着，你可以把它当作《重新定义公司》《谷歌方法》《奈飞文化手册》一类的管理学著作——它们都由公司管理层要员亲自写就，既回顾公司发展经历，又总结企业管理方法。但在《体育无处不在》中，这方面的归纳、梳理少得可怜，只能看到隐藏在大量叙述段落中博登海默只言片语的提炼。例如，他写道：“ESPN 的品牌发展围绕着三件事，三者同样重要：①多样的体育赛事（为了所有体育爱好者）；②对体育报道的承诺（包括深度集锦和讲好故事）；③娱乐（在转播中欢笑并享受乐趣）。”这可以算是一些经营策略的概括。而对于领导力，博登海默并不是没有想法，相反，他为此做了一些功课。其在书中写道：“为了使大家更具体地了解 ESPN 领导应有的样子，我们定义并且印刷了一系列‘领导力素质’，包括：远见、战略性思维、注重实效、企业家精神、拥抱多样性、有效沟通、团队协作、激情、诚信、信任和勇气。”

他还进一步补充道："到 2008 年，我们已经开始专注于领导对决管理。两者的主要区别可以用一句名言来总结：'你管理的是事务，但是领导的是人。'领导力是一项人际工作，所以我们将重点放在同情和关心这两个对于提高领导力非常重要的方面。"

对于外界最关心的"ESPN 崛起之路"，原本最有发言权和最能令人信服的博登海默却"避而不谈"。他只是停留在不停讲述事件的维度上，而没有把它们拔高至原理的层面。事实上，当回溯 ESPN 的体育传媒王国发展史，我们能清晰地看到它崛起的"三步骤"。

第一步，借由洽谈大量赛事版权，牢牢把控渠道建设，这一点在创始人比尔·拉斯马森（Bill Rasmussen）操办频道之初，就有深刻的认识。他意识到，当时美国 ABC、CBS、NBC 三大电视网对于体育内容覆盖深度远远不够，所以他认为值得创办一个专门为广大体育迷服务的有线频道，并且其将大有市场。第二步，重新定义并创新体育节目品类，同时也不断完善其产品矩阵。ESPN 有很多兼具娱乐和专业性的原创栏目（综艺、脱口秀、纪录片、评论），这为其在站稳重度、深度直播赛事之外，开辟了一条品牌区隔性的道路。另外，它也不满足于仅仅做一家电视台，在几十年的时间里，它陆续在电影、网络、宽频、图书、出版、游戏等领域深耕，符合数字媒体发展的趋势。第三步，依托迪士尼集团，有效融入其"泛娱乐生态体系"。1996 年，迪士尼通过收购 ABC 集团继而获得了对 ESPN 的所有权，而 ESPN 则借助母公司强大的衍生品研发和渠道销售能力，进一步让自身品牌大放异彩。

所以说，ESPN 的经营启示录只可以借鉴或羡慕，而很难做到复刻。眼下对 ESPN 构成最大威胁的是来自互联网、数字终端的冲击。新一代观众开始移情于线上收看，而开始慢慢远离有线频道，ESPN 感受到"15 年前纸媒遇到的困境"，这是整个电视业发展的大背景，它自然无法独善其身。这家在电视黄金年代的一方霸主，其惊人的市场占有率、高额的收视费、巨额的投资金、不断追求规模效应的运营模式，今天却在数字化浪潮的冲击下变得不再灵验、不复当年勇了。从某种角度讲，过去它越成功，今天它越难熬。这是巨头公司转型的一种困境，亦是一个悖论。

ESPN 既要直面传统电视同行的激烈竞争，如 CBS、Fox Sports、Comcast SportsNet；也要应付新兴势力的奋起直追，如 Bleacher Report、SB Nation 等体育媒体。这些都是书中没有涉及的。所以，这部作品缅怀了过去，但终究无法顾及未来，毕竟早在几年前，博登海默就已解甲归田了。

笔记

ESPN 品牌给那些想经营专业化、垂直化、分众化媒体的人至少三个策略启发：①单一领域内尽量多而全的内容；②能讲好故事；③懂得制造欢乐。

重走美国大报，寻找媒体融合之道

《重走美国大报》给予中国报刊探索与践行“媒体融合”许多宝贵的建议，也算是给衰退中的纸媒业带来了些许信心。与其花精力在纸媒之衰和网媒勃兴的争论中，倒不如重新检视媒体的使命与担当。

辜晓进做了一件令不少报人羡慕且让多数纸媒经营者觉得迫切而有意义的事。2016 年春，他再次造访美国数十家报业公司，深度访谈近 40 位高层。其核心议题只有一个——报纸如何具体实现数字化转型？随后，他创作出版了《重走美国大报——美国报业转型：颠覆与重生》（以下简称《重走美国大报》）。

这或许会是老生常谈。时至今日，从唱衰“报纸必死”到看空传统媒体“凛冬已至”的论调已不是一两天了。报业面临的是持续走低的报刊发行量、在传统媒介上逐渐减少预算的广告投放额、日渐消失的都市报刊亭以及崛起的年轻一代对数字设备的依赖。太多迹象表明，当前报纸业遭遇的新媒体冲击史无前例，它所引致的结果是颠覆性的，既有新闻生产模式的改变，也有媒体传播范式的变革，更有企业组织结构的再造。对于报纸、杂志、书籍、等这些传统纸质媒介而言，它们正在亲历一场信息技术的革命，正如欧洲中世纪晚期，由教宗、皇家等控制的知识生产传播体系（及其自然衍生的“话语权垄断”）面对新生印刷术所引发的摧枯拉朽般的瓦解与之后的重生。

毫无疑问，像辜晓进这样的记录与观察，在新闻学研究上有历史存档、参考对比的文献价值。在他甄选考察的名单中，不乏《纽约时报》《华盛顿邮报》等以专业新闻内容输出在世界都具有权威影响力的报纸，也有《今日美国》《基督教科学箴言报》等在美国居于主流地位的媒体，甚至还有一些如《达拉斯晨报》《丹佛邮报》《萨克拉门托蜜蜂报》《拉斯维加斯评论报》《皮卡优恩时报》等美国区域性地方报。虽然它们在品牌定位、内容侧重、市场覆盖、受众区隔乃至发展沿革、战略规划、资金预算上有诸多差异，但它们所在的时代背景一致、所面临的融合问题相似。辜晓进试图通过与报纸老总们的探讨，寻求来自欧美媒体业发达国家的传统媒体如何实现“数字化优先”的解决方案。

20 年前，时任深圳特区报业集团总编辑助理兼《深圳日报》总编辑的辜晓进首次以访问学者身份赴美，其间，他走访了前述提及的部分纸媒，此外还有《斯塔藤岛前进报》《奥兰多前哨报》《圣彼得堡时报》《芝加哥论坛报》等，并在 2002 年出版了《走进美国大报》。该书 45 万字，用独特的写法、翔实的资料较为细致地介绍了美国报业普遍且具有借鉴性的先进办报理念和技术方法。这场被后来称为报业“西学东渐”式的写作，引发了中国学界、业界的学习热潮和效仿跟进。在《走进美国大报》之后，涌现出了像《走进英国大报》《走进日本大报》《走进美国社区报》《对话美国报业总裁》《走进美国广电传媒》等域外媒体“近距离观察”作品，当然，也有如《报业中国》《期刊中国》《报业的变局与方略》等介绍中国纸媒业发展现状的书籍。这在一个侧面反映了辜晓进基于一手调研的资料所取得的成功和“示范效应”。然而时过境迁，彼时那些美国报纸尚未真正意识到或感受到互联网将给它们技术维度上的“降维打击”，而它们采取的应对策略通常是“网络版”和“付费墙”的启用。辜晓进从过去的“走进”到今日的“重走”，同样的美国大报，但如今的命运却已然不同：有的已停止了纸质版印刷，全部转为线上发行；有的仍在苦苦坚守与奋力挣扎；还有的则拥抱变化，积极实施“融媒转型”。有一个要补充交代的大背景，就在2019年初，中国有数十家都市报宣布关停，也放弃了转为数字化迁移的尝试。与此同时，有些报刊则加强内容深度与观点输出，其主要做法是：如果是日报，就减少消息面的报道，增加思想评论板块和专题深度挖掘；如果是周刊，则干脆改为月刊，目的是从页数至内容能由“薄”转“厚”。

那么，大众关注的这些美国大报，它们施行的策略是什么？能带给中国同行哪些启发？作者把美国报业描述为已进入“方法似乎用尽，前景仍欠明朗”的改革深水区。这意味着，报业整体仍处在困境中，鲜有转型成功的案例。即便像《纽约时报》《华盛顿邮报》一度被外界视为在“数字优先”总体战略下主动转型的典范，也只是在部分上有所改观，并未彻底地做好网媒、融媒深度融合的文章。

在深耕数字市场、谋求内容变现、实现多元创收方面，这些报纸贡献了一些方法论。例如，把报业的所有资源向数字平台（包括网站、App客户端、社交媒体上的订阅号）大幅倾斜，而置纸媒于次要甚至最末地位，像《纽约时报》在很多场合干脆自称为数字媒体公司。有的报纸非常注重在各大移动端布局，并视其为兵家必争的主战场。书中提及《丹佛邮报》就有200多个官方社交账户。另外，美国报业现在也都喜欢在 Snapchat 上注册账户。Snapchat 是一款主打图片分享、“阅后即焚”功能的分享社交软件，在 2011 年推出，目前深受美国年轻人的喜爱，拥有极高人气并成为流行风向标。2015 年，Snapchat 推出了一项被称为“Discover”的服务，它可以聚合多家新闻媒体账户上的新闻，所以吸引了越来越多的媒体加入。至于 App，书中援引美国 App 数据公司 App Annie 于 2016 年披露的数据，美国大型报业集团如甘尼特公司开发了 691 个 App，论坛媒体集团开发了 208 个、新闻集团开发了 374 个、赫斯特集团开发了 371 个、前进出版集团开发了 186 个。换言之，传统纸媒与新媒体的融合，转战移动客户端是其主要突围路径。

在新闻客户端的打造上，主要针对不同内容、不同目标人群和不同功能来开发，以此丰富品类，满足各层次需求。按照辜晓进的归纳，大致有四个分类：第一类主打综合新闻服务。它主要用于发布本报原创新闻内容、专题报道。第二类是专业类，其主打特殊兴趣群体，比如《纽约时报》的美食、房地产，《丹佛邮报》的降雪预报。第三类是区域信息类，主要针对某个特定区域，做本地化、社区化的新闻。第四类是为某个临时或长期的活动设计的 App，如《华盛顿邮报》于 2016 年 2 月为美国总统大选推出的信息聚合平台。

以上只是平台架构的思路，在新媒体技术驱动下的数据可视化呈现、文字照片音频视频图表融合报道、全景拍摄的虚拟现实新闻、机器人新闻写作、社交媒体互动等，都为数字时代的新闻营造了冲击力、现场感、精确性，而且逐渐成为时下新闻报道的标配动作。此外，各种新闻端也成为原生广告的最佳嵌入平台，为报业扩展数字广告创造了机会。辜晓进注意到，在《纽约时报》《华盛顿邮报》等 App 中，凡是重要新闻都会嵌入原生广告，有的多达四五条，当然这些广告嵌入并不会损害阅读体验。

比照美国报业的经验，中国传统媒体几乎也都采取相同或相类似的措施。但在商业模式上，中国报纸至少在付费订阅上迟迟未能见效，仅有“财新”等寥寥几家媒体推出了“付费墙”机制。它的推行建立在独家报道、优质内容以及其他具有价值的信息服务基础上。这也是新闻专业主义的一种表征，它与媒体单位的品牌权威度、内容专业性、受众黏合度都是紧密相关的。对此，

《纽约时报》的老板、发行人小阿瑟·苏兹贝格曾说:“我现在不关心发行多少,我只关心《纽约时报》是否跟它的受众在一起。”

《重走美国大报》给予中国报刊探索与践行“媒体融合”许多宝贵的建议,也算是给衰退中的纸媒业带来了些许信心。与其花精力在纸媒之衰和网媒勃兴的争论中,倒不如重新检视媒体的使命与担当。因为很难想象在信息时代,新闻会不再重要。

笔记

深耕移动客户端是当前新旧媒体融合的主要路径与策略。数字平台的打造要针对不同内容、不同目标人群和不同功能来开发,以此丰富品类,满足各层次需求。

新闻专业主义的防线与底线

在它的版面里，没有血腥暴力，没有八卦绯闻，没有捕风捉影，它对影响国家和世界发展进程的人物与事件感兴趣，并予以中立、忠实的报道。所以，它一直被视为负责任的“时代的记录纸”。

在美国访学期间，每天早晨我都会买一份《纽约时报》，这成了习惯，又或者说这是一种对新闻阅读的姿态。

盖伊·特立斯在《王国与权力：撼动世界的〈纽约时报〉》一书中说道："《纽约时报》单独地、稳固地、不可动摇地屹立着。它是过去和现在永恒的混合，是一个中世纪的现代王国，有它自己的私法和价值……《纽约时报》是《圣经》，每天早晨一出版就携带着成千上万的读者当作现实来接受的生活观。人们按照一种简单的理论来接受它，即凡在《纽约时报》上出现的事情一定是真实的，这种盲目的信仰使得《纽约时报》的许多人成了修道士。"长久以来，《纽约时报》给公众的印象是专业、严肃且有时不免冗长，它代表和传递的是一种美国中产阶级价值观。在它的版面里，没有血腥暴力，没有八卦绯闻，没有捕风捉影，它对影响国家和世界发展进程的人物与事件感兴趣，并予以中立、忠实的报道。所以，它一直被视为负责任的"时代的记录纸"。从品质与调性角度看，能与其媲美的或许也只有大西洋彼岸的《经济学人》杂志了，后者冷静、扎实且观点鲜明地报道，赢得了知识分子和社会精英等高质量读者的认可。有人说，如果你不急着想知道发生了什么，为什么不等一周后出版的《经济学人》让它来告诉你——对媒体而言，这可是极高的肯定。

"刊登一切适合刊登的新闻"（All the News That's Fit to Print），是《纽约时报》的宗旨。然而这句标语可以被解读为两层意思：一是无所畏惧，揭露真相，实现正义；二是负责报道一切，还原客观真实。这其实也是两种对新闻与社会究竟是什么关系的观念分野。一种观念认为，新闻是行使公众监督权的重要工具，报社应该利用这样一种公器，去质问和揭露政权，从而实现社会普遍的公义。也就是说，新闻是实现社会理想的一种工具。另外一种观点认为，新闻不过是对纷繁的社会现实的一种记录，目标不过是向公众提供专业记者所探索到的、了解到的真实，从而还给公众一个真相而已。至于对社会正义的判断，权力并不在新闻手中，而是社会的责任。换句话说，新闻不过就是一种特殊的职业而已。然而，对一家报社而言，这已不仅仅是学说之争。往小了说，它事关报纸的品牌定位、经营路线；往大了讲，它涉及议程设置、权力之争。

所以，在盖伊·特立斯为《纽约时报》写的传记里，他用“王国与权力”作为主标题。而它中文版长达630多页的篇幅里，絮絮叨叨地一直在讲述《纽约时报》从19世纪中期被奥克斯家族购买之后，出版人、总编及一些重要的记者、编辑之间的斗争。

因此，若把《王国与权力》这本美国新闻学经典著作（位列“关于新闻业，五本最好的书”）理解成一部《纽约时报》的企业史，未免太过简单，小看了特立斯的“雄心”。他之所以对《纽约时报》发展初期一直延续至20世纪60年代的“编辑部里的故事”兴趣盎然，或者说在外人看来多少有点小题大做，是因为他懂得奥克斯-苏兹贝格家族试图去平衡报社的重要编辑之间的关系。他了解报社的潜在总编、各个版块的编辑之间彼此倾轧、钩心斗角以取得对报社实际控制权的一系列事件的经过，都堪称惊心动魄、生死攸关。这是牵扯一个资讯和舆论王国的“王权争夺”。

对了解新闻史的读者来说，编辑控制权的争斗从来可不是游戏。在艾伦·布林克利的《出版人：亨利·卢斯和他的美国世纪》、詹姆斯·莫瑞斯的《普利策传：一代新闻大亨的传奇人生》、哈罗德·埃文斯的《底线：默多克与〈泰晤士报〉之争背后的新闻自由》等描述中，类似的戏码一再上演。除了话语权和利益上的考虑，权力之争关乎的是新闻自由、职业伦理与公共利益究竟倾向哪一边——对新闻人而言，这既是要警惕的防线，又是须坚守的底线。

但正如人们看到的，《王国与权力》的主角——《纽约时报》在经百余年发展后，在数字时代的冲击下仍然存活了下来（虽然发行量有所下降，但在当今纸媒其领导地位依旧），并且一直致力于媒体融合的创新报道。同时，《纽约时报》在与普利策的《世界报》与赫斯特的《新闻报》激烈竞争的局势下悄然发展，并在《世界报》随着普利策离世而轰然倒塌之下迅速崛起。面对《新闻报》（后改名《美国人报》）倡导的“黄色新闻”，它坚持严肃，绝不跟风，再加以得当的经营策略最终赢得了竞争，笑到了最后。所以，在特立斯的这本《王国与权力》中，我们看到了《纽约时报》令人肃然起敬的一面：遵循专业新闻主义，崇尚真知真相，行使社会公器监督权力。用我们熟知的话来讲，那便是“铁肩担道义，妙手著文章”。而它的对立面往往是以轰动性新闻、巨量发行吸引最广泛的读者，在赢得商业利益的同时要挟政权以获得法外特权。

值得一提的是，作者盖伊·特立斯曾任职《纽约时报》十年，长期为《纽约客》（*The New Yorker*）、《时尚先生》（*Esquire*）等杂志撰稿。他是“新新闻主义”的代表人物。这种理论源自20世纪50年代的美国新闻界，其最显著的特点是将文学写作的手法应用于新闻报道，重视对话、场景和心理描写，不遗余力地刻画细节。特立斯的雄心是“将非虚构写作提升到前人未至之境，一探虚构作家之禁脔，与同侪菲利普·罗斯、厄普代克一较短长”，不仅将文学技巧引入纪实书写，更对美国社会做了切片般的精准分析。

所以，请看以下这一段：“《纽约时报》是每天的奇迹。每一天，除非劳工罢工或头上氢弹爆炸，它都会出现在全世界的11 464个城市和所有首都，其中50份进入白宫，39份进入莫斯科，有几份被偷运到北京，一份厚厚的星期天版在每周末被空运给台湾的外事主管，他每次都得付16.4美元。他需要这份报纸的原因是，如同其他千千万万在世界各个角落被孤立的人一样，他需要《纽约时报》作为一个必要的证据来证明世界的存在，作为测量一切纷纷杂杂的晴雨表，作为世界理智与否的评估者。如果世界曾经存在，而且继续存在着，它每天都会被《纽约时报》及时地记录下来——1966年6月23日下午4:57，在纽约的一个特定的下午，世界就在43街与百老汇大街交汇处的一幢巨大的哥特式灰色建筑当中正被记录下来。”

或者再来一段：“新闻编辑部对人们来说意味着许多事。正如一位访问记者注意到的，这里有时是多少按照巴黎的咖啡馆运作的。他提到，在下午快下班的时候，桌旁的记者们会靠在他们的椅子上，品尝咖啡，读报纸，观察他们面前来来往往的其他人。一些人经常在一个办公桌上打牌，在另一张桌子边聚会，也有时下班前这个地方是平静的，使人昏昏欲睡。一些正在谈情说爱的男人和女人，会在高级编辑去参加下午4点钟的新闻会议后，溜到时报广场附近的某个饭店里约会，只是别忘了给办公室的一位朋友偶尔打一个询问电话，然后在6点20分之前返回办公室，因为这时城市版主任会沿着走道溜达，例行常规地跟上早班的每个人说‘再见’。有一个叫艾伯特·J.戈登的记者，有一次在这一天结束时没有等到主任说‘再见’就回了家。后来他接到了一个电话，主任说想跟他讨论一个最重要的事情——现在，当面。戈登住的地方离办公室很远，不方便，此时还下起了雨，但他还是以最快的速度回到了新闻编辑部。他到那里后浑身上下都湿透了，有点儿愠怒。他在城市版主任面前站了一会儿，这位主任却只是抬起头来微笑地说：‘晚安，戈登先生。’”

这种写法，场景极细，枝蔓极多，而且在讲述一件事时会插入其他有关的事情和人物。这也为阅读本书增加了难度。但正如特立斯以及他曾经工作过的《纽约时报》，选择看这份报纸，本身就意味着是智识的训练和表明所谓的阅读姿态。

笔记

除了话语权和利益上的考虑，权力之争关乎的是新闻自由、职业伦理与公共利益究竟倾向哪一边——对新闻人而言，这既是要警惕的防线，又是须坚守的底线。

如何数字化转型，一份来自《纽约时报》的“田野调查”

尼基·阿瑟就像一个向导，带领着那些渴望了解数字时代传统报业如何转型的人们，走进这家全球首屈一指、以权威严肃著称的大报采编室。

欢迎来到《纽约时报》，接下来将为你展示它的新闻编辑室是如何运作的。

尼基·阿瑟就像一个向导，带领着那些渴望了解数字时代传统报业如何转型的人们，走进这家全球首屈一指、以权威严肃著称的大报采编室。在观察对象的选择上，《纽约时报》无可争议，与它一个梯队的，还有美国的《华尔街日报》《华盛顿邮报》《洛杉矶时报》、英国的《卫报》《泰晤士报》《金融时报》等。在这之前，关于"报纸必死""新闻将亡"的讨论早已展开。媒介研究领域的不同观念阵营，从他们各自信奉的价值出发探讨传媒业的变革之路，虽然在方向、方法、策略上各有差异，但他们均默认了以下的事实：传统媒体正以超出想象的速度走向衰落，寒冬时刻抑或创新契机有时候既是一体两面，又是一纸之隔。

和早期新闻学者的"田野调查"一脉相承，尼基·阿瑟也采用了"新闻室民族志"（Newsroom Ethnography）的研究路径。这是一种将人类学调研方法置于媒介观察上的方法论借鉴，其出现的时间在20世纪七八十年代。它最有价值的地方在于通过参与、沉浸、体验式观察，获得局内人的视角。同时，结合一些深入感性的、细致的访谈，纠偏以往一些完全基于文本分析的关于新闻生产动机的不当推断。在这方面，爱德华·爱泼斯坦、赫伯特·甘斯、盖伊·塔奇曼等前人做了大量有意义的探索，并出版了一批重要的研究成果，如《什么在决定新闻：对CBS晚间新闻、NBC夜间新闻、〈新闻周刊〉及〈时代〉周刊的研究》《做新闻》等。如今，阿瑟沿着他们的路线，重点关注新媒体环境下新闻业者（从编辑到记者到特约撰稿人）的工作现况与生存现状，其究竟发生了什么样的改变。用她的话来说，"我的研究便是建立在这些学者提出的有关新闻的约束、压力和挑战的发展演变之上的，我分析了全新的网络新闻价值观是如何影响记者的日常工作流程的，这种价值观承载了职责、赞誉、争议"。2010年1月至6月，她进入《纽约时报》编辑部（主要是该报的商业版），将这期间的观察记录成册，于是便有了现在的《〈纽约时报〉是怎么做新闻的》。

有关《纽约时报》的作品已有不少。盖伊·特立斯的《王国与权力》、戴维·福尔肯弗里克的《头版：〈纽约时报〉内部解密与新闻业的未来》、霍华德·弗里尔与理查德·福尔克合著的《一纸瞒天：〈纽约时报〉如何谬报美国的对外政策》等，分别从三个重点来书写这家具有无与伦比影响力和声望的媒体：将其视为一家机构，描述它的创立者与领导如何用远见卓识造就这个媒体王国；讲述该份报纸如何主动应对新的变化，在媒体融合的时代下坚守新闻的理想、品质和深度；《纽约时报》如何受到专业度和公信力失准的困扰，在某些场合倒向了小报式新闻的手法与趣味，致使它备受争议。而尼基·阿瑟的工作为外界审视《纽约时报》提供了一个更为局部、更为聚焦、更为细节的角度。在她那里，没有那些报纸的愿景、使命、命运等宏大话语叙事，也不涉及媒体公司经营方针、品牌策略等一些商业性话术，她只是关心网络传播的一些基本价值观——即时、互动和参与——如何影响了新闻工作者，后者是如何积极行动，在改变一些传统的观念、做法时，又是如何努力保持队形、跟上数字媒体潮流的。

整本书的框架以阿瑟归纳提出的即时、互动、参与三组关键词来建构，它们与传统报刊所奉行的价值观大为不同，报刊传统价值观经常被归纳为中立、客观、公正，这是所谓新闻专业主义最精练、最直击核心的概括。但阿瑟认为，即时、互动、参与是新媒体传播的特征，也是新媒体区别于传统媒体并在技术维度上胜出一筹的所在。“这三种价值观有助于厘清一些问题，比如优先考虑什么、目的何在以及在数字时代组织新闻生产的必要条件。”阿瑟继而写道，“这些价值观反映出了纸质版新闻与网络版新闻之间的关系，反映出了多媒体的动力以及对加入社交媒体的推动。”

有意识地把新闻惯例与网络价值进行对比，尼基·阿瑟不是第一人，也不会是最后一位。互联网、新媒体的迭代、涌现，在很大程度上重塑了媒体生产与报道的方式，为此也需要重新定义媒体人原本恪守的观念、规则。新闻的时效性、新鲜度是新闻业最典型、入门级的命题。读者/受众希望在最短时间内获得当下正在进行或刚刚发生不久的消息，他们对此有着巨大的需求；而各路媒体则确保在信息准确的基础上，在及时性、独家、首发的赛道上激烈竞争。过去在互联网尚未普及的传统纸媒的“黄金年代”里，媒体可以通过遍布各处的记者网络、印刷地点、发行渠道以及追踪已久的新闻线索，通过一篇重磅头版或率先报道，抢占公众注意力的制高点。现在，这样的做法依然有效，可是它"竞赛"的计时单位从以往的一周、一天、一期，变成了时下的几小时、几分钟乃至十几秒。响应速度、更新频次依旧是评判这个行业水平高低的指标，但到了21世纪，它的权重比越来越大，甚至会成为取舍一家媒体是否值得"订阅""关注"的某种衡量标准。想想这些年报刊如何因为数字媒体的冲击败下阵来吧。受限于采写、编排、编辑、定稿、签版、印刷、发行、配送等一整套"工业时代新闻业"的流程，它们的速度实在太慢了。而当它们移师线上战场，那些从新闻学院学来的诸多原则、做法，往往与新媒体思维产生冲突，甚至格格不入。

对比其他两个价值标签，尼基·阿瑟花了较重的篇幅（用了三个章节）来记录《纽约时报》的几位记者如何适应这种"快节奏"的要求，以及一味追求即时性带来的可能性损害。阿瑟用她强调的"民族志"的写法，把记者一天实时的工作状态，要面临的各种纷扰、任务、棘手难题的现场感刻画得入木三分，最大程度还原了一个真实的编辑室和新闻作业前线。在她的笔触下，记者们为了追赶时效会出现焦虑、不安、急促的情绪，从而引发人们思考：这种疲于奔命真的好吗？从在线门户网站大规模启用，到现在基于各种移动端的新闻App，记者们更像是一群"转轮的仓鼠"，东奔西跑、马不停蹄，为的就是赶在截稿时间前发出新闻，或完成一天数次更新的发布指令。阿瑟指出了数字时代新闻业的某种需要警惕的迹象：速度远比确认事实重要得多，数量也比质量重要得多。的确，"假新闻"和"后真相"大肆横行，社交媒体成为制造与传播不实消息的"温床"，阿瑟可谓一语成谶。与此同时，作为一家享誉世界的报纸，《纽约时报》还能以持续产出极具分量的深度调查报道著称，因此，"即时"对像《纽约时报》这样的媒体而言，还意味着将引发一场更大范围的讨论：是抢先报道重要，还是新闻记者的权威性或新闻质量、长期持续报道重要。

至于互动、参与，尼基·阿瑟着墨就相对较少，但其察觉出来的问题颇具"争议性"。这是阿瑟多次提及的一个词，她想表达的是，这两种价值的确都是当代新闻工作者要高度重视并加以运用的，但实证考察的结果却大相径庭，人们经常会背离这种“理想化叙述”。这背后的原因，或出于对个人职业认同的抵触，或来自报社的经济利益考虑，或源于一些实验性尝试的尚待磨合。总之，如同阿瑟的这本书，网络媒介素养的践行对当时的《纽约时报》还是一个阶段性的摸索。

尼基·阿瑟是美国乔治华盛顿大学媒介与公共政策系副教授，除了这本书，还出版了《互动新闻学：黑客、数据与代码》（*Interactive Journalism: Hackers, Data and Code*）。她的两部作品均回应了数字环境变迁对传统新闻带来的挑战与机遇的论题。鉴于《〈纽约时报〉是怎么做新闻的》出版时间为2014年，具体写作期还得往前推数年，因此该书自然无法涵盖《纽约时报》在数字化革新上孜孜以求的新动作。就在这部书问世的2019年5月，该报发表了一份长达96页的《创新报告》（*Innovation Report*），此举预示着这家拥有160多年光辉历史的“灰妇人”（Grey Lady，《纽约时报》的昵称）已决绝地作别陈腐，拥抱未来。它在数字化战略的迈进中不遗余力，同时借用阿瑟在文末期许的话来说，“独创性、人才、质量、运气将是报业生存的必要条件”。

笔记

进入《纽约时报》的采编室，我们看到它在数字化转型中的不遗余力、大步迈进，而独创性、人才、质量、运气则是决定媒体业兴衰的必要条件。

"头版"既出，一切才刚刚开始

在竞争激烈的融媒体时代，当传统媒体阵营一片哀鸿遍野，不时传来停刊关张噩耗之际，《纽约时报》依旧展现了作为报业中坚力量和世界级主流媒体的使命与担当。

在英国脱欧、特朗普当选总统、骑士夺得NBA总冠军的2016年，《牛津英语词典》将“后真相”（Post-truth）选为当年的“年度词汇”，它被用来描述“诉诸情感及个人信念，较陈述客观事实更能影响舆论的情况”。换一个更直白、更通俗的解释，在这个时代事实的重要性已然退居次席，公众对事件所产生的情绪比事实究竟如何更为重要。

这是一个危险的信号。后真相和“后民族”（post-national）、“后种族”（post-racial）或“后现代”（post-modern）强调的“某种事件或情形之后”不同，它已经指在那段时间里，真相已无关紧要。据《牛津英语词典》编委会称，“后真相”一词首次出现于剧作家史蒂夫·特西奇（Steve Tesich）于1992年发表在美国《国家》杂志上的一篇文章中。那篇文章是关于“伊朗门事件”（Iran-Contra Affair）和“海湾战争”的，特西奇在文中写道：“作为拥有自由意志的人，我们自己决定，我们想要生活在一个知道后真相的世界里。”

假新闻早已有之，只是越到后来，情况较之其字面意思变得愈加复杂。关于它的产生，可能是道听途说、捕风捉影；也可能是凭空捏造、危言耸听；甚至还可能是讽刺戏仿、博君一笑，譬如“洋葱报”（*The Onion*）。问题的关键不在于存在不实消息、新闻造假，而在于本该秉持客观、公正立场的新闻专业主义和监督权力、传播真知的社会公器被时下众声喧哗、纷乱不堪的全媒体风潮干扰了，甚至还存在着因社会不安、经济萧条所引发的民粹主义的侵蚀。所以，从古斯塔夫·勒庞的《乌合之众》到沃尔特·李普曼的《幻影公众》再到安德鲁·基恩的《网民的狂欢》，这些理论家、观察者们早有振聋发聩的洞见和论断。

从“自媒”到“众媒”到“全媒”再到“融媒”，还有最近冒出的一个词“智媒”，互联网对传统媒体的冲击无疑加剧了新闻报道的难度。新闻工作者一方面要在梳理海量信息、庞杂资讯的基础上进一步分辨事实的真伪，另一方面还要考虑受众的阅读习惯、情感诉求等；他们发现，在这个时代人们阅读新闻有时候只是为了从中获得情绪宣泄。例如，在网上流传出“女孩跟男友回农村过年，吃第一顿饭后就分手”的假新闻，人们相信这是真的！与其说民众认定报道中的人和事物是客观存在的，是“有图有真相”的，倒不如说他们实则是接受这样一个事实：今天的中国城乡对立、贫富差距巨大。同样的道理，在美国，尽管没有证据证明唐纳德·特朗普“通俄”，但此消息依旧甚嚣尘上，媒体报道不遗余力，不少民众也乐见其成，这其实是一种“反特朗普”阵营的感情慰藉。但非常遗憾的是，作为主流权威媒体的CNN（美国有线电视新闻网）竟是这一起“造假门”的始作俑者。这世界到底怎么了？

就近些年表现来看，在坚守新闻专业和伦理上，《纽约时报》不至于像CNN那样“有损操守”，但也像《华盛顿邮报》《华尔街日报》《洛杉矶时报》《时代周刊》《经济学人》《卫报》等老牌主流报刊一样要面对数字化冲击，与新媒体集群抢夺市场份额的经营问题，同时和Facebook、Twitter等社交媒体一样，要对虚假新闻、不实消息及时甄别，避免以讹传讹，造成不良影响。但即便任务艰巨，在竞争激烈的融媒体时代，当传统媒体阵营一片哀鸿遍野，不时传来停刊关张噩耗之际，《纽约时报》依旧展现了作为报业中坚力量和世界级主流媒体的使命与担当。正如台湾大学新闻研究所林照真教授在《新闻，在转折点上》一书中写道：“虽然距离创刊已过去166年，但它锐意进取、积极变革的姿态和成效令人尊敬，并且往往和BBC、半岛电视台一道成为传统媒体数字化转型升级的研究范本。”

由戴维·福尔肯弗里克编撰的《头版:〈纽约时报〉内部解密与新闻业的未来》（以下简称《头版》）记录了这份杰出的、有着“刊登一切适合刊登的新闻”（All the news that's fit to print）雄心的报纸与经济大背景、自身财务问题和新闻业变迁抗争的过程。此书创作时间为2009年至2011年间，这距离《纽约时报》任命乔纳森·兰德曼（Jonathan Landman）为副总编，授权他围绕互联网重新改造报纸也就过去仅一年。以2010年为例，《纽约时报》的新媒体部门只获得了2.12亿美元的广告收入。这个数字虽然已算可观，但它距离填平编辑部一年两个亿的业务成本仅仅是刚刚够而已，而这还没有算上管理费用。平均下来，对于《纽约时报》网站的3 000万独立访问者来说，每个访问者不过只创造了4.66美元的价值。站在当时来看，尽管前景仍不明朗，但人们着实看到了《纽约时报》为跟上时代步伐所付出的努力。

这些努力不仅体现在它的网站设计、它用户至上的客户端，以及后续各种移动应用开发上，也体现在2007年《纽约时报》总部搬入曼哈顿西边造价6亿美金、高52层的摩天大楼上。在新总部，技术与环境的改善之处俯拾皆是，比如，可通过全自动设备调节百叶窗的角度；大堂里有十来个小电子管屏放映着从该报档案中挑选出的摘录语句等。在福尔肯弗里克看来，这些改变像是《纽约时报》向外界传达的一种信号或宣言：我们正在褪去守旧报业公司的外壳，是现代媒体舞台上一家自信甚至具有决定性意义的玩家。

但与此同时，福尔肯弗里克还写道："新闻产业风云变幻，经济颓靡，纽约时报公司似乎并没有鹤立鸡群，而是颤颤巍巍。根据信用评级机构标准普尔的分析，该报母公司的负债状况简直一团糟。"不可否认，新技术翻开了新闻业的新一页，但这一页不再是纸媒的"黄金时代"，相反，"报纸已死""寒冬已至"的论调一再萦绕。新闻越来越被视为商品，一贯以严肃报道著称、试图记录时代发展、强调中立叙事立场的世界第一大报《纽约时报》也面临着史无前例的挑战。愿意购买纸质报纸的人愈来愈少，同时，乐于为在线内容付费的读者也不见增多，广告主将更多的预算又投向了新媒体，此时的《纽约时报》不得不放下身段，注重俯身聆听，聆听来自市场、受众的声音。其中，最典型的一个表现是它学会了从"教育读者"到"服务读者"的角色转换。要知道，它曾经是"新新闻主义之父"盖伊·特立斯笔下《王国与权力》一书中"当仁不让、震撼世界的历史记录者"。

当从业者和读者都对新闻业心生不满时，这个行业究竟出了什么问题？它该如何纠正？或者如《头版》开篇抛出的问题，"如果一座城市的基本新闻来源就这么消失了，会带来什么样的后果？"对此，纽约州立大学石溪分校新闻素养中心主任迪恩·米勒介绍，该中心的新闻素养课程要求学生在第一节课后的48小时内，不许看任何新闻：CNN不行、TMZ不行、天气预报不行、ESPN也不行。他们必须坚决摈弃Facebook，不许待在任何讨论和观看新闻的房间。放下报纸，把杂志扔到一边，做到与新闻隔绝。设置这种"新闻封锁"的课程，目的不是为了揭示"人们不再需要新闻"，而是"要对听到的各种真相与知识进行主动而理性地审查"，远离"无知的轻信"和"危险的盲从"。换个角度看，这便是一家负责任的媒体要坚守的"底线意识"：登载确实的消息和发表负责任的评论。

《头版》这本小书记录了《纽约时报》工作人员为新闻业改革努力探索的故事，也汇集了《洛杉矶时报》《卫报》的主编等多位业内权威人士关于媒体融合、数字化转型的精彩见解。当然，如果要真正了解这份百年老报的历史沿革、内部运作、权力博弈以及最新动态，仅凭这本书是不够的，我们有必要进行扩展阅读，如《纽约时报的风格》《纽约时报 100 年》《纽约时报：从美国权威大报看新闻处理现场》《报业帝国：〈纽约时报〉背后的家族传奇》等，但该书至少部分揭秘了《纽约时报》如何迎接来自新闻业自我变革的挑战。

事实上，就在这本书写作过程中，《纽约时报》适时地推出了个性化新闻聚合服务 News.me。通过这种服务，人们可以获得他们在 Twitter 上所关注的人正在分享和阅读的文章。这是一种不同的新闻阅读体验，用服务提供者自己的话来说，“可以站在紧密朋友和超级有趣的作者和思想者的肩膀上阅读”。此后数年，《纽约时报》又相继推出重磅内部转型研究报告、虚拟现实新闻实验品、新成立的 Story[X] 部门聚焦机器学习特别是人工智能翻译，还“不计前嫌”地与各个社交媒体合作。而最新的消息，该报将自家记者在 Twitter 上发表的精彩言论印在纸质版报刊上，甚至还特意将报纸改版，为记者们的推文妙语留足空间。

无疑，《纽约时报》成了传统媒体转型的成功样本。对比其曾经的竞争对手《赫芬顿邮报》，它的发展经验告诉我们，坚持“数字优先”理念，“头版”既出，一切才刚刚开始。

笔记

数字优先、移动为主，构成了当前传统媒体向新媒体转型融合的主要策略。在这方面，《纽约时报》既是行业样本，也是对标典范。

也许没有专属的模式，但故事是报道的基本

《〈华尔街日报〉是如何讲故事的》源自一系列内部讲座，旨在培训那些为《华尔街日报》撰写特稿的记者。它的核心议题只有一个：如何让报道更有趣，以高品质的文章吸引读者的注意力。

《〈华尔街日报〉是如何讲故事的》源自一系列内部讲座，旨在培训那些为《华尔街日报》撰写特稿的记者。它的核心议题只有一个：如何让报道更有趣，以高品质的文章吸引读者的注意力。

书的开篇，作者威廉·E. 布隆代尔提醒我们："因为我们的注意力总是放在了读者对信息的需求上，于是，我们忽视了一个所有读者最普遍的要求：给我讲一个故事，看在老天的份上，让它有趣一点。"布隆代尔是《华尔街日报》的资深主笔，曾因笔下杰出的新闻作品屡获殊荣。在此意义上，由他分享的"如何讲故事"的技巧虽未得到报社的官方认可，但也基本展现了这家具有全球影响力的财经媒体通行的专业水准。

2006 年，该书首次引进中国，之后相继再版，一度被追捧为新闻业者必读书目。它和《新闻的十大基本原则》《真相：信息超载时代如何知道该相信什么》《美联社新闻报道手册》《全能记者必备》《哈佛非虚构写作课》等书一同为新闻专业主义确立了标尺、指引了方向。受其启发，像《南方周末特稿手册》《一本书学会新闻写作》等成果的出版，表明了中国媒体工作者一直在舆论引导、观念市场和专业素养中力争寻求平衡，且已取得不俗成就。多年后，当有人诟病布隆代尔过于讲究专题书写的技巧，而对新闻原理、报道准则等轻描淡写甚至不予理会，这实际是一种误判。就《〈华尔街日报〉是如何讲故事的》的主题来看，其重在对叙事手法"术"的分享，而非"道"的传播。况且，"道"在西方新闻业的场域内是一些不言自明的观念，如真实客观、中立自由，从记者到媒介应当保持独立性等，按照《一个自由而负责的新闻界》的说法，这便是"报刊的社会责任"的体现。而业界在总结《华尔街日报》的成功时，经常提到三要素即权威性、实用性和可读性，前两者正是依赖于报纸本身对财经领域的深入报道与全面把握的基础上的。

布隆代尔曾表示"没有什么是比放弃阅读更容易的事了"，为此，他力图教会写作者如何写出吸引人眼球、富有价值的字句。倘若以吴修铭《注意力商人》中的措辞，一家报纸能否提供一则好的故事，事关"一场利益攸关的注意力争夺战"，因为"人类的眼睛盯住哪里，哪里就会有商业接踵而至"。这种眼睛投向比例的别名有一连串，如（市场）占有率、订阅率、收听率、收视率和点击率。所以，无论报刊等纸媒还是广播电视和新媒体，既然奉行“内容为王”的根本策略，势必会遵循优质内容生产的必由路径。

布隆代尔向人们揭示了一些《华尔街日报》特稿创作的奥秘。例如，在获得好素材的问题上，他推荐了两个方法：一是阅读，二是采访“中间人”。而运用“推断法”和“综合法”则有助于获取写作灵感。“推断法”是根据现有材料，记者进行自我追问、自主推断，通常包含以下两个问题：“第一，造成这个具体现象的主要原因是什么？这个原因可能很明显，也可能不明显，甚至可能被完全忽略。第二，这个原因是否具有普遍性？”在“综合法”中，布隆代尔建议从成堆的零部件中组装出具有价值的故事构想，也就是找到不同信息源中的共性。

对于那些已被报道过的故事，并不代表没有新闻价值了。所谓“太阳底下无新鲜事”，很多时候能否道出新意取决于写作者切入的角度和选择的立场。布隆代尔以其经验，给出了三个可“变通”的建议：要么把问题“具体化”，要么“预测”事态走向，要么“改变角度”去观察。不仅如此，这本书的可贵之处还在于将如何让故事更有序、如何撰写导语、如何处理数据、如何做漂亮收尾、如何确定记者的角色、如何修改语句等非虚构文章的技法，都事无巨细且配合案例展示出来。这对任何有志于学习写作的人来说都不无裨益。

多年后，当我们阅读《〈华尔街日报〉是如何讲故事的》，它的启示并不止于故事对一个文本或一次传播（行为）的重要性。如今，无论是在管理领导、品牌塑造还是沟通交际上，都要会“讲故事”。相反，在借势社交科技红利的背景下，许多自媒体的发展却过度依赖叙事精巧、一味迎合受众，而忽略（乃至有意遮蔽）了真相、真知，有的营销号甚至利用编撰的故事，再套用一个噱头的标题，故意去制造焦虑、煽动情绪、撕裂阶层，而目的只是为了骗取更多的流量和点击率。如果会讲故事有其必要性、正当性，那么不秉持新闻原则、单纯追求效果的负面性也不容小觑。

还有一点是布隆代尔在书中无法顾及周全的。他着力介绍专题的写作方法，但并没有对各类深度文章、专题报道加以区分。换句话说，是否有适合各类深度报道的通行写法，我们不得而知。但像解释性报道、调查性报道、预测性报道，各自有侧重，故事性和趣味性未必是首要的。在大数据时代，一种被称为“精确新闻报道”（Precision Journalism，又称“精确新闻”“精确新闻学”）的说法呼之欲出，它是基于科学的量化研究的新闻报道。精确新闻报道兴起于20世纪60年代的美国。1967年，底特律市黑人暴动骚乱不断蔓延，记者菲利普·迈耶在计算机的辅助下，对437位黑人的抽样访问调查结果进行了分析，并在此基础上写出了系列报道《十二街那边的人们》并于1968年获得了普利策新闻奖，这就是精确新闻报道的开端。随后这种报道形式逐渐在世界各国的新闻界得到认可并推广。

1973年，菲利普·迈耶在其著作《精确新闻学：一个记者关于社会科学方法的介绍》中，正式把精确新闻学定义为：“将社会科学和行为科学的研究方法应用于实践新闻的报道。”迈耶认为：“精确新闻是一种扩大记者的工具包的方式，使记者可以接触到以前无法了解的，只能粗略访问的，或是受到新闻审查的主题。这对于了解少数民族和持不同政见者团体代表起了很大作用。”在经历过倡导文学修辞和主观视角的“新新闻主义”对客观事实的忽视与扭曲后，精确新闻重新回到了对客观性的追求上来。特别是在近几年，计算机和大数据技术在新闻媒体领域的广泛应用，为新闻报道提供了更高的精确度和效率。眼下，记者们开始尝试从一些数据库中找一些数据集，挖掘新闻专题。

布隆代尔曾说，好的讲故事模式已经被记者使用了好几百年，而过于注重编辑的术语，如“核心段落”“高潮段落”“重锤段落”的结果，是记者把故事的元素当作了五金店里的部件，内容成了形式的奴隶，“记者写出来的每一句话感觉都像是绞肉机里压出来的一样”。也许真存在《华尔街日报》的写作模式，正如亨利·卢斯专门为《时代》《财富》确立了报道标准；但也许并没有这样的模式。按照布隆代尔的说法，编辑绝不会因为记者不拘一格、敢于打破常规而耿耿于怀，他们在面对一篇拘谨、平淡的稿子时，不会问“为什么稿子不像《华尔街日报》”，而会问“你为什么没有更像你自己一些？”。

不妨以这本书作为一种新闻写作衡量尺度。过分强调引人入胜的文字、追求形式化的叙事，这是一种写作维度；而它的更高阶，是对事实依据的孜孜以求，并以深入浅出的方式，给公众一剂良方，做好公众底线的守卫。

笔记

好的讲故事模式已经被记者使用了好几百年。过分强调引人入胜的文字、追求形式化的叙事，这是一种写作维度；而它的更高阶，是对事实依据的孜孜以求，并以深入浅出的方式，给公众一剂良方，做好公众底线的守卫。

风云过后，盛景依旧

当然，你可以把他的经历当作励志故事来看。这是一个出身布鲁克林的早熟男孩，如何渐渐成长为记者、编辑、主编、发行人、（道琼斯）公司高管的故事。你也可以把这本书作为一部企业史来看。它讲述了《华尔街日报》如何从名不见经传到享誉全球。

在给沃伦·菲利普斯的自传《新闻风云——我与〈华尔街日报〉》写评论时，琼·康纳这位哥伦比亚大学新闻学院的名誉院长略显“惭愧”地表示：“在菲利普斯的参与和带领下，《华尔街日报》一度呈现出发展最为迅猛的盛世光景，从最初的地方性商业小报一跃成为全美发行量最大的国际性刊物。然而这般优秀之人，哥伦比亚大学新闻学院竟拒绝了他的入学申请，想想便令人尴尬顿生！”同样“耿耿于怀”的还有当事者本人，在书中，菲利普斯多次提到向哥伦比亚大学申请但遭拒的经历。“在霍勒斯·曼男校举行的大学委员会主办的考试中，我发挥得并不理想，总共向15所大学发出了申请，包括哥伦比亚大学、康奈尔大学……但最后却只收到了俄亥俄州奥伯林大学的录取通知书。”“我再次申请了自己曾渴望就读的哥伦比亚大学、康奈尔大学、汉密尔顿学院、明德学院等高校。我又遭到了全部拒绝。”“1946年，适值毕业之际，我向哥伦比亚大学新闻学院研究生院递交申请，但遭到拒绝。（直到许多许多年以后，也就是1980年，我开始了自己长达13年的哥伦比亚大学理事生涯，并兼任新闻学院琼·康纳院长顾问委员会委员。彼时我还开玩笑说，这是我进入哥伦比亚大学唯一的方法呢。）”

实际上，就一名对新闻业有着无比热情的好苗子来说，求学不尽如人意，求职亦让人心寒。菲利普斯曾向《纽约时报》《纽约先驱论坛报》《太阳报》《世界电讯报》《纽约邮报》《每日镜报》《纽约每日新闻》《布鲁克林鹰报》《长岛星报》等报纸投去简历，但均遭遇了失败，有时甚至连面试的机会都没得到。值得一提的是，除了《纽约时报》和《纽约先驱论坛报》，其余都是一些小报社，菲利普斯愿意“屈就”，也仅仅是因为有人提醒他说，好的报纸已聘用了许多退伍军人，人满为患，还不如到纽约之外的一些小媒体去试试运气。至于结果，我们都看到了。

算心灰意冷，也算走投无路，菲利普斯选择了《华尔街日报》。那是1947年，《华尔街日报》根本无法与今时今日所处的地位相比，当时，它仅是一家发行量10万份、毫不起眼的金融小报。菲利普斯自己都说了，他纯粹是去最后一搏的，行就行，不行就算了。然而，就在那里，菲利普斯的命运发生了改变，而整本书的精彩故事也才刚刚上演。

当然，你可以把他的经历当作励志故事来看。这是一个出身布鲁克林的早熟男孩，如何渐渐成长为记者、编辑、主编、发行人、（道琼斯）公司高管的故事。你也可以把这本书作为一部企业史来看。它讲述了《华尔街日报》如何从名不见经传到享誉全球。要知道，就在菲利普斯任职期间，在他的参与和带领下，《华尔街日报》多次荣获包括美国新闻业最高奖“普利策奖”在内的各种殊荣，也正是在菲利普斯的推动下，《华尔街日报》确立了其标志性的报道风格，相继推出了亚洲和欧洲版本，与数字化结合推出网络版和新闻资讯终端。

然而最令人称道的还是《华尔街日报》叙事的能力与风格。《财富》杂志创办时，一改以往财经媒体面无表情的报道口吻和大量晦涩难懂的数据术语，而以更能打动人的商业故事、富有意味的创富传奇来确立了今时今日商业杂志的地位。到了《华尔街日报》，伴随着早期领导人巴尼·基尔戈的尝试创新，则确立了财经新闻新基准，也由此一举革新了《华尔街日报》。

根据沃伦·菲利普斯的记述，巴尼·基尔戈的新闻创新理念涵盖三个方面：第一，新闻并不仅限于昨日之事，实时进展及趋势也要加以报道；第二，财经新闻需从国家层面而非地方层面报道，因为缅因州波特兰市影响到本地商人活动的一切经济、政治、劳工、税收等因素，对俄勒冈州波特兰市的商人来说也同等重要；第三，财经新闻并非就枯燥乏味，戏剧性的故事和相关人物的生活都可撰稿成文，此类新闻的播报应当生动，避免使用过多的术语行话。根据巴尼的第三点理念，财经新闻应当生动有趣地直陈读者最关注的信息。巴尼经常这样宣传自己的主张：“记住，去银行存钱的人永远比银行家多，吃汉堡的人永远比肉类加工厂老板多。”巴尼还首创了两种社论问题，而且在很长一段时间内，都作为范本出现在《华尔街日报》头版左右两侧的专栏报道中。按照巴尼的规范，一篇灵活生动的头版新闻，应使用引语和说明性事例以支持、论证文章主题，并成功引起读者兴趣。同时，新闻报道应避免概而论之，要尽量阐述详细事实、传达具体情感，从而准确无误地转述各种细节与事件氛围。

在今天看来虽然这些理念早已不再新鲜，很多财经商业报刊也纷纷打出了“财经也轻松”的口号，但这在20世纪中期无疑是突破性的、引领性的，它被许多家报社争相效仿、广泛采用，在这一轮又一轮同行的学习借鉴中，《华尔街日报》的权威度和影响力自然与日俱增。关于《华尔街日报》的报道手法，威廉·E·布隆代尔在《〈华尔街日报〉是如何讲故事的》中对巴尼·基尔戈的新闻思想做了更深入的讲解。当然，沃伦·菲利普斯无须看布隆代尔的书，他是耳闻目染，与其价值趋同。如他所说，他年纪轻轻就能在《华尔街日报》站稳脚跟平步青云，很大原因是他颇有潜力，具备良好的新闻判断力，能够准确把握新闻的趣味性、直陈读者真正关心的事实，而且编写和报道十分符合巴尼所倡导的基准。换句话说，他天生就是块做新闻的料，是天生吃传媒这碗饭的——这跟后天努不努力其实没有多大关系。

这本书从菲利普斯的童年讲起，一直讲到默多克收购道琼斯和《华尔街日报》后的21世纪的前十年，时间跨度近八十载，这种极具历史厚重感的讲述无愧于该书的标题——“新闻风云”。在后记中，菲利普斯用些许笔墨谈了他对默多克时期的《华尔街日报》的看法，言语中明显给予了褒奖。对比“全程记录默多克收购《华尔街日报》的商业大战内幕”的萨拉·埃利森的《华尔街日报之战》，同为《华尔街日报》人，两者立场和态度的差异是很值得玩味的。但不管怎么样，曾为《华尔街日报》的成就贡献过一己之力的菲利普斯对其效力过的老东家既乐观又担忧——毕竟，数字时代的冲击让传统纸媒盛景不再，而默多克老矣，尚能饭否？

笔记

《华尔街日报》开创的叙事风格使这家媒体在同行中独具特色、独树一帜。新闻业的竞争力在内容报道和观点输出上，即便到了融媒时代，本质不变。倘若仅盯着技术升维、视效呈现或用户体验等，有可能会本末倒置。

“爆款制造机”HBO是如何炼成的

市场从来不会亏待良心作品，如果说《HBO的内容战略》对我们有何借鉴与启示的话，那么，单纯的“流量思维”将被“内容为王”的观念重新澄清视听，后者既是媒体的制胜之道，也将是让其败北的诅咒。

钱钟书曾幽默地婉拒过一位想登门拜访的女读者，他说："假如你吃了个鸡蛋，觉得不错，何必要认识那下蛋的母鸡呢？"这话后来被证明多少有点误读。了解作者的生平、写作时的心境，更有利于理解一部作品。当然，仅仅是出于粉丝见面的那种了解，则大可不必。

以上多少回答了我们为什么要研究HBO。这是一家起初想着用暂定名"家庭影院频道"（Home Box Office）过渡，但从此声名鹊起的有线频道，它也是当仁不让的付费电视鼻祖。HBO成立至今40多年来，经由其制作、播出的电视剧集，拼接起一张华丽夺目的成绩单——《欲望都市》《黑道家族》《兄弟连》《大西洋帝国》《斯巴达克斯》《监狱风云》《新闻编辑室》《真探》《硅谷》《权力的游戏》《西部世界》《堕落街传奇》……这还只是我看过的一小部分。HBO出品的剧集在美国电视节最高奖项"艾美奖"（Emmy Awards）上屡获殊荣，在全球观众中树立了良好口碑，因而它的内容输出以及商业模式有了研究的意义。

小比尔·梅西写了一本揭秘HBO发家史和品牌运营的书，取名《HBO的内容战略》。好比当今流媒体巨头Netflix（译为"奈飞"或"网飞"）前首席人力资源总监帕蒂·麦考德写的《奈飞文化手册》、YouTube首席商务官罗伯特·金奇尔的《订阅：数字时代的商业变现路径》，梅西的新作之所以能引来业界关注，是因为基于其一线的观察与第一手资料。梅西在HBO工作长达27年之久，经历了公司从初创到摸索再到辉煌的不同时期。

在《HBO的内容战略》中，梅西旨在回答一个问题"为什么HBO可以频出爆款"。且不论该频道在多大程度上改变了观众收视习惯、电视业盈利模式以及分众内容传播机制，但它客观上引领了有线的时代，与传统的无线电视网迥然不同。HBO的成功驳斥了20世纪40年代末以来推动电视发展的基本理论，它证明可以置收视率调查于不顾，也能把广告补贴利润的做法不当回事，转而用更多时间去争取观众群，持续而专注地去满足、取悦他们。HBO创造了一个只为订阅用户拍摄节目的样板，一举奠定了有线电视世界的运行规则。在几十年后的今天，随着互联网势力大举进入"客厅战场"，无论是网飞、亚马逊，还是HuLu，它们在平台定位、精准服务、内容生产、用户订阅等逻辑上几乎与HBO一致。即便在播出载体上，HBO也紧跟潮流在2010年2月推出“HBO Go”，它允许用户通过HBO网站或移动设备，点播观看HBO持有的原创或版权内容。

1972年11月HBO开播，它的前身是为纽约下曼哈顿地区提供闭路有线电视服务的斯特林信息服务公司，该公司由查尔斯·杜兰（Charles Dolan）创立。后来，知名出版集团时代公司看中有线电视的市场潜力，于是收购了斯特林信息服务公司。背靠大树，杜兰有了更多资金和底气去实现他的有线付费电视事业。梅西在书中披露，杜兰同家人在一次前往法国度假的途中，“设想了做一个特殊的频道，一个专属于他的有线电视系统频道，一个充满了超乎寻常的娱乐内容的频道，一个让人们觉得值得花钱的频道，而且人们很有可能竞相购买”。杜兰的这个念头在当时无疑是疯狂的，那个年代的人们认为花钱看电视等同花钱购买空气，这种想法极为普遍，按照梅西的说法，“是有历史支撑的”。所以，HBO的诞生极具讽刺意义，它首播的内容是一场冰球比赛（相当于转播）和一部70年代的电影，HBO发展头几年都是在播送一些采购自其他电视台和制片厂的体育赛事、纪录片、脱口秀、儿童节目、电影等。不难发现，HBO俨然是为了弥补无线电视传播信号弱、覆盖区域不足而存在的。它初期仅是对传统商业电视频道的一种补充。

HBO的出现，引发了付费电视市场的骚动。书中以“不亚于1849年加州淘金热”描述做类比。在表象上，至少表现为两个方面：第一，HBO之后，迅速出现了一大批效仿者；第二，在HBO大胆通过卫星传输电视信号后，Showtime、电影频道、家庭影院网络、聚光灯频道、迪士尼频道也纷纷采取“尾随”式竞争策略。

HBO在其初期，亟待解决的发展问题可以归纳为两点：如何站稳脚跟与如何保住先发优势。所以HBO避免了“起了大早，赶了晚集”的尴尬困境。从“先烈”到“先驱”，一字之差，企业命运却有云泥之别，在诸多产业都曾上演过同样的故事。例如，社交网络领域的Friendster、Myspace之于Facebook，搜索领域的AltaVista、Excite之于谷歌，个人电脑领域的康懋达、Radio Shack之于苹果……HBO面对后起之秀Showtime，并没有让这家新生的、有哥伦比亚广播公司（CBS）优质内容血统的付费频道后来者居上。它是如何办到的？对此，梅西的解释是，一方面HBO起步较早，在品牌塑造上较主动地占据了用户的心智，即始终向外界强化“HBO等于有线电视”的符号意义。另一方面，相较于对手，HBO稳定的管理层和现金流也让它持续保持竞争力，这意味着无论试错，还是迭代创新，甚至有时推出“杀敌一千，自损八百”的免费策略，HBO都有实力做下去、撑得起。

到20世纪80年代中期，在家庭娱乐领域几乎没有一家付费频道能与HBO分庭抗礼，HBO早早地结束了群雄混战的局面而一家独大。自杜兰之后，不同时期的两任管理者进一步将HBO改造成今天独树一帜、位于金字塔顶端的数字娱乐服务商的角色。1984年，迈克尔·富克斯（Michael Fuchs）成为HBO一把手，在他领导下，HBO迈开了原创内容的脚步，重点放在了体育、脱口秀、电视电影等品类上。1990年之后，杰夫·比克斯（Jeff Bewkes）开始执掌HBO，是他决定将HBO往原创自制剧方向着重发力。

虽然是以电视台定位安身立命，但HBO很早就采取了“去电视化”的差异化战略，并把“人无我有，人有我新，人新我创”的理念执行到了极致。例如，它主动出击，开播新频道Cinemax，填补原有频道的空白，让频道彼此互补，形成规模集群效应；在风格、类型、选题上，它从来不拘一格，黑帮、历史、战争、女性、政治，它都敢尝试，而这得益于它足够多的付费用户基数，不用看广告商的脸色；在排播和播出时长上，它率先做到24小时循环播出，甚至为了拼播出速度，在凌晨首播《星球大战》。这些颠覆式创新的经营手法，确保了HBO长期居于美国家庭娱乐市场的头部地位，而这些手法又在多年后给予了AMC、Starz、TNT、FX等付费频道及Netflix这样的流媒体平台以启发。Netflix也频频推出重磅剧作，与HBO势均力敌；Netflix采取一次性放出整季的剧集，投入重金不断推出原创自制剧，向上游产业链进发参与电影出品、制作，购买电影版权打破传统院线“窗口期”，种种举措似曾相识。在《HBO的内容战略》中，你能从这家有线电视先行者身上找到范例。

但如今，它遭到前所未有的挑战，内容市场竞争空前激烈。2018年“艾美奖”，Netflix与HBO平起平坐，均获得了23个奖项，这结束了HBO长达

17 年的连胜纪录。另外一个值得观察的细节，Netflix 曾获得 112 个提名，在提名数上以微弱优势开始超越 HBO。“HBO 不再能横扫艾美奖各大奖项。”梅西不无感慨地写道，他承认，“Netflix，是不可阻挡的竞争者”。

Netflix 是否会成为 HBO 的终结者，梅西并没有给出答案。这两家娱乐巨头在各自时代的快速崛起与独霸一时，都验证了渠道建设与品质内容的完美融合是媒体迈向成功的不二法门。尤其是数字时代的个性化订阅和在线付费的开启，为题材新颖、制作精良、表演精湛的优秀内容提供了广袤的商业空间。市场从来不会亏待良心作品，如果说《HBO 的内容战略》对我们有何借鉴与启示的话，那么，单纯的“流量思维”将被“内容为王”的观念重新澄清视听，后者既是媒体的制胜之道，也将是让其败北的诅咒。

笔记

检视 HBO 的发展策略，稳定的管理层与充裕的现金流是其保持持续竞争力的关键。此外，在创新实践上，它的“摸着石头过河”的试错，或是“小步快跑”的迭代，都是流媒体时代的一种基本打法。

“新闻界第一夫人”凯瑟琳·格雷厄姆的精神遗产

她以亲身实践维系了新闻媒介作为社会公器与自主经营企业这双重属性的平衡；展示了报纸发行人如何严守权限，尊重新闻编辑的自主权、自由度和维护报道的相对独立性。

坦诚、朴实、平和、从容道来，凯瑟琳·格雷厄姆（Katharine Graham）于 1997 年出版的自传《个人历史》（*Personal History*）在 21 年后再版问世，却被按了一个高调、张扬的书名——《我的一生略小于美国现代史》。

长期被称为美国“最有权势的女人”，在 2001 年逝世后被誉为“新闻界第一夫人”的格雷厄姆，秉承了父亲尤金·迈耶（Eugene Meyer）的办报理念。尤金·迈耶，这位在 20 世纪初便声名大噪的金融家、曾经的美联储主席和世界银行行长，在收购《华盛顿邮报》（*The Washington Post*）后，确立了一系列的新闻报道原则，其中包括“报道最大程度被探明为事实的真相”“报纸理应恪守低调审视义不容辞的行为准则”“在追求真相过程中，报纸要做好为公众利益而牺牲自身经济利益的准备”“报纸不应与任何特殊利益结盟，且在报道公共事务和公众人物时要公平、自由、审慎”等。在格雷厄姆的传记里，我们看到了同样的品质。除了记录个人的工作、家庭与生活，格雷厄姆还向读者呈现了一个个激荡、变迁的时代，从“大萧条”到“二战”到“冷战”再到“水门事件”的爆发及罗纳德·里根的“美国复兴时期”。就时间跨度而言，该书堪称一部别样的“美国现代史”，而就历史事件、时代议题等素材看，它甚至超越了威廉·曼彻斯特（William Manchester）的《光荣与梦想》（*The Glory and the Dream*）。

凯瑟琳·格雷厄姆的成就不可复制，她的传奇也注定空前绝后。因为显赫的家庭背景，格雷厄姆早早地便结识了一大批政治、文化、经济领域耳熟能详的“大人物”。他们出现在她父母的工作场合、社交聚会和家中，成为格雷厄姆聆听、观察的对象。她就像彼得·德鲁克（Peter Drucker）笔下的“旁观者”。在格雷厄姆的记述中，各路角色风云际会，勾勒出 20 世纪 30 年代及之后半个多世纪的美国政治图谱。美国前总统小布什曾说：“总统们来来去去，而她知道他们所有的一切。”1964 年格雷厄姆正式执掌《华盛顿邮报》，她当然地成了那些时期公共事件不可或缺的记录者，因为主流媒介的话语体系和“第四权力”，她能与十二任美国总统谈笑风生，也能与各界精英私交甚笃。时代、机缘、平台均成就了格雷厄姆的卓尔不群，无可替代。

凯瑟琳·格雷厄姆原名凯瑟琳·迈耶，因嫁于菲尔·格雷厄姆（Phil

Graham）改成夫姓。两人在1940年完婚，这在当时轰动了整个华盛顿地区。格雷厄姆家族也因此与《华盛顿邮报》结缘。1945年，31岁的菲尔听从岳父的建议，开始接手报纸，并在次年成立了华盛顿邮报公司。菲尔最初就带着改革的决心，要将邮报带上一条关注政治的道路，他曾表示，“新闻是历史的初稿”。因此，对邮报的定位他也态度鲜明、斩钉截铁：《华盛顿邮报》就是要成为社会进步的工具，严重损害国家完整和国内制度的报道不能见诸报端。与此同时，格雷厄姆则甘愿站在背后，为人妻母，安心做一名家庭主妇。

在随后的一段时间内，依靠菲尔的关系网和不懈努力，《华盛顿邮报》加强了与白宫的密切联系，公司业绩也由此走上了快速上升的通道。20世纪50年代初，邮报已跻身华盛顿众多报业销售量的前三名，报纸发行量节节攀升，广告收入也大幅提高。1961年，菲尔买下美国三大刊之一的《新闻周刊》，此举使邮报稳稳地跻身新闻报业巨头的行列。在之后很长一段时间内，该周刊与《时代》杂志成“双雄”对峙之势，而《华盛顿邮报》也与《纽约时报》《洛杉矶时报》一道成为全美三大主流报纸。

菲尔步入了媒体事业的黄金期，而凯瑟琳·格雷厄姆做起了全职主妇，在家里相夫教子，就在事业蒸蒸日上的时候意外发生了。1963年8月，菲尔·格雷厄姆因不堪抑郁症折磨在自家农场里开枪自尽，这意味着凯瑟琳要么拱手让出家业，要么勇敢向前接管邮报。她选择了后者，这一举动在当时许多人眼里都不被看好，公司内部人心惶惶，谣言四起。

在传记里，凯瑟琳·格雷厄姆写道：“身处悬崖边闭眼一跳。令人惊讶的是，我稳稳地落在了地上。”这位女性领导人，也是前媒体工作者，以其细腻、柔性、包容、唯才是举、充分授权等方式，带领着团队凝心聚力。1965年，凯瑟琳做出了重大决策，提拔著名记者本·布莱德利（Ben Bradlee）担任《华盛顿邮报》的总编，布莱德利是在菲尔·格雷厄姆任发行人时期被重金招聘进报社的。他的上任，为邮报开创了一派新气象，他不仅招了一批有才华的记者，而且还设立了让《华盛顿邮报》在业内倍受尊敬的编辑标准。

进入20世纪70年代，也就是尼克松任总统期间，两起在新闻史上举足轻重、有着深远影响的事件——“五角大楼文件泄露”和“水门事件”，让邮报名气大振，也把凯瑟琳和布莱德利这对搭档推上了新闻事业的巅峰。两事件在 1971 年、1972 年相继发生，后来有不少关于它们的影视作品问世，如 1976 年的《惊天大阴谋》（*All the President's Men*）、2017 年的《马克·费尔特：扳倒白宫之人》（*Mark Felt: The Man Who Brought Down the White House*）和《华盛顿邮报》（*The Post*）。这两起事件都指向了政府为掩盖错误，不惜弄虚作假、逾越法律底线的“致命的自负”。面对政府的施压、警告，和其他同行的轻描淡写或不置可否，格雷厄姆却支持报道团队不遗余力、步步紧逼、不断挖掘事件背后的内幕和还原真相。这份对自由与正义的执着追求赢得了业内的掌声，也收获了公众的信赖，邮报的不怠追踪使尼克松在 1974 年 8 月黯然下台，成为美国历史上唯一因被弹劾而辞职的总统。由此，《华盛顿邮报》确立了美国大报的地位，其相关报道荣获当年普利策奖。

这些重大的历史事件，格雷厄姆在其自传中都予以了详细、生动、极具现场感的描述，因而她的“个人历史”有很高的史料参考价值。2001 年 7 月，格雷厄姆因一次意外摔倒，伤势过重而不治身亡。回顾她的后半生，其命运与《华盛顿邮报》紧密相连。邮报公司后来发展成为一家集报纸、杂志、电视台、有线电视和教育服务企业在内的庞大的新闻集团，总收入达 14 亿美元，这与格雷厄姆的天分、努力、胆识、聪慧以及卓越的管理密不可分。

许多年后，再读她的这本传记，虽然时代背景、传媒环境与早前有天壤之别，但她的新闻专业主义精神依然有其旺盛的生命力。她以亲身实践维系了新闻媒介作为社会公器与自主经营企业这双重属性的平衡；展示了报纸发行人如何严守权限，尊重新闻编辑的自主权、自由度和维护报道的相对独立性。这些道理显而易见，它们不是被她高谈阔论的理念，而是在两难选择时，她孤注一掷誓死捍卫的原则。这让格雷厄姆赢得生前身后名，也为报纸取得了里程碑式的胜利！

笔记

凯瑟琳·格雷厄姆的传奇性不可复制，但她所坚守与奉行的办报理念却是许多同时代和后来者的媒体所借鉴的。对于新闻的报道，要做到不畏不惧、不偏不倚、不谗不媚，这是赢得读者尊重的底线。

新闻业的救赎，既是理想，且当希望

该书寄托了彭增军作为老一代新闻人的情感和夙愿。救赎的起始是自救，终点是为了解脱、释放、重获自由，它承载着希望和信仰。对彭增军而言，救赎便是新闻理想感召和新闻专业主义。

过去十余年，纸媒业一直在衰退。行业“寒冬”的论调，从“将至”到“已至”，到目前是一片肃杀。2007 年，前记者保罗 · 吉兰（Paul Gillan）开设了“报纸死亡观察”（Newspaper Death Watch）的博客，用来记录一种古老媒体的“消亡史”。与此同时，像《主编死了》《新媒体革命：为什么传统媒体屡战不胜》等作品的观点甚嚣尘上，在面对“纸媒不死，只是各自凋零”的坚守一派看来，新媒体事业的蒸蒸日上，并不等于纸媒必须以死相让。在有些开明者眼里，媒体融合的趋势反倒让传统媒体得到涅槃重生的机遇。于是，在旷日持久的纸媒“生存或死亡”的话题中，乐观者、悲观者、中立者三派一应俱全，它们分别代表了新闻行业的理想主义、现实主义和专业主义三种立场路径。

在需要显示自己对所处行业的一种关切、现状思考和趋势看法时，彭增军说出一句：“我为报纸致哀，我为新闻站台。”语言铿锵有力、态度真挚鲜明，从中可参详出这位新闻学人所持的基本意见。对于当前纸媒经营惨淡进而至新闻遭遇生死劫的探讨，他的看法和迈克尔 · 舒德森（Michael Schudson）是相近的，舒德森为美国哥伦比亚大学新闻学院教授，其著述颇丰。舒德森有一本代表作是《为什么民主需要不可爱的新闻界》，彭增军多次提及该书，受此启发，他写道：“新闻是民主社会的基石之一。它肩负追求真相、监督权力和提供公共论坛的政治使命。”他也坦然承认“新闻业有这样那样的问题——公信力、倾向性问题等”，可他话锋一转，“但一身毛病的看门狗，强过撒娇卖萌的汪星人”。

这里，有几个概念彭增军做了严格的界定和准确的区分。例如同为新闻的 News 和 Journalism 是不同的，前者作为事件、消息，通常属于“好奇害死猫”的范畴，换言之，人类只要想了解外部，则一定有 news；而后者则必须要遵从一定的伦理、操守和规范，如比尔 • 科瓦齐（Bill Kovach）和汤姆 · 罗森斯蒂尔 (Tom Rosenstiel) 撰写的《新闻的十大基本原则》，就属于此类。另外，报纸（newspaper）、新闻界（press）、媒体（media）与新闻业（Journalism）也是不同的，这涉及商业模式与新闻逻辑的博弈问题。它表现出来的悖论往往在于新闻从来都不该是买卖，但它经常被视作商品进行销售。对此，美国媒介经济学家詹姆斯 · T. 汉密尔顿（James T. Hamilton）在《有价值的新闻》（*All the News That's Fit to Sell*)一书中，就直言不讳地挑明：新闻是为了读者的消遣，记者是为了工作，媒体老板是为了赚钱，决定新闻的不是传统新闻学的五个W，而是关乎经济效益的“新5W”，即谁在乎（Who）、他们为此想付出什么（What）、媒体和广告商在哪里可以找到这些人（Where）、什么时候发布这些新闻才是有利可图的（When），以及为什么这个可以赚钱（Why）。

思考传统新闻业的困局与出路，以及变革年代中新闻人的职业危机（或寻求“突围”），并取名《新闻业的救赎：数字时代新闻生产的16个关键问题》结集出版，该书寄托了彭增军作为老一代新闻人的情感和夙愿。救赎的起始是自救，终点是为了解脱、释放、重获自由，它承载着希望和信仰。对彭增军而言，救赎便是新闻理想感召和新闻专业主义。他经常会引用沃尔特·威廉姆斯（Walter Williams）的名言来进一步阐明他的价值观，如“优秀的新闻，敬畏上天，尊重人性”，威廉姆斯是密苏里新闻学院的首任院长。密苏里新闻学院是世界上第一所新闻类高等院校，成立于1908年。学院奉行“学习新闻最好的方式是动手实践”“新闻工作是一个世界化职业”等教育理念，以及为贯彻其教育理念配套的“密苏里方法”（The Missouri Method），一百多年来在世界新闻教育界享有盛誉，同时也是新闻专业主义的践行高地。值得一提的是，彭增军在密苏里新闻学院取得了博士学位，其秉承的思想体系、理论素养可见一斑。

面对数字化浪潮对旧有新闻生产、传播机制的冲击，在一个被外界普遍描述为“人人可以做新闻的时代”的当下，如何完成“新闻业的救赎”，彭增军把解决方案押在了重塑专业主义这边。他认为，只有这样，才能让新闻从职业到专业变得不可替代，才能找回该职业的归属、价值和权力。那么，什么是新闻人要孜孜以求的专业品质？基于彭增军的梳理、提炼，他认为是真相、独立、原创、准确、解释和深度。他还援引美国媒体评论家、学者杰弗瑞·舒尔（Jeffrey Scheuer）在《大图景：为什么民主需要卓越的新闻》（*The Big Picture: Why Democracies Need Journalistic Excellence*）一书中的结论，指出新闻有三大责任，即求真的道义责任、提供背景的知识责任、提供舆论阵地的政治责任。事实上，内容品质一直以来都是专业性的根本，它并不因社交媒体对消息的移动化、碎片化、互动化、协作化、迭代化传播而变得无关紧要。相反，在“后真相”（post-truth）横行的观念市场里，人人都可以有个人的观点，却一定不能有个人的事实，越是混乱、越是喧哗，越是要有一锤定音的本领和担当。这在一定程度上也解释了为何像《纽约时报》《华尔街日报》《金融时报》《经济学人》等老牌媒体并没有在付费的市场中节节败退，不降反升，只是它们策略性地把战场从“线下订阅”更多转向了“在线付费”（pay wall）。

对于持续数十年讨论不休的“媒体融合”，彭增军的观点代表了大多数传统媒体人的理性认知和见地。他认为传统媒体创新难的原因有以下几点：居安不思危；业务模式同商业模式脱节；墨守成规的企业文化；自我神圣的职业文化；习惯成自然。于是“困难”之下必然“失败”，它们的败局是注定的，因为：频频错失良机；主体性丧失；编辑部文化的刹车效应；组织障碍；三心二意，偏安思想；以及惶恐中不可能创新。这些归纳限于该书的写作体例，未经严谨、学术地论证与表述，但意见本身符合学界和业界的共识。虽然很多人会把“脱困之道”寄希望于体制的突破和管理的创新，但回到现实面，知易行难、谈何容易。

很多时候，当展望传统媒体的未来，不管是“丧钟响起”，还是“警钟长鸣”，或是“闹钟不歇”——有一个不争的事实摆在眼前，纸媒和广电业的颓势已然加剧。套用《纽约时报》发行人阿瑟·舒兹伯格的话来说“我真的不知道五年后我们还印不印”，这是他在2007年的一次访谈中表示的。彭增军也承认，报纸死不死已经不是问题，何时死亡才是问题。比起他们，很多媒体人看到了现象，却不愿意直面趋势，于是日复一日地消极沉沦。如果说新闻业的救赎主要在专业主义的重塑，那么思维的重启与观念的更新就是首要解决的问题。

笔记

“新闻不死，只是各自凋零”。当展望传统媒体的未来，不管是“丧钟响起”，还是“警钟长鸣”，或是“闹钟不歇”，有一个不争的事实摆在眼前，纸媒和广电业的颓势已然加剧。

迪士尼的魔力与魔法

确实，很少有哪家公司像迪士尼一样，在以不确定、不稳定但又有爆炸式发展可能的娱乐业内稳步向前，取得了不俗的业绩，更在电影、电视、主题乐园、度假村、文创衍生品等多个领域拓展了事业版图。

迪士尼乐园不是世界上最早的主题乐园，但毫无疑问是当今全球最大的；同样的，迪士尼有着深入人心、首屈一指的卡通形象米奇，但它远远不止一只老鼠；这些年，中国娱乐业大谈“IP”，殊不知，迪士尼早有纵深布局，其手法一直为人模仿，但成效却始终无人比拟。以前中国有企业家曾断言上海迪士尼 20 年内无法盈利。但根据迪士尼公司发布的财报，开业仅一年该主题公园及度假区就已实现小幅盈利。

确实，很少有哪家公司像迪士尼一样，在以不确定、不稳定但又有爆炸式发展可能的娱乐业内稳步向前，取得了不俗的业绩，更在电影、电视、主题乐园、度假村、文创衍生品等多个领域拓展了事业版图。2006 至 2012 年，素有“购物狂”之称的公司 CEO 鲍勃·伊格尔接连达成几个具有战略眼光的大手笔交易，将皮克斯动画、漫威（Marvel）、卢卡斯电影收归旗下，此举大大提升了母公司迪士尼的品牌价值。如今，从《冰雪奇缘》耳熟能详的主题曲，到层出不穷、宇宙体系愈加庞杂的“漫威超级英雄”，再到开场音乐响起就令影迷激动不已的“星球大战”系列，背后都有迪士尼的影子。它俨然是一个魔法王国，提供娱乐、制造快乐，在全球行业里独树一帜、大放异彩。

管理学上曾有人总结出“以人为本”的“惠普之道”、“及时生产、杜绝浪费”的“丰田式生产”，坚持“六西格玛”管理及“7—2—1 人才梯队建设”的通用公司，那么，在迪士尼身上，是否有其独特的可以被归纳和借鉴的成功经验呢？

在比尔·卡波达戈利和林恩·杰克逊合著的《引爆快乐：迪士尼王国的经营魔法》（以下简称《引爆快乐》）中，两位作者提出了“迪士尼之道”。这是一套包含了梦想、信念、勇气和行动四项准则的企业文化体系，在此基础上，衍生出了“给组织中的每位成员提供实现梦想的机会，并开发这些梦想所蕴含的创造力”“坚持自己的信念，坚守自己的原则”“对待顾客要像款待客人一样”等 11 条基本观念。捎带一提的是，在该书上一版中，这套方法论只有 10 条。

不管究竟该有几条，该书的核心主旨只有一条，那便是积极创建和践行“以客户为中心”的企业文化。倘若要为它加点修饰，也就三个字——“真正的”。

诚如公司创始人华特·迪士尼常说的那句“开始的方法就是结束空谈，着手做事”，再好的理念、愿景都不能停留在口号上，而是要落实在行动中、贯彻到细节里。对此，两位作者也结合他们的管理咨询经历，谈到有不少企业领导者口口声声以“服务客户”为依归，但实际上在转化为行动时，却往往毫无头绪或者背道而驰。有的管理者则认为自己的使命在于开发新的“政策”、设计新的“程序”，而不是致力于推广一种“客户至上”的公司文化。

大道至简，“以客户为中心”听起来很简单，但真正考验的却是当事人的信念、决心和果敢行动。整本书虽然在梳理迪士尼卓越的“以客户为中心”的企业文化，但落脚点还是回到华特·迪士尼的创业故事上。这也难怪，有观点就认为，80% 的公司文化是由公司创始人定义和决定的。一家公司几乎能够反映出公司创始人 / 核心领导层的所有特点，包括他们的个性、强项和弱项等。如果你现在就已开始在有意定义公司的文化，那首先要参照一下你自己，进行一次自我觉知的练习。如果你不是公司的创始人，那就参照一下公司 CEO 和那些参与公司创建的人们的做法。不妨看看迪士尼本人在面临可能有损客户体验、有违品质承诺时，是如何抉择的吧。

1940 年 2 月，《木偶奇遇记》正式上映，《纽约时报》赞其为“有史以来最优秀的卡通片”。但该影片的问世经历了一波三折。光是创作故事就花了 6 个月。当动画师小组把木偶人物创作近一半时，华特·迪士尼突然叫停，他的理由是，片中匹诺曹形象太呆板了，而小蟋蟀杰米尼的样子又太像蟋蟀了。虽然已经投入了 50 万美元，但华特还是决定推倒重来。

华特之所以紧急叫停，是因为这部电影达不到他的一项准则——坚持卓越。当时，迪士尼公司在全球已是好评如潮。按照两位作者的说法，华特本可以对这部电影睁一只眼闭一只眼，反正作品的品质虽谈不上精致，但也不至于劣质，不会对他或其公司声誉造成什么损失。更何况，还可以节省一笔可观的额外开支。但华特清楚地意识到“差不多”和“卓越”之间的区别，他没打算妥协。最终，《木偶奇遇记》前后花了 300 多万美元，这在当时可是造价不菲，但物有所值，华特坚持恪守着他要的品质和对用户的尊重。

类似的故事在书中有不少，从早期动画片的拍摄制作到后期迪士尼乐园建造、服务团队培训等。事实上，不光是华特·迪士尼，从史蒂夫·乔布斯到安迪·格鲁夫，从北欧航空总裁詹·卡尔森到美捷步鞋的谢家华，他们都着眼于细节，用“没有最好，只有更好”的态度去服务客户，同时华特对内营造一种家庭、社群的氛围，让员工快乐工作、成就彼此。华特·迪士尼说，“无论你在做什么，尽量都要去做好它。何谓做好？当人们看见你在做这件事时，愿意带着他的朋友们一起来欣赏你做得有多好”。不少迪士尼的业务，正是以这一观点来指导其客户服务的。

创办于1996年的迪士尼学院（Disney Institute）是迪士尼公司用以研究企业发展规律、商业模式创新等内容的机构。迪士尼学院认为，在目前这个全球竞争时代，单一地提供一件好的产品，只是企业获得长足发展的必要条件；如果想要持续走在整个行业前沿、做到令竞争对手自叹弗如，关键还在于企业是否有能力提供“卓越客户体验”（Exceptional Customer Experience）。“卓越客户体验，会成为很多行业内的一个游戏规则改变者”，迪士尼学院规划部门负责人布鲁斯·琼斯（Bruce Jones）曾这样说。他认为，企业经营者们会越来越以客户为中心，而要做到这一点，企业就需要在改善客户体验方面，投入与产品研发同样多的资源。这意味着，企业在日常经营中要坚守三大原则：创造一个组织层面的共同目标；整体性地理解自己的客户；把卓越服务视为一项能带来收益的资产，而不是一项成本开销。

从渊源上看，上述论断延续了华特·迪士尼一贯的经营思想。他本人也没想到，多年之后，他那套管理方法仍然管用、有效，而且还将继续重新定义这一时代的服务本质以及变革管理的艺术。而在《引爆快乐》中，这思想被浓缩至八个字：梦想、信念、勇气、行动。

笔记

我们可以从迪士尼这家公司身上学到什么？按照作者的说法，首先可以了解下“迪士尼之道”。这是一套包含了梦想、信念、勇气和行动四项准则的企业文化体系。接下来，要做的是如何深入领会与努力践行了。

迈克·华莱士的两把刷子

书的标题《光与热》：光，就是真相；热，就是戏剧性。华莱士认为一则报道既需要情感上的拉动力，能吸引人进入故事的冲突与戏剧性中，也需要给受众带来新知识。

“哪几个字可以让骗子和无赖心惊胆战？答案：迈克·华莱士在此！”历史上，美国最负盛名、引领收视的“电视新闻杂志”《60 分钟》曾制作过这么一条广告，准确生动地说明了该节目主持人华莱士的影响力。

迈克·华莱士出道虽早，但大器晚成，50 岁因主持 CBS（哥伦比亚广播公司）的新闻节目《60 分钟》一炮走红，从此声名鹊起，而之前他在广播电视行业里已工作了近 30 年。2006 年，88 岁的他因为年事已高、身体不适，才勉强宣布退休。2012 年 4 月华莱士逝世，享年 93 岁。

华莱士的主持采访风格以犀利、辛辣、审问式著称，他的调查报道、硬新闻、伏击式采访，让访谈节目成为一种“握紧拳头的艺术形式”，也因此，他所倡导和践行的新闻专业主义及伦理成为这一行业的标杆、标准。而他为中国民众所熟知，自然归因于他先后采访了邓小平和江泽民两位国家领导人。在节目中，华莱士咄咄逼人、刨根问底，被访者谈笑风生、从容应答，无疑刷新了当时中国观众的收看经验，原来，访谈可以是这样的！

于是，当华莱士的报道手法为同行津津乐道、竞相学习借鉴，引发的下一步动作必然是有人通过梳理，总结华莱士的新闻理念、执业法则、采访艺术和叙事技巧来提升新闻的质感，那么就如何革新报道方式，创作一档好的乃至伟大的新闻节目而言，华莱士到底留给我们哪些“精神遗产”？

早前华莱士写过两本回忆录，一本是《深度接触》，另一本是《你我之间》。这两本书涵盖了他大部分职业生涯，但没有系统涉及新闻工作的本质，也没有收录华莱士擅长的采访技能——比如，怎样建立融洽的关系？采访变得糟糕时该如何收场？写硬新闻的基本点是什么？等等。因此，华莱士与贝丝·诺伯尔合著的《光与热：新一代媒体人不可不知的新闻法则》（以下简称《光与热》）愈加令人期待，尤其对致力于从事新闻行业的专业人士而言，这本书可视为华莱士非凡职业生涯的智识传承。

此书写作，缘起 2007 年末纽约福特汉姆大学的一门名为“电视新闻革新者”的课程。作者之一贝丝女士是这门课的主讲人，华莱士则担纲了客座讲师一角，被邀请至课堂上与学生交流。而两人其实在更早之前就已结识，两人系 CBS 同事，1997—2006 年贝丝先后担任了 CBS 驻莫斯科的制作人、分社社长。

华莱士的到来，对教学效果来说不亚于一枚重磅炸弹。根据《光与热》的记载，华莱士之问——“你死后会去哪里？天堂是否存在？”“如何看待电视新闻？”“我们是否就这样垮掉了？”触动了那些学生们的神经，甚至触动了贝丝和当时在现场的一些教师职员。华莱士老而弥坚、一如既往，用近乎逼迫式、追问的语态挑战学生们的专业思维和道德认知。这符合他一贯的新闻追求，就像该书的标题《光与热》：光，就是真相；热，就是戏剧性。华莱士认为一则报道既需要情感上的拉动力，能吸引人进入故事的冲突与戏剧性中，也需要给受众带来新知识。正是这两者的结合才使得人们一晚接一晚地收看同一档新闻节目。华莱士生平爱用“光与热”来形容好新闻所需具备的一切，也因而可看作是他游走江湖、扬名立万的两把刷子。

以“光与热”为关键词，就不难理解华莱士为什么会倾向采用威慑性的姿态、语句去调查受访者了。如他所言，压力之下有些人说得更多（当然也可能有些人则完全闭口不谈了）；从呈现效果来看，这样做有戏剧冲突的张力。至于什么是有价值的新闻线索，华莱士的看法是“六要素”：相关性、影响力、即时性、冲突性、重大性和热议度。在新闻是否应秉持客观性及在多大程度保持其中立态度的问题上，华莱士旗帜鲜明地摆出他的立场，他说：“主持人或记者根本就不该发表他们的意见。他们可以通过自己的经验对事件做出分析，但不能把他们的个人观点讲出来。”这一观念上的分野，将他与丹·拉瑟、“新新闻主义”汤姆·沃尔夫、亨特·汤姆逊，以及他的前同事美国知名记者爱德华·默罗等人区分开来。

报道要秉持客观、公正，华莱士和他的合著者贝丝·诺伯尔有着高度一致的执念。他们在《光与热》中提到了《纽约时报》和它的办报口号“刊登一切适合刊登的新闻（All the news that's fit to print）”，也提到了《美联社新闻报道手册》。在两位作者看来，确保不偏不倚是获得公众信任的最佳途径，也是新闻的本质所在。在这一点上，我们不妨以比尔·科瓦奇和汤姆·罗森斯蒂尔联手写的《新闻的十大基本原则》为其核心观点做个注解。他们罗列的十大原则有：新闻工作首先必须做到对真相负责；新闻工作首先必须忠于公民；新闻工作的本质是用核实进行约束；新闻工作者必须独立于报道对象；新闻工作者必须成为权力的独立监督者；新闻媒体必须成为公众批评和妥协的论坛；新闻工作者必须努力使重要的信息有趣并且和公众息息相关；新闻工作者应该使新闻全面均衡；新闻工作者有义务根据个人良心行事；公民对新闻也享有权利和承担义务。

身为一名出色的访谈节目主持人，华莱士在《光与热》中亦分享了他的经验之谈。什么是好的采访，华莱士认为："假如一场采访让你知道了此前所不知的信息，成功地有了新的发现，那就是好的。"当然，广播电视采访还需要考虑另一个因素：他们不仅仅是为了信息——同时还是一场表演。这又再次回到"光与热"的论点，华莱士解释说"假如镜头上受访者的反应刺破了虚假又毫无信息的表面回答，那就是好的采访"。

该书篇幅不长，但所涉议题广泛，从新闻学的本质问题到采访报道再到伦理与法律等，后面还附录了一份"记者工具箱"，读者可以在那里找到检索资料、深入学习的资源。毫无疑问，这是一部承载了新闻理想和专业主义的作品。它有其赖以生存的土壤和环境，就中国实践来讲，它有更宏大和紧迫的使命去完成，譬如尽早树立起新闻专业主义，业界能就什么是新闻、什么是宣传、什么是报道、什么是传播等概念达成共识而各行其道……

就在2016年，美国民主、共和两党总统候选人希拉里·克林顿与唐纳德·特朗普有三场电视辩论——每场主持人分别由三个不同电视台的当家主播来担任。结果，最后一场最精彩，普遍受公众称赞，而整场把控节奏的人正是福克斯电视台的克里斯·华莱士——迈克·华莱士的儿子。看来，老华莱士在天之灵得以宽慰，其"光与热"的衣钵后继有人。

笔记

什么是有价值的新闻线索？从华莱士的经验论上，我们可以归结为"六要素"：相关性、影响力、即时性、冲突性、重大性和热议度。同时，报道要秉持客观、公正，这是一种理念，也是一个新闻专业主义者的执念。

“网飞经济学”和数字娱乐未来的几个走势

如果说网飞是一种“经济学”，那么它的气候渐成，并在以下几个方面“颠覆式创新”，它们是：打破“窗口期”，影片可能“先网络后影院”（或同步上映）；内容建设，但渠道为王；付费观看去广告，否定传统三方补贴模式（即观众、媒体和广告商）；大数据精算，推送在线个性化娱乐服务……

从“巨无霸指数”（Big Mac index）到“汉堡包经济学”（Burgernomics），英国《经济学人》（*The Economist*）杂志在最新一期报道中又创造了个新词——网飞经济学（Netflixonomics）。

倒不是有什么数学模型、推导公式，这个“另类经济学”更多指向的是产品特性、商业模式。从生产、分发、收费、播出，网飞改变了好莱坞的传统做法，并引领数字娱乐的新玩法。例如，通过大数据算法，网飞公司能精确地了解用户类型偏好、剧类选择，以此做到及时推送。“例如有一部叫《异狂国度》的纪录片，它的走红，不仅仅是因为口口相传的口碑发酵，还在于对用户收视界面的直接推送、强力推广。”数字内容市场也通行“赢家通吃”，一些现象级、爆款的“头部剧（或电影、综艺）”往往收割了绝大部分收视率。截至2018年第二季度，网飞在全球拥有收费用户1.18亿，以每人每月9.99美元的订阅收费来计算，网飞确实能做到“有钱任性”，在项目储备、版权购买、渠道建设、体验改善上，大刀阔斧、大步向前。对此，《经济学人》的文章评论道：“网飞敢冒险，那是因为试错成本比起可能的收益要少许多。”

如今的网飞公司扩张凶猛，已然成为美国五大互联网巨头之一，与脸书（Facebook）、亚马逊（Amazon）、苹果（Apple）和谷歌（Google）构成“FAANG”平台矩阵。冲击好莱坞既有制作体系、产业格局，网飞不遗余力。亚马逊早在2008年就推出了在线流媒体平台Amazon Prime Video，并持续投入重金出品、制作、发行影片，参与发行的影片《海边的曼彻斯特》和《推销员》斩获奥斯卡大奖。但论变革或重塑，还属网飞。对于网飞的强势崛起，媒体甚至一度以“网飞搅局电影业”“硅谷攻占好莱坞”等标题进行报道。同时，溢美之词和批评质疑声不绝于耳。在数字娱乐市场不断攻城略地之际，“网飞模式”究竟输出了什么，贡献了什么，又意味着什么？在何种程度上，它称得上是一种“经济学”？

1997年，里德·哈斯廷斯与马克·伦道夫联手创办网飞公司。两人之前的交集始于一场收购。1990年，哈斯廷斯创办了软件公司Pure Software，七年后该公司收购了波士顿软件公司Atria and Integrity QA，而伦道夫正是这家公司的创建团队成员。据说，哈斯廷斯在传统的DVD租赁门店，为自己租借延期的《阿波罗 13 号》支付了 40 美元滞纳金，哈斯廷斯对此很不爽，于是自己愤而开了家线上 DVD 租赁平台……可能有人听过这个故事版本，但根据财经记者吉娜·基廷的考证，这一说法是“杜撰出来”的，目的是为了更简明扼要地讲述网飞的业务模式（在线租赁 DVD），只是渐渐地大众把它和真实的起源给混淆了。

在《网飞传奇：从电影租赁店到在线视频新巨头的历程揭秘》中，基廷披露道：最初哈斯廷斯和伦道夫想效仿亚马逊，建立一家可租借电影录像带的电子商务公司。他们尝试过用 VHS 制式的录像带，但库存成本之高、邮寄审查之繁琐和途中的破损率，让他们很快放弃了这个念头，转而用 DVD 代替。在 1997 年，DVD 还不流行，电影公司也很少同步推出新电影 DVD 片源（有一组数据说当时总共只有 500 部 DVD 影片，大多数都是老电影），这让网飞在一开始就能买下市面上所有的 DVD 影片。这笔天使资金是由哈斯廷斯提供的。

在公司初创期，网飞最大的竞争对手是媒体巨头维亚康姆旗下的百视达（Blockbuster）。它们首次正面接触是在 2000 年，当时这两家都是以租赁电影为业态的公司，整合在一起就是时下“O2O”，线上（online）和线下（offline）。网飞恰如其公司名，提供的是在线服务；百视达则拥有线下多达 9 000 多家的实体店。按哈斯廷斯的战略布局，曾考虑将网飞卖给百视达或成为其合作伙伴。但这个提议很快被百视达否决了，它们对网飞这样一个不断亏损的互联网公司是否能生存下来心存疑虑。

可哈斯廷斯雄心勃勃，在他对网飞描绘的美丽图景中，网飞会在 2004 年拥有 1 000 万规模的用户群，10 年内有望向主流客户提供强大的流媒体在线视频目录。哈斯廷斯说，“一旦公司达到 100 万订阅用户，独立制片人就有可能绕过制片厂，通过网飞发行他们的电影。等这种情况发生时，美国人应该已经习惯了”。因为相信，所以看见。哈斯廷斯不仅是这样说的，而且还真做到了。

在后续的发展中，网飞势如破竹，公司知名度和美誉度也随着 2013 年美剧《纸牌屋》的播出而一飞冲天。有数据显示，网飞成功播出该剧而新增全球付费订户 1 100 万，2013 年 10 月股价再度突破 300 美元。哈斯廷斯之所以用重兵、花重金布局“自制影视剧”，除了有之前的产业方向的预见外，他也确实看到，单纯处于内容产业链的下游分发环节，不具有话语权，长此以往，势必被拥有版权的影视公司“绑架”。所以，生产和购买内容，是掌握娱乐产业核心和制高点的必选动作。

网飞的首席内容官泰德·沙兰多斯（Ted Sarandos）说过，“我们要在 HBO 变成 Netflix 之前，将 Netflix 发展成 HBO”。HBO 电视网于 1972 年开播，全天候播出首轮及精选电影和原创电视剧，它及其旗下的 Cinemax 占据了美国付费电视频道 90% 的市场份额。这意味着，网飞在影音娱乐领域率先开始“客厅革命”，进而撼动好莱坞的根基。值得一提的是，作为公司的首席内容官，沙兰多斯在项目上拥有很大的自主决定权，据悉，仅 2017 年他可支配的预算就有 60 亿美元之巨。网飞打造流媒体付费帝国的雄心和决心可见一斑。

来势汹汹的网飞，在一定程度上加剧了传统影视业行业规则和秩序遭新媒体颠覆，迪士尼近期成功收购 21 世纪福克斯，从此好莱坞影厂“六家”变“五家”，好莱坞最害怕的莫过于原本井水不犯河水的科技公司和娱乐媒体，随着互联网深入融合，从内容冲击、发行机制、付费模式到最终资源和用户被抢夺。好莱坞不无忧心地察觉到，网络一代的观影习惯被流媒体改造，他们已习惯于在移动终端上而不是去影院看电影。从坐姿角度看，原本是“后仰”，如今却是“前倾”。

英国《卫报》资深科技编辑查尔斯·亚瑟在《数字战争：苹果、谷歌与微软的商业较量》中写道，数码战场，三家公司原本各自坚守智能设备、搜索服务和软件系统三个领域，但很快它们狭路相逢，为争夺更广袤的市场，纷纷将战火燃烧至对方的领地。类似的是，在今天的数字娱乐世界，以网飞为代表的流媒体公司正在改变传统影视的规则。

如果说网飞是一种“经济学”，那么它的气候渐成，并在以下几个方面“颠覆式创新”，它们是：打破“窗口期”，影片可能“先网络后影院”（或同步上映）；内容建设，但渠道为王；付费观看去广告，否定传统三方补贴模式（即观众、媒体和广告商）；大数据精算，推送在线个性化娱乐服务……这些都是数字娱乐未来的几个重要走势。

笔记

单纯处于内容产业链的下游分发环节，本身不具有话语权，长此以往，将势必被拥有版权的影视公司“绑架”。所以，努力攀升至上游，掌握自主的内容生产和辅之以一定的内容采购，这是当前流媒体时代占领娱乐业制高点的必备动作。

一曲致传统媒体的“哀歌”

仇勇毫不避讳，他说自己从告别传统媒体的那一刻起，就有着两个小小的野心：一则“找到媒体适用于在线时代的生产方式”，一则“让优质内容有权获得合理的市场定价”。

对比动辄空泛的“革命”或“颠覆”的用法，作者在书的开篇援引德国著名哲学家卡尔·雅斯贝斯（Karl Jaspers）在《时代的精神状况》中的经典对话来强化论证已然到来的新媒体革命，不仅态度鲜明地揭示问题，而且令人回味深长。

雅斯贝斯写道：“每一个新的一代都是如此。他们面对毁灭的前景战栗不已，同时却把较早的时候看作黄金时代。但属于那个时期的人也受到同样阴郁的预言的困扰。”雅斯贝斯毫无违和感地描述当下人们身处的这个时代的状况——当然，他重点是指媒体业的兴衰更迭。“我们总是在反复缅怀曾经的80年代、90年代在精神上的洁净、理想和秩序，将之想象为传统媒体的黄金时代而不断追忆。”他不无感怀道，“但同样地，那个年代的人们也在回想过去；我们的下一代也可能会把今天当作新媒体的黄金年代的启幕时刻。”

他是仇勇，一个过去式的传统媒体人，一个进行时的新媒体人（他自诩为“传统媒体老兵，新媒体新人”）。传统媒体曾经给他带来荣耀感和满足感，而今面对网络新媒体的冲击，正加速走向衰落。《赫芬顿邮报》创始人、总编辑，素有“网络媒体女皇”之称的阿里安娜·赫芬顿（Arianna Huffington）说，“新闻媒体如同奥林匹斯山中高高在上的神一般的日子已经不复存在了”。如果说这是媒体业的“诸神的黄昏”，那么对这些身在其中，靠它解决稻粱谋、生计愁，也用它实现担道义、著春秋的传媒人来讲，除了追忆，更要转变——因为过去已去，而未来正来。所以仇勇写了一本像是哀悼又像是展望的小书——《新媒体革命：在线时代的媒体、公关与传播》（以下简称《新媒体革命》）。这部作品和先于它之前出版的同系列如陈序的《主编死了：没有主编才是新媒体》、范卫锋的《新媒体十讲》一样，虽然充满焦虑，但又不安现状，尝试做出改变。

至于“尝试”的指涉，仇勇毫不避讳，他说自己从告别传统媒体的那一刻起，就有着两个小小的野心：一则“找到媒体适用于在线时代的生产方式”，一则“让优质内容有权获得合理的市场定价”。其实他的野心“不小”，两个他关心的议题涵盖了媒体从组织、生产、传播到售卖的方方面面，概言之，便是两个重点，即传播与价值，前者受制于渠道，后者取决于内容。

之所以称《新媒体革命》是本“小书”，是因为全书20多万字，有一半以上篇幅收录的是作者对媒体同行的采访，虽跟作品主题有关，但跟专著论述类型关联不大。而余下部分，快速而又点到即止地讨论了互联网时代从新闻媒体到公关到传播的巨大变化（又或者说“是如何被颠覆的”）。事实上，这些话题每一个都足以深入细究，然后写出一篇篇宏论来，但以目前所呈现的文字来看，仇勇写得太浅。不过话说回来，这也可能是一种基于网络时代、面向大众的“产品策略”。对此，作者事先张扬，落笔坦承：“本书没有任何名人腰封，也没有推荐序言，不求点赞，只求骂评。新媒体趋势和市场瞬息千变，注定本书永远只是Beta版，希望你和我一起让它不断迭代更新。”

仇勇的某些用词和观点铺陈，是值得商榷的。譬如 “古典媒体”，在书中我们并不能看到作者对它的概念定义，但通过媒介列举，大体能知道它包括报纸、杂志、书籍、广播、电视，古典媒体“意味着如古典音乐、古典戏剧那样的经典范式、讨论，也意味着过去时”。但问题是，古典媒体是否是一个业界和学界公认的概念呢？如果不是，为什么不试着去严谨地界定一番？

在区分新旧媒体的判断上，作者提出三个标准，即是否存在主编意志，是否在意版权问题，是否依赖广告模式。结合当前的一些新媒体应用来看，如36氪、虎嗅、钛媒体、澎湃新闻、今日头条等，这些新媒体哪一个不是依赖广告（流量换广告），哪一个又不依靠编辑选择、议程设置的？另外，书中的“媒体”包括“媒介”吗？如果答案是肯定的，难道“新媒体”仅仅指“新兴的、结合网络技术的新闻媒体”？像可穿戴设备、虚拟现实装置乃至特斯拉汽车它就不是新媒介（媒体）了？

看得出来，作者这些年的思考受益于读了不少的书，其中就有大卫·温伯格的《知识的边界》、道格拉斯·洛西科夫的《当下的冲击》、尼克·比尔顿的《翻转世界》、迈克尔·塞勒的《移动浪潮》、亨利·詹金斯的《融合文化》、伊莱·帕理泽的《搜索引擎没告诉你的事》等。这些书对作者影响很深，不仅是大量案例的引用，还有诸多观点的摘抄，让人有阅读书评推介的错觉。

跟许多标榜革命的图书一样，该书最大问题在于书名危言耸听，内容不过如此而已。革命从来不是请客吃饭，革命也不会一蹴而就，所以面对人们期待的革命究竟如何发生、革命到了什么阶段，以及如何应对革命等一系列追问，作者并没有给出答案——尽管他说“这是一本唤醒之作。它不提供良方，不关乎实战，不解决问题，只是希望刺激您的思考”，但隔靴搔痒式的思考是否触及问题的核心呢？

笔记

新媒体带给传统媒体以及广告、公关业的冲击是根本性的、颠覆性的。业界收到的危机警示已经足够了，更需要的是解决方案与一剂良方。

好莱坞不会告诉你的事

爱波斯坦被称为“最懂好莱坞现实的专栏作家”。从他的口中，我们能了解到影视圈中的诸多门道。其中，有些是借由资讯市场的发达，人们众所周知的；有些则是若非深入其中便无法一探究竟的。

好莱坞在盛产幻象、愉悦之外，有许多不为人知的面向。爱德华·杰伊·爱波斯坦在《好莱坞电影经济的内幕》中就表示“好莱坞八卦对大众来说十分有趣，但却模糊了许多隐藏在电影底下的实际情况”。

那些把纸醉金迷、桃色绯闻、恩怨纠葛、利益纷争等同于娱乐圈的说法，在一定程度上，揭示了这个名利场的生存法则、运行现状。但它不是全部，至少在爱波斯坦看来，好莱坞一手是“创意”，另一手是“生意”，而且后者占绝对主导。如果拿两部电影打比方，人们看到的好莱坞是《好莱坞往事》，爱波斯坦想告诉人们，不！它更像《华尔街：金钱永不眠》。

对比其他有关好莱坞的书，爱波斯坦尝试了一种新的角度和写法。他把调查记者掘地三尺的本领、政治学的现实主义、产经新闻的分析方法，还有大众读本的话题迎合等要素融于一体，去呈现一个别样的好莱坞。这是一个在历史、文化、艺术、意识形态之外的视角，它更接近于资本世界里真实的好莱坞。就成果而言，爱波斯坦的作品在同类中独树一帜、引领风骚。

《好莱坞电影经济的内幕》是爱波斯坦继《制造大片：金钱、权力与好莱坞的秘密》之后又一本揭秘好莱坞“幕后”真相的著作。用他的话来说，创作“本书的目的，是为了纠正人们对新好莱坞经济现实的认知误差”。这个“新好莱坞”的称谓有托马斯·沙兹在《旧好莱坞·新好莱坞》中的意味，指20世纪60年代末以后的好莱坞，不断面对着来自电视、DVD、视屏点播、在线流媒体冲击下的娱乐工业重镇（一个文化概念上的“场域”）。爱波斯坦有一个观点说得不错，“新的好莱坞也不再仅局限于影院了”，下半句他没讲，但整本书都在论证他的“潜台词”：时代新旧更替，手法推陈出新，但核心规则永不过时。

作为《制造大片》的姊妹篇，《好莱坞电影经济的内幕》依旧强调了前作中提出的“好莱坞唯一看重的艺术，就是谈生意的艺术”这一主题。不过这本书在章节编排、文本叙事上，显得“轻简”了许多。

全书收录的七八篇文章，主要选自爱波斯坦早前在《纽约客》《华尔街日报》《金融时报》等报刊上发表过的专栏，因此，篇幅较短、措辞更通俗。与《制造大片》相比，虽然不少内容有重合，观点也不尽相同，但思想更为精要，不失为《制造大片》的精华浓缩版。

爱波斯坦被称为“最懂好莱坞现实的专栏作家”。从他的口中，我们能了解影视圈中的诸多门道。其中，有些是借由资讯市场的发达，人们众所周知的；有些则是若非深入其中便无法一探究竟的。以院线电影收入为例，绝大多数人普遍认为票房是一部电影或是一家制片公司所获得的全部收入。事实上，票房最多只代表了院线的票房收入，而院线只将大约 50% 的票房收入分给发行商。

此外，发行商还要另外负担制作拷贝与广告宣发的成本，并且发行商还要将发行费用也计算进去，通常发行费用占票房收入的 15% 至 33%……在今天，这些信息可能已被民众所熟知，比如计算我国某部院线电影的票房分成时，随便在网上输入关键词就可以得到如下信息：扣除总票房 5% 的电影事业发展专项基金和相关税费 3.3% 之后为可分账票房；在可分账票房中影院抽成 50%、院线抽成 7%，剩余 43% 归制片方与发行方所有，发行方一般收 10% 的发行代理费，因此制片方实际收入是净票房的 33%。但在书中，爱波斯坦说，按照这样的计算方法，“无论一部电影有多么卖座，到最后一定都会赔钱”；支撑好莱坞星光灿烂的底气（“钱”）其实是从影像播放权授予、DVD 发行、衍生品开发与销售、商品许可等“后端收入”（backend）而来。

爱波斯坦无愧于媒体给他的封号。他对这个行业内部机制的了解，就像书中呈现的那样，可不仅只有票房如何计算，还有为什么明星通常不会亲自上阵危险镜头、电影里纽约街头为何那么像多伦多、独立制片的融资渠道有哪些、各大强档影片为何不容易档期冲突。此外，还有那个被爱波斯坦戏称为“笑话”，但实则是影院盈利不二法门的“在爆米花中多加盐”（这样就能卖出更多饮料了）。

爱波斯坦对于好莱坞各种商业套路的熟悉，主要得益于业界人士的鼎力相助。这也彰显了爱波斯坦在这个行业里的人脉、资源和威望。在书的前言部分，他介绍了自己与电影公司高层，好莱坞众多制片人、导演、营销人员，美国电影协会部门总监等众人的社会关系，尤其还自豪地谈及了他和世界知名导演奥利弗·斯通的私交，这使他在电影《华尔街》中客串了一个角色，过了把戏瘾。而《好莱坞电影经济的内幕》正是得到了这些人的大力协助和无私贡献，才使得“内幕”的披露有理有据、有料有趣。

好莱坞一直试图给外界营造出灵感与艺术、明星与传奇诞生地的景象，这一点固然没错，但爱波斯坦想更进一步地揭示出它商业行为的本质。既然是商业行为，唯利是图、榨取利润是根本目的。这就是为什么好莱坞不太喜欢“原创”，而更乐意从已经被市场接受了的、商业上取得成功了的题材和类型中不断重复、再重复，例如，《哈利·波特》系列、《星球大战》系列、《速度与激情》系列、《蜘蛛侠》系列、《碟中谍》系列、《加勒比海盗》系列等，并巧立正传、前传、外传、后传、别传等各种名目。在此，爱波斯坦通过大量看片，提炼了一个由“点石成金”典故命名的“米达斯公式”（The Midas Formula，米达斯是希腊神话中的国王，具有点石成金的能力）。

这个公式早在《制造大片》中就出现过，在《好莱坞电影经济的内幕》中再次提及，它包括九个要点：电影的主题都是从童话故事、漫画、连载小说、卡通，或者是主题乐园中发展出来的；主角大多数是儿童或者青少年；电影剧情就像童话故事，主角往往由弱变强，成为大英雄；电影对于性的态度要相当坚定，但不一定是要柏拉图式的；电影里出现的角色可以向玩具或电玩产品授权；电影只会刻画“象征性”的冲突，也就是说这类冲突也许会令人眼花缭乱，也许场面很大很嘈杂，但不会描写得太过真实，更不会血腥；结局一定是皆大欢喜的，超级英雄一定会打败反派或者超自然力量；使用传统或者数字动画来创造电影里出现的动作、超自然力量，或是雕琢场景；电影在选角的时候，尽量不采用一线巨星——至少不会找最“大咖”的演员来出演。

好莱坞不会告诉我们的事有很多，除了种种套路，还有它向来就是创意、资本和权力的结合体。爱波斯坦以一手的资料、鲜活的事例、辛辣的文字，向我们展示了通往这个浮华世界的密钥。

由于《好莱坞电影经济的内幕》成书时间较早，虽然新版做了补充，但内容还是有些久远了。尤其是在网飞全面崛起、迪士尼并购了福克斯后，好莱坞又有新剧情发展，于是我们自然期待爱波斯坦的续作出版。

笔记

好莱坞不会告诉我们的事远不止书中披露的诸多内幕，甚至很多规则、手法、套路等是难以揭示或者不堪启齿的。但可以肯定一点，这个盛产幻象、愉悦的地方是创意、资本和权力的结合体，它有一套复杂、专业、缜密与周全的工业机制值得我们学习。

从亚马逊看平台经济的几个做法

如果说亚马逊的范例对我们理解平台经济有帮助的话，那么，如何建好生态，如何形成闭环，如何产生协同，都要从亚马逊身上取经。亚马逊在对外宣传时表示自己的业务是没有边界的。事实证明，它的“没有边界”并非“毫无章法”。

2018 年，亚马逊股价盘中冲高到了 2 050.27 美元 / 股，这让其公司市值一举突破万亿美元大关。虽然早在 8 月，苹果公司已率先达到了这一高位，但纵观这两家公司的发展史，从上市到市值破万亿，苹果用了 38 年时间，而亚马逊仅用了 21 年。

1994 年 7 月，亚马逊在西雅图的一家小车库里创立。杰夫 · 贝佐斯辞去他在华尔街的高薪工作，专心于他的创业项目。他敏锐地察觉到了电子商务所蕴含的巨大商机，也找到了一个不容易折损、便于邮寄的“利基”商品——图书。公司一开始有个奇怪的名字 Cadabra，该词取自“魔法咒语”（abracadabra）的缩写，乍一听，跟“尸体”（cadaver）发音接近。于是贝佐斯翻看辞典，获得灵感，把它改成了 Amazon，这个名字一举多便——以 A 开头，将来任何场合以字母顺序排名的话，公司都会位居前列；寄语公司能像亚马逊河（Amazon River）一样，奔流不止、基业长青。这段往事在布拉德 · 斯通的《一网打尽：贝佐斯与亚马逊时代》和理查德 · 勃兰特撰写的《一键下单：杰夫 · 贝佐斯与亚马逊的崛起》中，相关细节都有被披露，同时这也是两本快速了解贝佐斯和亚马逊“发家史”的图书。

从线上卖书起步，业务扩展至其他电商、物流、云计算、广告、视频、媒体等业务，亚马逊完成了从“管道”到“平台”的战略跃迁。在商品销售上，亚马逊起初选择自营模式，自己进货、自己销售。为了配合销售，亚马逊还筹建了自主的仓储和物流系统。在三谷宏治在《经营战略全史》中提及，2000 年亚马逊在全美拥有 8 处物流中心，每处投入费用计 5 000 万美元，物流中心的总面积为 50 万平方米。贝佐斯力排众议，也顶住了来自券商和投资者质疑的压力。事后来看，这种不计现金流配置重资产的冒险，恰恰为亚马逊构筑起了“护城河”，为它带来持续的竞争力。三谷宏治认为贝佐斯此举成功地开辟了“蓝海”。但问题也随之而来，限于财力，亚马逊无法再扩展其足够多的品类商品，因此对客户的吸引力也日渐减弱。所以，亚马逊接下来的做法就是将网站开放给商户和个体经营者，允许他们在上面出售商品，它作为组织方和管理方收取月费和交易提成。2000 年之后的“互联网泡沫”破灭，许多互联网企业因融资困难遭遇灭顶之灾，但亚马逊却受益于及时的

"平台化"方案，保证了必要的收入来源和盈利，使其免于陷入资金链断裂、无以为继的困境。而对标苹果公司，平台模式让亚马逊与众不同。

安德鲁·麦卡菲和埃里克·布莱恩约弗森在他们新近出版的《人机平台：商业未来行动路线图》一书中，将"平台"视为数字时代三大标志性事件之一，其余两项为机器/人工智能和大众。他们认为，Uber、阿里巴巴、Airbnb、亚马逊取得惊人的成就，代表着一种数字新商业模式的胜利，也是"平台"（platform）对"产品"（product）的冲击。

平台是什么？最简单的理解是撮合交易并从中获利。相对于传统一买一卖的商业活动，平台最大的特点在于"网络外部性"（network externality），连接到一个网络的价值取决于已经连接到该网络的其他人的数量。卖家越多，越容易吸引买家的注意力；同理，买家越多，卖家会更乐意入驻。玛丽娜·克拉科夫斯基（Marina Krakovsky）在其著作《中间人经济》中说，平台就是中间人，它不但不会过时，而且在一个巨大的人际网络中，中间人成为连接点，能提升整个网络的价值。在网上，物理空间可以忽略不计，规模因而无限扩大。这也就解释了为什么平台在过去很长一段时间内是一种牵线搭桥、赚取信息不对称下差价的角色，而到了网络时代，它可以是一种盈利模式。

陈威如在《平台战略》中指出，平台思维的核心在于打造一个各方共赢的生态圈，而作为平台方，一定要有服务多边、赚小钱的心态。亚马逊是这一模式当之无愧的受益者。但它的厉害之处不止于此。借由云服务AWS（Amazon Web Service，即"亚马逊网络服务"）的开启，亚马逊逐步成为一个"嵌套平台"（Nested Platform）企业。

所谓嵌套平台，就是为众多平台服务的平台。亚马逊为了保证在线交易和用户体验的稳定性、安全感，需要大量IT资源作为支持，并且要以服务高峰值来设计IT架构。虽然亚马逊至今没有像淘宝那样发起过"双十一"购物狂欢节，但从服务器响应来计划，得时刻做好大量用户同一时间登录系统不崩溃的准备。于是问题就来了，在大部分时间里，其实有大批资源是闲置的，该怎么办？

贝佐斯想了个办法。他以Web服务形式向中小企业出租存储空间、提供在线软件应用，亚马逊网络服务就此诞生。一般而言，云服务大致可分三类：基础设施即服务（Infrastructure as a Service，“IaaS”）、平台即服务（Platform as a Service，“PaaS”）和软件即服务（Software as a Service，“SaaS”）。IaaS 服务类似硬件外包，即在服务提供商的机器上进行存储、硬件使用；PaaS 主要是在网上提供各种开发和分发应用的解决方案，比如虚拟服务器和操作系统；而 SaaS 则是主要在网上提供软件的应用。亚马逊主要做第一种。事实上，云服务回报相当丰厚。据亚马逊披露的 2018 年最新财报，AWS 的收入已占公司总营收的四分之三以上。

原本是要做一件支持电子商务平台的工作，然后被一分为二、独立分拆出来，延伸出了一个新的业务平台，并且经济体量更大、对信息产业的触及更深。亚马逊用这种内部工具商业化、外部化的方式，替代了内部调研、审计这些浪费时间又官僚主义的办法。于是，亚马逊形成了一个能够产生现金流的反馈闭环模式，这让它能够迅速发现内部的各种问题。凭借 AWS 出色的市场表现，亚马逊顺理成章地从一个“平台企业”摇身一变成为网络巨头。

网景的创始人、现硅谷著名投资人马克·安德森曾经说过：“软件正在吞食整个世界。”今天，正在吞噬世界的是平台，其中，或许就包括亚马逊。2017 年，美国著名科技博客 TechCrunch 发表了题为《亚马逊为什么能吞噬世界？》（Why Amazon is eating the world）的文章，而早在 2011 年，当亚马逊推出 Kindle Fire 平板电脑时，美国财经杂志《商业周刊》也曾做过《亚马逊，吞噬世界的公司》的专题报道。如果说亚马逊的范例对我们理解平台经济有帮助的话，那么，如何建好生态，如何形成闭环，如何产生协同，都要从亚马逊身上取经。亚马逊在对外宣传时表示自己的业务是没有边界的，事实证明，它的“没有边界”并非“毫无章法”。

笔记

“平台”是数字经济标志性的动作，它的要义在于打造一个各方共赢的生态圈，而作为平台方，一定要有服务多边、赚小钱的心态。

《漫威宇宙》的打开方式

在这段跌宕起伏的历史长河里，肖恩让漫威时代进程的亲历者、见证者、推动者以及那些被虚构出来的几千个超级英雄粉墨登场，这是一部华丽的、激动人心的漫威兴衰史。

2017年3月，当漫威影业最新出品的一部电影《金刚狼：殊死一战》落幕，那些观众，尤其欣然被归为“漫威迷”的拥趸们，都看得落泪。看超级英雄电影，结果却大哭一场，很意外却又合情理——这既归功于故事的打动人心，又得益于对“X战警”系列的情感代入。“纵使年华老去，但是精神不死”，又或者“都说你英雄迟暮，我却说你终偿所愿”，影迷们纷纷在社交媒体上留下观后感，而这部科幻动作电影（其实就是“爆米花”作品）在中国一个向来以严苛、高标准著称的电影社区平台“豆瓣”上被罕见地打出了8.4的高分（满分为10分）。

如今中国有大批漫威粉丝（包括我），但追根溯源，这个群体的形成时间实际上不长。他们大都由2008年4月30日上映的《钢铁侠》系列电影孵化而来，期间陆续上映了《钢铁侠》第二部和第三部、《无敌浩克》（《绿巨人》）、《雷神》系列两部、《复仇者联盟》两部、《美国队长》系列三部、《银河护卫队》、《蚁人》、《奇异博士》等电影，这还不包括像美剧《神盾局特工》《特工卡特》《杰斯卡·琼斯》《卢克·凯奇》《夜魔侠》等。总之，漫威不停“挖坑”，影迷不断“入坑”，结果越陷越深，直到漫威影业总裁凯文·费奇对外宣布，他着手构建的正是宏大的“漫威电影宇宙（Marvel Cinematic Universe）”，目前开启的不过才是第三阶段……时间来到2018年5月，中国的漫威迷们终于看到了期盼已久的《复仇者联盟3：无限战争》，二十余位超级英雄集结，对付史上最强对手——“灭霸”。

全球范围的狂收票房、粉丝以及声誉，事实证明，如今的漫威事业如日中天，商业帝国版图峥嵘显现。随之而来的，有越来越多的人开始研究这家企业，这既包括像《漫威百科全书》一类的入门指南，也有像《你应该知道的漫威》的细节梳理，当然，还有像肖恩·豪的《漫威宇宙》直接起底内幕。

2015年上半年在美国访学期间，我就曾留意到肖恩的这本书，它的出版无疑是及时的。这本书算是首批系统介绍漫威公司发展史的图书，填补了相关资料文献的空白。特别在当时，中国国内关于漫威的书籍只有漫画本，却没有企业史。但对于漫威粉丝和影视从业者来说，他们都太需要好好关注这家公司。在漫画全盛时代应运而生，到成为后起之秀反超对手DC动漫，并长时间引领市场，再到曾经一度濒临解体处于危机边缘，一直到最近成为业界翘楚自立门派，开启浩瀚的“宇宙”——命运多舛却又能劫后逢生的漫威是怎么做到的？“漫威模式”意味着什么？（尤其对那些把“IP产业链”等空泛概念挂嘴边的人来说）漫威有潜藏的危机吗，它的未来走向又是如何？从体量上看，这本书真像是“漫威宇宙”，庞大、繁杂。在41万字的篇幅里，肖恩这位《娱乐周刊》前编辑、长期从事娱乐产业报道的记者，详尽地、甚至不厌其烦地介绍了漫威公司长达80年的发展历程。在这段跌宕起伏的历史长河里，肖恩让漫威时代进程的亲历者、见证者、推动者以及那些被虚构出来的几千个超级英雄粉墨登场，这是一部华丽的、激动人心的漫威兴衰史。

按照肖恩的记述，漫威起先只是一家再小不过的漫画周刊工作室，不过是马丁·古德曼这位出生在纽约布鲁克林一个俄罗斯移民家庭的出版人眼里的某个“业务板块”。在20世纪30年代，“大萧条”后的经济衰败、民生凋敝、社会整体压抑以及禁酒令诱使黑帮犯罪猖獗等乱象丛生，这在客观上刺激了侦探小说、超级英雄漫画等文化消费的兴起。当时美国民众在内心渴望躲避现实、享受短暂的欢愉，随着漫画业的兴起，漫威算是破土而出，小荷才露尖尖角。

然而，年轻的漫威在接下来的征程中有不少困难要去克服，燃眉之急便是如何在强大的DC漫画面前，谋求市场的生存空间以及向读者塑造那些饶有趣味、独树一帜的漫画英雄人物。1938年，两个年轻漫画家——杰瑞·西格尔和乔·舒斯特，把自己手绘的13页漫画蓝本《超人》以130美元卖给了美国国家联合出版社，借助超人这个身穿蓝色紧身衣与红色披风、力大无穷的新宠，国家联合出版社旗下的《动作漫画》杂志发行量轻松突破了50万册大关，这家公司就是DC漫画公司的前身。除了超人，DC漫画还拥有蝙蝠侠、神奇女侠等超级英雄，与读者建立起了牢牢的情感纽带。

1939年8月31日，漫威漫画单行本第一册正式出版，只有寥寥64页，售价10美分，有一些现在听起来陌生的超级英雄，如霹雳火、蒙面牛仔大盗等。第一期漫画销量不错。但很快因为“二战”的爆发和后续市场的升温，漫威急需创造出一系列能够让男性青少年读者为之痴狂的超级英雄，而这一阶段，正是漫威千方百计努力向DC靠拢（一定程度上的模仿），极力想创造一些大红大紫的漫画角色的时候。

在漫威发展史上，转折点或分水岭是从斯坦·李这个如今人见人爱的老头儿，当年那个“爱吹鹅笛的小舅子”的加盟才真正开启。斯坦·李本名斯坦利·利伯，早期职业生涯中曾给一些快餐类或像是中国地摊文学的读本撰写过粗俗段子、绘过漫画。为了避免暴露真实身份，他取了个笔名“斯坦·李”。但谁都没想到，包括他本人，这个名字日后伴随着漫威公司的起承转合、起起落落变得如此声名显赫。根据肖恩的说法，斯坦·李是马丁·古德曼太太琼的表亲，因为刚刚辞掉了在制衣厂的工作，一下子没有着落，而斯坦·李此刻的唯一梦想，就是成为一名漫画作家。就这样因缘际会，漫威开始迅速地进入上升通道。

斯坦·李刚开始的工作是打杂，包括拖地、煮咖啡，间或替漫画专栏作家创作一些配角的台词。两个月以后，为了激励一下这个勤快的年轻人，公司给了他一个小小的任务，为《美国队长》撰写一个大约两页的短篇的故事情节，没想到斯坦·李却上交了一篇巨著，并冠以《美国队长挫败叛徒阴谋》的标题。很快，由于公司的人事变动，初创的元老暗地里为DC打工接私活被古德曼解雇，年轻的斯坦·李临危受命，就此成为漫威漫画创作部的掌权人。

此后，依托复杂的时代背景，在每一个历史时期，斯坦·李总是能应景地创造出一些漫威英雄。譬如，“冷战”和核战争威胁为大众娱乐注入了一股全新的焦虑与放纵气质，所以漫威有了绿巨人浩克；后来美国深陷越战的泥潭，约翰逊总统“伟大社会”的一揽子计划使政府陷入了巨额赤字，经济疲软，黑豹党、嬉皮士、民权运动以及左翼激进街头政治席卷青年一代，这要求美国社会来一场前所未有的激烈变革，漫威的“X战警”就在这样的动荡社会背景下诞生。“不难看出，变种人英雄就是为了平权而奋斗的非裔美国人，而X教授与万磁王两个人物的现实原型就是马丁·路德·金与马尔科姆·X，一个平和，一个愤怒，一个试图通过合作沟通融入人类社会，一个则号召用一切可能手段包括犯罪进行反抗。”

据称，斯坦·李是个温和的自由主义者，他频频接受《乡村之声》以及《滚石》等激进文化刊物的采访，声称漫威的英雄世界并非脱离现实——漫威的英雄阵营里增添了多位黑人英雄，诸如1966年《神奇四侠》第52期中亮相的“黑豹”，以及后来的“猎鹰”。阿波罗登月计划以及美苏两个超级大国之间的太空竞赛，激发了全球公众对于外太空宇宙的兴趣，为了迎合这股对于太空探索的公众热情，漫威决定组建一批全新的、以遥远星系为舞台的超级英雄。1969年，“银河护卫队”宣告成立，他们和“快银”一起对抗前所未有、近乎神祇的反派“行星吞噬者”（Galactus），而为了这些天外来客有朝一日能与地球上的人类超能英雄并肩作战，斯坦·李又为漫威虚拟世界创造了专门应对此类威胁的高科技机密特工机构“神盾局”，此时漫威漫画在全球的销量已经达到每年6 500万册……

在《漫威宇宙》一书里，作者肖恩以两条线索讲述漫威的故事。一条线索是作为公司的漫威如何从无到有、从小到大、从大到强（并入迪士尼集团），期间又如何一次次从股权纷争、业绩惨淡、几次易手、破产重组等磨难中挺过来，造就了今天的辉煌。其实关于漫威为什么在其早期的电影、电视作品中反响平平，甚至旗下的蜘蛛侠、X战警等人物版权还旁落他家等教训，早有人分析、评述；概括地说，早期的超级英雄影视作品之所以未能获得成功，很大程度上是因为电影特技与拍摄技术的局限，无法将漫画中的奇观世界完整而精确地呈现。另一条线索就是漫威的超级英雄、反派人物的诞生始末，内容涵盖了那些知名或不知名的角色创作的时代背景、文化主题乃至思想内涵。

不可否认，在漫威长达80多年的企业发展中，它同步地完成了历史上最错综复杂的“故事接龙”和虚构的宇宙体系的构建，囊括了成千上万个相互关联的角色和插曲。肖恩的以下定论是对的：“对于连续几代的读者而言，漫威（本身）已经成了现代世界的一大神话。”但回到《漫威宇宙》，肖恩虽然查阅并甄别了大量的史料，系统而又全面地记录了漫威，也多少揭露了以往媒体报道不曾涉及的内幕，但对于希望能从中获得公司运营之道的读者来说，与他们的期待还是有距离的。换言之，漫威能有DC都难以望其项背的今天，本质差在哪里？是否有一种可以被归纳为“漫威模式”的娱乐经验论？

对此，肖恩似乎把原因简单地归结为“拥抱迪士尼”。那么，我们是否可以进一步得到结论：漫威旋风，由迪士尼掀起？既然如此，不妨在看《漫威宇宙》之余，读一下马蒂·斯克拉写的《造梦者：迪士尼如何点亮神奇的创意》。

笔记

是否有一种可以被称为“漫威经济学”的总结？如果有的话，拥有海量的、优质的并且有无数粉丝拥趸的原创漫画作品，这是一切成功的关键。此外，在影视改编翻拍时尽量忠实原著，确保娱乐性和视觉化的呈现。

不是别人，是布隆伯格

这就是布隆伯格，有点自大，有点偏执，还有点狂妄。不管你是否认可他，他确实改变和影响了我们很多——资讯的消费、价值的获取和公共的生活。他不是别人，他就是财经媒体大佬迈克尔·布隆伯格！

“我曾经是华尔街投行翘楚——所罗门公司的合伙人。”

“我一手缔造了彭博社——全球最具影响力的财经资讯平台。”

“如今，我连任全球金融中心——纽约市市长。”

迈克尔·布隆伯格毫不掩饰内心的骄傲。确实，如他所言，一个集财富、声望和权力于一身的人，夫复何求？ 1942 年 2 月 14 日，迈克尔·布隆伯格出生在波士顿的一个普通家庭。他双亲早年从东欧移民至美国，父亲在当地一家奶制品厂工作，母亲则是一名家庭主妇。布隆伯格小时候家庭并不富裕，为此，他在攻读约翰·霍普金斯大学期间，干过一段时间的“代客泊车”，以贴补学费。1964 年，在取得工程学士学位后，他考入哈佛大学商学院，并取得了 MBA 证书。怀揣着这两个“敲门砖”，24 岁的布隆伯格进入了华尔街一流的投资公司——所罗门兄弟公司工作。他从最基础的手工核账做起，每周工作 6 天，每天工作 12 小时。6 年后，凭借着勤奋和执着的工作态度，以及敏锐和富有远见的商业头脑，布隆伯格终于成了华尔街大宗股票交易的超级明星，在被美国各家权威报纸竞相报道的同时，他也跻身公司合伙人的行列。

布隆伯格常说：“我起初和别人一样也一无所有，但是我凭自己的努力出人头地了。”这便是布隆伯格的发迹史。从当年的一无所有到现在的富甲一方、家财万贯，从彼时的高级白领到此时的传媒大亨、政治领袖，从过去的不名一文到现在的叱咤风云、意气风发，布隆伯格缔造了个人的传奇，也因而完美地演绎了什么是“美国梦”。看得出来，已近古稀之年的布隆伯格回顾过去，对这大半辈子还是感到荣耀的，在他的办公室墙上至今还挂着那篇《纽约时报》当年采访他的文章。这篇文章被精心地用镜框镶嵌着，镜头里的他神采奕奕、春风满面。这就不难理解为什么后来即使写自传，布隆伯格都不忘“高调”地报上名来，生怕别人因为不知道是他，而错过了这本书——《我是布隆伯格》。

该书没过多讲述布隆伯格儿时和在所罗门公司的经历，而是将重点放在了被东家解聘、转而创办彭博社的部分。1981 年，也就是布隆伯格 40 岁的时候，在他人生即将走向职场巅峰的时刻，却高处不胜寒，不慎跌入了谷底。那一年，所罗门兄弟公司被其他公司收购，布隆伯格成了这次收购权势斗争中的牺牲品，被高层扫地出门。所幸所罗门公司给了他一笔 1 000 万美元的遣送费，靠着这笔钱在离开公司一个月后，他成立了一家只有 4 个人的公司。从头再来，布隆伯格这次的方向更加明确、步伐也更加稳健。当时人们对证券资讯的及时性和准确性需求越来越强烈，计算机的使用将所有的信息电子化，而后通过网络以最简便的方式传输给用户。布隆伯格清楚地意识到，这将是人类经济生活的一次巨大变革和发展趋势。而对于自己，布隆伯格也有很正确的认识和判断，他说，有比他更好的交易人员和销售人员，也有比他更好的管理人员和计算机专家，但是没有人能像他那样，既懂得证券和投资，又懂得计算机应用。于是他把新公司定位成一家用新技术为金融机构提供资讯服务的公司，命名为创新市场系统公司（Innovative Market Systems），这就是现在的财经资讯的同义词、金融信息服务巨人——彭博社的前身。

有人说布隆伯格之所以会成功，是因为“他一个人撼动了整个金融资讯产业”（维珍集团主席理查德·布兰森语），并创办了“一家能战胜那些刻板僵化、官僚主义的大块头公司的机智灵活、关注客户的小个子企业”（《商业周刊》的评价）。根据《我是布隆伯格》的描述，彭博社的主打产品是一台叫“财经信息终端”的个人计算机，其最主要的功能是看全球的股票行情。用户使用这样的终端，不仅可以比较相似股票的行情走势，还可以给其他用户发邮件，甚至下单买卖股票。到了 1990 年，布隆伯格又开始进军传媒业，他相继成立了彭博广播电台、彭博电视台、彭博网站等，并逐渐将业务拓展到报纸、杂志，出版了针对专业投资人士的《彭博市场》杂志和《彭博商业周刊》等。可以这么说，布隆伯格算得上是这个时代最优秀、最具创造力，也是最成功的传媒企业家，他足以跟鲁伯特·默多克、萨默·雷石东相提并论。

如今，彭博社不仅在全美而且在全球金融信息服务业中首屈一指，美联储是它的客户，美国之音是它的客户，各大证券投资机构和资金管理公司是它的客户，甚至连罗马教皇所在的梵蒂冈也需要它提供资讯。“它并不仅仅是一件设备，它是一个地位的象征，它表明你对赚钱态度是认真的”，客户们如此评价彭博社的财经信息终端。从债券收益、美国联邦证券交易委员会的文件，到上市公司首席执行官的自传以及分析师的分析报告，投资者想要的财经信息几乎都可以在彭博新闻中找到。

然而商业上无比辉煌的战绩并未让布隆伯格就此停歇。2002 年，花甲之年的布隆伯格竟然转而投身政治，当选了纽约市市长。在布隆伯格心目中，这个职务不同于一般工作，是他认为的世界上最棒的四项职业之一，其他三项为美国总统、联合国秘书长和世界银行总裁。“要是有朝一日人们说，你拯救的生命比历史上任何人都多，那岂不是一件很棒的事？”到了布隆伯格这个份上，金钱的多寡都变得不再重要，地位、荣誉、威望甚至百年之后的历史评价才是最稀罕的。毫无疑问，只有纽约市长一职才能实现布隆伯格的愿望。

当然，布隆伯格的成功并不是平白无故的，他必然有其做大事、做成事的道理。在布隆伯格看来，要想成功，就需要有眼光，既要考虑财力上可以承受，又要考虑实际，还要满足用户的需求；不要过多地考虑细节，不要怀疑自己的创造力，也不要太多考虑长远的发展战略。布隆伯格的哲学之一就是做与众不同的事，按他的话说就是，当别人向右走时，我们向左。如果竞争对手财力雄厚，我们就采取非资本密集的策略；如果他们集中精力于某方面，我们则转向其他方面。布隆伯格要公司的产品与众不同，没有独特的产品就没有能力向用户收费。在公司管理上，布隆伯格也极具个人特色。目前公司在全球有 7 200 名雇员。“忠诚”是布隆伯格对下属的第一要求，他从来不会雇佣以前主动辞职离开公司的人。布隆伯格视公司为家，视公司员工为家庭成员。布隆伯格说，公司最主要的财富是员工，而不是技术、数据库、通信网络甚至客户。自然，公司员工也“投之以桃，报之以李”，以公司为家，而绝少跳槽。这些恐怕也是布隆伯格公司取得成功的另一个不可缺少的因素。

另外，布隆伯格有一个怪论，叫“不要做太多长远的打算”，原话是“至于我们不知道到底要去哪儿，那又有什么关系？哥伦布也不知道他要去哪儿。问题的真谛在于我们正在向前走”。布隆伯格认为，在产品还没有出来之前制订 6 个月甚至 5 年的计划根本就是本末倒置，“在双方同意结婚之前就做婚礼的准备是荒唐可笑的”。因此，他不仅提倡把银行和风险投资家当作最大的敌人，还不喜欢听从顾问的意见，认为在创业开始时就建立管理机制是无效、分散注意力的做法。布隆伯格的理论是：因为一切都是未知的，所以没有必要把一切都预测得那么清楚。他说在必要的时候做某些事情比提前做更重要。计划和分析并非无足轻重，应当利用它们而不要让它们牵着自己的鼻子走。要在冷静下来之后，把你想做的事情写成一个从头到尾有逻辑、完整、可行的东西，然后，把那张纸撕掉，因为他相信“车到山前必有路”。

这就是布隆伯格，有点自大，有点偏执，还有点狂妄。不管你是否认可他，他确实改变和影响了我们很多——资讯的消费、价值的获取和公共的生活。他不是别人，他就是财经媒体大佬迈克尔·布隆伯格！

笔记

布隆伯格在思考、决策时有个习惯可供参考。他并不十分推崇“谋定而后动”，而是本着“车到山前必有路”的心态，提倡在必要的时候不要想太多，做便是了。生意不是构想和推演出来的，而是在试错、摸索中不断渐入佳境的。

默多克：夕阳无限好，只是近黄昏

沃尔夫的《一个人的帝国：默多克的隐秘世界》独辟蹊径，从默多克不被关注的内心世界切入，试图还原出一个真实的默多克，一个有血有肉有脾气真性情的默多克。为此，必须突出他有所隐藏的“内心”。

同为传媒大亨，鲁伯特·默多克与“时代之父”亨利·卢斯（先后创办了《时代周刊》、《财富》与《生活》三大杂志）、《华盛顿邮报》前发行人凯瑟琳·格雷厄姆、维亚康姆总裁雷石东，以及美国有线新闻网CNN的创始人泰德·特纳有很大不同。尽管他们中不乏野心勃勃、特立独行、傲慢强硬、极富攻击性甚至口无遮拦、咄咄逼人的例子，但都不至于被人诟病为“根本不懂媒体，只能算一个投机倒把分子”。然而很不幸，这个负面的评价却时常落在默多克的身上。

虽然如今的默多克富可敌国、权势显赫，其一手缔造的国际传媒王国业务涵盖电影、电视、互联网、报刊、书籍等，但这一切仍不足以得到更多人的尊敬，事实上，恰恰是他最钟爱的报纸，让他备受争议、是非不断，他曾说“自从我是个婴儿时起，我就是个报人，我就是爱报纸”。

一直以来，默多克的名字总是与“通俗小报”（tabloid）紧密相连，从他接手的第一份报纸《阿德莱德新闻报》开始，到后来掌控的《太阳报》《世界新闻报》《纽约邮报》等100余家报纸，它们似乎都信奉着同一种“流行主义”“大众趣味”的功利主义价值观，而且运转顺畅、销售喜人。另外，关于默多克左右逢源、模糊不清的政治立场帮助他所领导的新闻集团在澳大利亚、英国和美国获得政策上倾斜的例证也不胜枚举。有一次默多克公开表示，他希望奥巴马能当选总统，理由是这样一来，史上第一位黑人总统的新闻看点会更多些，报纸也就更好卖些。要知道，默多克旗下的报刊多持保守派立场，他本人也倾向于支持共和党。他曾是前总统罗纳德·里根的好友，前几次总统大选他也都支持布什。不难发现，默多克的政治表态不是那么清晰，或者更为准确地说，他关心媒体生意多过党派之争——但这并不表明他可能会得罪任何一派，相反，无论在美国，还是英国，或者是他的故乡澳大利亚，默多克总能在两党间游刃有余、自由穿梭。从这个意义上说，在传媒人和生意人之间，他更像后者，精于社交、工于心计、唯利是图、胆识超群，为达成目的无所不用其极。

但仅凭这些能够说我们认清默多克了吗？在公众眼里，他偏执、好斗、聒噪、凶悍、粗心，甚至还有那么点品位低俗，但默多克可不是这么想的，他试图通过收购一些优质的报刊，希望世人认为他变得更高雅、更大度而且更细腻了。总而言之，在默多克的标签上，还有很多的未定、未知、无解以及变数——相信有这样判断的不止一个，其中就包括迈克尔·沃尔夫。

沃尔夫何许人也？他是《名利场》杂志的专栏作家，曾两次获得美国国家杂志奖，他是全美政治、媒体和文化领域最有影响力的作家之一。他认为，默多克之所以能欣然接受他的采访，并非是因为看中了他的专业、资历或是操守什么的，相反，默多克有自己的考量。也许是因为出于自身的关切或自省的原因，他想找个传记作者好好聊聊，也许是因为他把迈克尔·沃尔夫看作是"志同道合"的朋友——这也是默多克的简单逻辑，他的世界黑白分明，人际交往亦如此。要么是朋友，要么就是敌人，其他则都是陌路人，默多克的竞争对手恰恰也是沃尔夫看不上的，于是便有了后来沃尔夫与默多克历时9个月之久的深入交谈，而成果就是我们眼前看到的《一个人的帝国：默多克的隐秘世界》。

有关默多克的传记，沃尔夫的不是唯一版本。早前有威廉·肖克罗斯的《默多克传》、保罗·拉莫尼卡的《揭秘默多克：传媒大亨默多克的商业传奇》、温迪·古德曼·罗姆的《默多克的新世纪：一个媒体帝国的数字化改造》。正如以上书名所显示的那样，这些书从不同的角度对默多克这位当今世上最显赫、最有争议、最富传奇色彩的传媒大亨进行了描写，有的基于人生发展视角，有的基于商业运营角度，也有的基于传媒宏观图景，各有所长、精彩不一。沃尔夫的《一个人的帝国：默多克的隐秘世界》独辟蹊径，从默多克不被关注的内心世界切入，试图还原出一个真实的默多克，一个有血有肉有脾气真性情的默多克。为此，必须突出他有所隐藏的"内心"。

这也正是沃尔夫版本的最大看点。相信大多数人对默多克收购道琼斯和《华尔街日报》的商战全过程并不太陌生，但又有谁知道，默多克收购的目的可能不一定是为了赚钱，而是要给他反感的人一点颜色看看，他想向世界证明，他才是胜者。当把《华尔街日报》收入囊中后，默多克又直指《纽约时报》，说要把《华尔街日报》改造成为另一个《纽约时报》，而且要超越现在的这个。知道为什么吗？答案可能会出乎你的预料。同《纽约时报》分庭抗礼、相互对峙，一个重要的原因在于《纽约时报》是藐视默多克及其新闻集团的大本营。

这也难怪。一个澳大利亚的“乡巴佬”想跻身英美主流阶层，是一种情结使然。况且，在默多克眼里，除了赚钱，名望和影响力同样重要。早在1988年默多克接受采访时，就表示只有《金融时报》和《华尔街日报》这样的报纸，才能够为全世界提供巨大价值。现在，他算是如愿以偿了——拥有全世界第二重要的报纸，打造出全球最成功的媒体公司，默多克名利双收。但问题又来了，沃尔夫写道，默多克为什么不像其他成功人士那样享受辉煌成就，等着别人歌功颂德呢？他完全没必要像个“劳碌命”，继续在生意场上辛苦打拼，恨不得每分钟都要完成一笔交易。

笔记

“钟爱报纸”的默多克发家于纸媒、极盛于视媒，但显然逊色于网媒。他是经历半个多世纪媒体变迁的从业者。纵使他备受争议、是非不断，但他经营媒体的思维和手法以及一手打造的传媒版图，足够后来者参考与惊羡。

下篇

话本·前沿

什么是“场景”，是怎样的时代

相比传统搜索，语义搜索是从内容到意义、从信息到价值的转换。同样道理，场景让应用更有针对性、让服务更个性化。换句话讲，场景时代亦是一种意义时代、价值时代。

两位科技作者——罗伯特·斯考伯和谢尔·伊斯雷尔，当他们联手写出《即将到来的场景时代》，揭示了一个新纪元的开启，或许对很多人而言，当务之急是得先弄明白什么是“场景”。

它泛指生活中的情景，这话没错，但只对了一半；问题的关键在于，接下来该怎么办，这才是读者们关心的。正如他们在书中举的简单例子，当你戴着谷歌最新款眼镜走进机场航站楼，谷歌眼镜向你显示了你要搭乘的航班信息。它之所以能做到这一点，是因为系统知道你此刻所处的位置和日程表，并可以自动检测到你的视线所及之处。而且，随着你佩戴它的时间越久，它对你的行为模式了解得就越多，就可以越好地满足你即时的需求，甚至只要你一有念想它就会及时感知，随时待命服务于你。

这便是“场景”，也可以说是“现场感”。它就好比一个全能的私人助理、贴身管家时刻在你身边，多年的朝夕相处，使得它对你，比你对自己都还要了解。所以，在一个特定的情景中，它知道你在看什么、想什么、要什么和准备做什么，并且总能先你一步，帮助你更好地工作生活。倘若换一个技术应用来理解，它就像是语义搜索，搜索引擎的工作不再拘泥于你所输入语句的字面本身，而是能透过现象看本质，准确地捕捉（猜到）你所输入语句背后的真正意图，并以此来进行搜索，从而更准确地向你呈现最符合目标的搜索结果。相比传统搜索，语义搜索是从内容到意义、从信息到价值的转换。同样道理，场景让应用更有针对性、让服务更个性化。换句话讲，场景时代亦是一种意义时代、价值时代。

然而，场景常有，但斯考伯和伊斯雷尔笔下的“场景”却不是想见就得见的。在他们看来，只有具备移动设备、社交媒体、大数据、传感器和定位系统这“五种原力”，场景才能实现，移动互联时代的商业和生活新形态才能从想象接近可能。

在这五力中，移动设备是入口，是根本，是“聚合其他四种原力”的基础设施，当然，光能“移动”是不够的，它必须还得是“智能”，对此，迈克尔·塞勒在《移动浪潮》一书中有过足够详细的阐述。相较于大数据、传感器和定位系统，社交媒体或许是最不重要的；但斯考伯和伊斯雷尔两人曾在2005

年合著了《财富博客》，随后伊斯雷尔个人又写出了《微博力》一书，他们对于社交媒体的商业价值以及企业通过社交媒体来进行战略布局是有前瞻意识的，所以，于情于理，他们也会将社交媒体纳入其中。就场景而言，社交媒体的最大贡献恰恰在于社群互动、粉丝经济、社会化客户关系管理（CRM）。至于其他三个力，都是技术层面的，为场景的搭建和软件的开发提供技术支持，从而让服务变得更精确、更个性化。

在书的余下部分，两位作者列举大量事例向我们介绍了场景应用的发展现状：在健康、消费、驾驶、交通、医疗、家用等方面，场景应用已无处不在；从谷歌眼镜到无人驾驶汽车，从传感器药丸到能远程控制的家用物联网，从智能玻璃到具有情境感的窗户，场景设备随处可见，而它所引领的一个新时代已近在眼前。

认识了场景，就好理解为什么谷歌做眼镜、苹果做地图、Facebook 收购 Oculus 了，中国的百度、阿里、腾讯也在加紧布局生活消费场景。事实上，这已不是通往移动互联有没有站票的问题，而是关乎输赢有没有入场券的问题，《即将到来的场景时代》封面上写道："了解场景，就站在了风口上；谁能占据场景，就能赢得未来。"

从科技业整体发展来看，场景时代的到来，会让可穿戴智能设备有英雄用武之地，也让 O2O 虚拟连接现实成为必需，然而值得注意的是，一旦技术全面介入生活，能否不被技术奴役，是亟须有忧患之心的。对此，两位作者在书中提出："场景时代的奇迹基于一种权衡取舍：技术越了解你，就会为你提供越多的好处。但同时，暴露在大数据面前同样会使你感到些许恐惧。在绝大多数情况下，我们相信该技术所带来的好处值得做出这样的让步。不管你是否同意这个，我们都要认识到这一点，很多问题都会对隐私的未来产生影响。"

斯考伯和伊斯雷尔像是布道士，完成了新观念的启蒙，且语气乐观豁达、对未来充满期许。但即便如此，他们并没有解答如下的疑问：场景时代究竟转变了哪些商业范式？从思维到行为到模式，人们该如何应对？

就在《即将到来的场景时代》出版前的三四年，有人提出了私人定制化的信息服务，甚至大胆构想，在不久的将来，当你一踏入家门，一个你喜欢（订制过）的虚拟主播形象就会自动呈现在你的面前，向你播报当天你所关心的重大新闻消息。当然，倘若出现的是你的家人，不管是形象还是内容，就是另外一番景象了……如今，这个人恍然大悟，原来他的想法就是“场景时代”。好吧，这个人不是别人，是我。

笔记

多年前，“场景”是概念，是新知，是即将到来的趋势；现如今，它是应用，是变革，是风口。但如何具体设计与转化，仍是场景实践的一大课题。

新媒体时代，谁又活了

他们在给传统媒体主编奏响挽歌的同时也为新媒体唱起了赞歌。“主编死了”，与其说是在为主编们的昨日缅怀、今生可惜、来生担忧，倒不如说是在为传统媒体如何应对网络冲击找寻出路。

《主编死了：没有主编才是新媒体》（以下简称《主编死了》），书名很吸引人。它给人的期待不亚于尼尔·波兹曼的《娱乐至死》、弗兰克·施尔玛赫的《网络至死》和叶夫根尼·莫罗佐夫的《技术至死》——作者们试图用一种“耸人听闻”的标题效果，来唤醒公众对“娱乐工业主义”、“互联网中心主义”或“技术至上主义”的反思与批判。在《主编死了》中，作者陈序对“网络冲击传统新闻业”的空前危机表现出了传统媒体人的无力感和身为知识精英的忧虑。

检索陈序的从业履历，其无疑是那个被他书中所称的“工业化媒体时代”下的杰出代表。他曾是美国《新闻周刊》（*Newsweek*）中文刊执行主编、政经专栏作家，前中国移动12580手机媒体群总编辑，并且参与创办了《新闻午报》《每日经济新闻》等多家纸媒。服务新闻业22年，陈序算是经历过传媒业的黄金时代，但可惜匆匆那年，盛景不再，他也不得不考虑转型、跨界——如今，他是《麻省理工科技评论》（*MIT Technology Review*）、《麻省理工斯隆管理评论》（*MIT Sloan Management Review*）中文版首席新媒体战略顾问，同时还创办了一个叫“赞赏”的社交出版平台，做有关移动互联网内容市场和新媒体项目孵化的业务。所以，当他喊出“主编死了”，对他以前的同行来说无疑是压垮他们“精神寄托”和“仅存幻象”的最后一根稻草。他写这本书，相当于在揭竿而起，振臂一呼：再不拥抱变化，只有死路一条！

那么，这位宣告“主编死了”的人，他依据的理由是什么呢？首先，他通过简明扼要地梳理传播史，得到结论：信息传播市场、工业化媒体和受众间自然形成了一种新型的信托（关系）默契，由前者为后者提供信息服务。从“一切适合刊载的新闻”的《纽约时报》到“一切挤得进来的新闻”的《滚石杂志》再到“影响力至上”的《东方早报》以及“负责报道一切”的《新京报》，浏览这些中外报刊的口号，它们似乎早已建立在这样一种“先见”或“前置条件”下，即工业化媒体执掌公众舆论的权力毋庸置疑，这实际上也为哈贝马斯笔下的公共领域为什么需要媒体给予了正当性的论证。接着，陈序提出主编拥有的两项“生杀大权”：第一，“分配公众注意力”，其实等于“议程设置”“决定版面头条”等工作；第二，“沟通信息不对称”，譬如第一时间获取信息源、找到新闻当事人、与各方团体保持联络。不过，他没有把话说满，他写道："关于主编的权力，需要澄清：拥有完整主编权力的人不一定是那个拥有主编职位的人。"这个不难理解，主编背后还有重要的资方老板，同样的道理，说"主编死了"，被连根拔起的还有传统的编辑中心体制。执行主编、副主编、助理主编、编辑部主任、副主任、助理部主任……他们也一一在列。

但这些重要吗？主编们深陷新闻专业主义、市场利益、公众利益三者的冲突，左右为难，作为一门生意，新闻的"发现""定义""呈现""到达"四个环节，每个环节都有固定成本和可变成本，其最终影响利润的来源，决定生意的成败。这些都不重要。当面临网络时代的全面到来、金融危机的致命一击、大众市场的见异思迁，工业化媒体帝国变得摇摇欲坠，而主编本位的生产机制也终将谢幕，即便局中人有种种不舍。

书中提到了《阁楼》，这是一本成人杂志，创办于20世纪60年代的英国。1969年进军美国，成为《花花公子》的主要竞争对手。到了70年代，高峰期的《阁楼》年发行量500万份。但好时光很快就不在，2003年8月13日，《阁楼》杂志申请破产保护。之后被一家运营成人交友网站的FriendFinder收购，但还是无力扭转颓势。十年后，2013年9月，FriendFinder也破产倒闭了。陈序介绍这个案例，表面上在说即便是成人内容的媒体市场，互联网也成了主角，正式顶替工业化媒体，其上台的速度远远快于新闻市场。"20世纪90年代中期，色情网站已经赚到上百万美元的收入，而大部分报纸还没筹备它们的网络版。""平均每秒钟有30 000个美国人在搜索引擎上键入'sex'。受众用互联网查找色情网站比用电脑看政治和财经新闻更早。"实际上，陈序在强化这样一个事实：互联网冲击甚至替代传统媒体的速度要比人们想象的快得多。

关于这一点认知，不知陈序是否受到了尼克·比尔顿的影响。尼克·比尔顿是《孵化Twitter》的作者，《纽约时报》的科技与商业版专栏作家，纽约最著名创客空间NYC Resistor的创始人之一。他在更早之前一本名为《翻转世界：互联网思维与新技术如何改变未来》的书中分享了一个类似的故事。比尔顿说，"色情产业往往能走在科技应用的前方"，为"传播指引方向"。

那些曾经是《花花公子》《阁楼》的读者如今也跟比尔顿一样，很多放弃了纸质阅读，但这并不代表这部分读者不再需要色情——相反，他们投向数字化体验，事实上在图书和期刊之后，色情电影、网站、3D 影像、个性化视频等层出不穷。比尔顿总是能给出妙趣横生又在情理之中的解读，他竟然称一位色情网站的经营者为“新媒体的引路人”。

毫无疑问，从陈序到比尔顿，他们在给传统媒体主编奏响挽歌的同时也为新媒体唱起了赞歌。“主编死了”，与其说是在为主编们的昨日缅怀、今生可惜、来生担忧，倒不如说是在为传统媒体如何应对网络冲击找寻出路。陈序在书中构想了未来新闻市场的趋势：内容生产的 PGC 到 UGC，并非取代与被取代的关系，而是协同协作的补充，它意味着从原先的专业垄断到今后的大众狂欢、从过去的“大喇叭”模式下的群体极化到时下的“人人麦克风”的公共对话。同时，深入、系统、严肃的阅读逐渐被移动化、碎片化、视觉化改造，娱乐化思维、产品化导向不可忽略，哪怕还是在做新闻。公众“想”要和公众“需”要，尽管只是一字之差，但两者依然区别明显，后者更注重用户至上、从人的欲望出发，一切围绕客户体验和服务品质。大数据、云计算、可穿戴智能设备等科技手段正趋于成熟和广泛使用，新闻乃至更广意义上的传统媒体产品必须牢牢植根技术，以提供一系列更个性化、点对点的服务。例如，并非新闻科班出身、没有任何媒体工作经验的张一鸣，纯粹用计算机算法重构了内容分销及其渠道，他所做的“今日头条”成为当下中国手机用户最主要的新闻客户端。这的确让很多因“无冕之王”而骄傲乃至自负的传媒人汗颜。

随着陈序“识时务者为俊杰”地出走，加入新媒体创业阵营，那个“铁打的陈彤，流水的 CEO”的新浪网前总编辑陈彤也离开了他为之奋斗 17 年的新浪网，转而加盟到了小米科技。陈彤一到，便马不停蹄地开始积极地布局内容生态圈。而小米旗下的基金出资 18 亿，入股爱奇艺。可以想见，不久的将来，当我们说起小米，小米就不再仅是生产手机的，还是生产媒体内容的，它不是科技公司了，而是互联网媒体公司。“跳槽”的故事一再发生：前有中央电视台马东、刘建宏出走，分别加入爱奇艺、乐视网，后有浙江卫视副总监杜昉离开广电大院辗转于酷六网和华策影视。同样就在《主编死了》一书出版后不久，该书出品方之一的蓝狮子财经图书，被上市公司皖新传媒以1.57亿元价格入股，交易完成后皖新传媒持有蓝狮子45%的股权，一举成为其第一大股东，皖新传媒表示将深入推动蓝狮子的数字出版和阅读事业。而蓝狮子的创始人、中国知名财经作家吴晓波在其“吴晓波频道”中曾说过：“我觉得‘天’变得比想象的快，纸质媒体及传统新闻门户在迅速式微，我依赖的传播平台在塌陷，而新的世界露出了它锋利的牙齿，要么被它吞噬，要么骑到它的背上。”

对我而言，当初得知《主编死了》将由我多年好友、曾任职某知名财经图书公司的王留全负责策划时，我向他要求预留一本好拜读学习。结果书读完了，书评写成了，但王留全却告诉我，他离开老东家选择了创业，并和陈序一道创办了“赞赏”社交出版平台（数年后，他又相继创办了“即刻视频”和“布克加BOOK+”出版品牌）。这意味着我这个做传统出版起家的兄弟，也与传统安身立命的媒体诀别了。他拥抱互联网，进入新媒体了——我知道，这不是想不想、愿不愿的问题，而是要生存下去必须得做的抉择！

在这个意义上，主编死了，但主编又不会死。死去的是传统，新生的是未来！

笔记

当我们仍需要了解世界，新闻业就不会消亡；技术的冲击只是改变了信息生产与传播的方式，媒介的形态和组织也会随之重塑。

我们对自以为了解的传媒业到底有多了解

《被诅咒的巨头》正是这么一本书——表面上在讨论“传媒大亨们为什么会走上穷途末路”，事实上旨在“揭穿媒体业流行的神话”。

总是有些行业被外界套上迷人的光环，也总是有些内行会戳穿皇帝的新衣。

早在八年前，杰弗瑞·菲佛和罗伯特·萨顿，两位来自斯坦福大学的管理学教授，就合作炮轰了那些被企业领导者奉若经典的管理理念，像什么工作应该和生活隔绝开、最佳的组织拥有最出色的员工、企业战略决定命运等，他们认为，这根本是胡扯！（杰佛瑞·菲佛早前专门写过一本《你所知道的管理都是胡扯》）在《管理的真相》中，他们试图正本清源，区分管理学中的事实与传言。

隔了一年，有人前赴后继。马修·斯图尔德，这个拥有作家、企业家双重身份，不按常理出牌的聪明人，写了一本《管理咨询的神话》。毫无疑问，这次轮到管理咨询业了。作者用罕见、犀利又幽默的方式，拆穿了管理咨询顾问常用的诡计和花招。其中，书里有几个论点是这么说的：管理咨询师的必杀技或许就是即兴发挥；管理学术界相互嘲讽与抄袭是常态；咨询公司间恶意竞争、互相倾轧，内部异常混乱；衣冠楚楚的咨询师们对利益的追逐近乎癫狂……不得不说，他们让人三观尽毁，偶像被拉下神坛。

其实远不止这些。从管理到咨询，亨利·明茨伯格写的《管理者而非MBA》批判了MBA教育弊端，申音在《商业的常识》中反思“为何普世商业价值在中国行不通”，谢文的《为什么中国没出Facebook》总结了中国IT业发展的得与失，陈长文与罗智强合著的《法律人，你为什么不争气？》向法律行业发出诘难，史蒂芬·列维特与史蒂芬·都伯纳的《魔鬼经济学》与《超魔鬼经济学》，揭示了隐藏在表象之下的真实世界……这样的书总是让人提气解闷，有时候，比起“是什么以及为什么如此”“看似这样而实际上并不是这样”更显得有趣和更具吸引力。

《被诅咒的巨头》正是这么一本书——表面上它在讨论“传媒大亨们为什么会走上穷途末路”，事实上旨在“揭穿媒体业流行的神话”。神话，也可以称作“迷思”，包括：缓解报纸等纸质媒体消亡速度的有效方法，就是投向全媒体，借助规模效应和协同效应，转型为综合信息服务商；投资者应该把宝押在最有可能爆出大热门的传媒类产品上；媒体形式不管怎么变，“内容为王”法则不可撼动；传媒领域内，寡头（巨头）们推动的同业并购和混业并购，创造了更大商业价值，即 1+1>2；媒体业涉及创意人才和艺术产品的管理，因此不该用传统的战略、财务或管理标准来进行衡量……

这些观点（或称之为“共识”）之所以长期存在、被广泛接受，是因为它们听起来都有一定的道理，而且还有助于保护一个根深蒂固的团体的利益。就拿并购来说，传媒企业喜欢将体现出增长态势的报表，交给客户、广告商、投资者。如果无法实现业务增长，那就往往通过收购来实现“规模效应”。《被诅咒的巨头》列举 TA&T 和康卡斯特、美国在线与时代华纳、维亚康姆和哥伦比亚广播公司、维旺迪和环球等几起著名并购案例，来论证“增长并不总是好消息”。因为，不管是业务的增长还是市场份额的增长，并由此带来的账面数字的增长，背后都是有成本的。根据收益比分析，只有企业文化、业务的改变但没有实现融合提升。所谓的并购或者跨界、混业经营、全球化战略总是很容易引来投资者的追捧——正如该书所批评的，传媒大亨们热衷这些套路，他们把更多的精力放在资本运作而非业务本身上，并且洋洋得意，自以为有着卓越的传媒运营才能，目光远大，殊不知，其效果不亚于饮鸩止渴。该书的分析证明：多数传媒公司的高收益多半是因为采用了更加平淡无奇，但更为有效的手段，例如抬高价格，使用低成本的生产技术，以及采用合作策略将产能合理化等。

本书的三位作者——乔纳森·A. 尼是美国资历颇丰的投资银行家，哥伦比亚商学院传媒研究方向的副教授和负责人，著有《意外的投资银行家》；布鲁斯·C. 格林沃尔德是哥伦比亚商学院经济学教授；艾娃·希芙则是咨询公司昆腾传媒（Quantum Media）的创始人和负责人。三人的简历透露了他们的研究方法论（分析问题的路径）。

正如他们在书中写道的：“有一样东西可以为我们的说法提供确凿的支持。本书极力关注这桩铁证，媒体巨头和他们的鼓吹者却对它们如避瘟疫：那就是数据。”经济学家们用经济数据、财务报表来分析公司业绩从而判断公司经营者的能力。分析表明，媒体公司的经济收益一直大大低于股票市场的整体业绩。为此，包括新闻集团、时代华纳、泰德·特纳（美国传媒界名人，

CNN美国有线电视新闻网的创始人）的特纳通讯集团等传媒巨头没少挨批评。

由于作者非新闻科班出身，自然少了传媒人的理论束缚和认知局限。在作者眼里，什么"内容为王"、新闻理想不要紧（也不关心），关键在于经济参数怎么样。是不是一门好生意？市场表现如何？正因为如此，他们以经济学人独有的理性、审慎、严谨，对传媒业向来认同并引以为傲的竞争优势，如财力雄厚、品牌价值、先行者等逐一进行了批驳，提出这些都是"冒牌竞争优势"，不值一提；真正有价值的"正牌竞争优势"其实是规模、客户吸引力、成本控制和政府保护。尤其是政府保护，不仅反映在那些官方授权给予特定周期的经营垄断权，也反映为消费者保护法规，它通常会有效巩固甚至加强现有市场领袖的竞争优势。至于其他三项，书中不时拿迈克尔·布隆伯格创办的彭博社为例，它和新闻集团在三位作者心中的评价，可谓天壤之别。

除了驳斥一些在传媒圈流传已久、颇富诱惑力的说辞，该书最大的观念颠覆莫过于对"内容为王"和"拥抱互联网"给予了否定。拿"内容为王"来说（事实上，在听取了书中反驳的言论前，我也是想当然地信以为真），作者将媒体分为以创意内容为核心原材料的消费类媒体，以及更偏向数据的商业和专业性媒体，指出前者过度依赖于优秀人才的特质，然而优秀的模式是不可为继的，其业务是离散型的内容业务；后者的连续型内容所占比例高得多，需要的是独特的信息生产和供给模式，而不是哪一个、哪一批人才生产的个别优秀产品。书中第六章还就电影、音乐、图书三类传媒产品的市场特性具体分析，指出能够获得更大利润的传媒企业并非首先注重内容，而是设法让企业经营模式符合行业规律。如果还不好理解，就拿我们每天在看的当地都市报来说，它就属于连续型内容生产，读者并不太注重上面有多少"锦上添花""耳目一新"的内容，需要的只是一些"必备"的生活信息。

还有一个是"拥抱互联网"。鉴于该书英文原版出版于2009年，如果以现在的眼光来看，这个"互联网"还应包括移动互联网、App等新媒体。当时（也是现在）不少传媒企业众口一词声称：信息化浪潮势不可挡，要实现传统媒体和新媒体的融合；老牌公司的竞争优势可以向新生的媒介转移；互联网会让传媒企业能在比过去高得多的盈利水平上从事原有业务等。在作者看来，这些观点的内在逻辑实则经不起推敲。理由是，相较于传统媒体，互联网以UGC（用户生产内容）为特征，寡头公司制造的内容则要少得多，规模优势不明显；另外，像报纸媒体还不得不面临这样的尴尬：它们开发的网络产品，跟纸质版的客户是同一群人，两者都很难争取到新的客户群体。幸好，在该书写作之际，新闻集团尚未创办第一份基于iPad媒介的电子报纸*The Daily*，要不然又得遭到讥讽了。值得一提的是，在新旧媒体融合趋势上，作者们并未一竿子打死，他们有一个趋势判断，即全国以及国际新闻内容能够更好地在互联网上展示并销售，而地区报道的主导权将重归地方报纸。

回到书名《被诅咒的巨头》——“巨头”当然是指那些综合型的传媒集团，包括新闻集团、维亚康姆、迪斯尼、时代华纳等；而“诅咒”则是指在错误的战略思维和荒谬的竞争优势判断指导下，这些传媒业巨头在资本市场和经营中不断做出的愚蠢选择。尽管在书的最后，作者为如何“决胜未来”“终结诅咒”给出了六项原则，如“敢于梦想”“保持本地化和针对性”“效率是金”等，但相比对传媒业常识的反叛，这些不过是泛泛之谈、略显平庸。然而，这本书的价值在于让我们反思：我们对自以为了解的传媒业到底有多了解？

笔记

媒体业容易盛产一些具有煽动性或迷惑性的说辞，于是，对于那些模棱两可的话语、似是而非的道理，最好的求真方式就是“较真”。

数字化及其不满

《互联网冲击》的价值在于给沉迷在互联网表面繁华中狂欢不已而毫不自省的人们以一种“观念冲击”，它像是当头棒喝、泼了一盆冷水，然后提醒你，别忘了，这是谁的世界，又是谁在掌控未来。

杰伦·拉尼尔的新书名字多少容易让人误解。《互联网冲击：互联网思维与我们的未来》（以下简称《互联网冲击》）的译名，让我们以为它是想描述“数字科技对时下的冲击”，又或者，想聊聊什么才是真正的“互联网思维”。前者的代表有道格拉斯·洛西科夫的《当下的冲击：当数字化时代来临，一切突然发生》，而后者有陈光锋的《互联网思维：商业颠覆与重构》、赵大伟的《互联网思维独孤九剑：移动互联时代的思维革命》、钟殿舟的《互联网思维》等。然而，当我们知道拉尼尔的这本书书名原本是“Who Owns the Future？”（谁拥有未来?）时，就知道它跟我们想的完全不一样。

拉尼尔，一个科技批判者，一个人文主义者和一个兴趣广泛成功跨界的“顽童”，这从他的上一本著作《你不是个玩意儿：这些被互联网奴役的人们》（以下简称《你不是个玩意儿》）及他的履历可见一斑。在该书中，他告诫人们，信息技术的发展不能以牺牲人性、个性为代价，无论科技如何先进，人都是主体，绝非附庸，而他本人就是最好的例子。早在20世纪80年代，拉尼尔最先提出“虚拟现实”的概念。作为全球计算机领域的先驱者，其才华出众，还身兼作曲家、视觉艺术家、音乐家和作家多重角色，并擅长演奏古典和现代等多种音乐。科技崇尚理性，艺术追求感性，在两个全然不同的世界里，拉尼尔做到了自由穿梭、随心所欲。

不过，对数字文化和网络经济的批判，拉尼尔可没那么“随性”，相反，他是一个不可多得的权威。从《你不是个玩意儿》到《互联网冲击》，虽然侧重点有所差异，但贯穿的主题不变，拉尼尔在《互联网冲击》里说：“多年来，我一直对数字技术与人类之间的格格不入表示不满……本书讨论的是，当机器日渐精密、发展趋于自主时，人类应该如何保持自身特性。”不难发现，几年之后，拉尼尔关注的话题依旧是“在互联网时代人将何去何从”。

在《你不是个玩意儿》中，拉尼尔曾敏锐地观察到，互联网构建了一种全新的社会关系，或文化生产体系。在这种框架下，作家、新闻工作者、音乐家、艺术家等，把他们的思想成果和创造力以碎片的方式在网络上派发，但他们无法获得报酬（实际上不是无法，而是很难获取应得报酬），而一些网络大公司作为这些碎片的整合器，通过碎片再加工推向消费者从而获得广告收入，要知道，这些钱一般不会分到创作者手中。到了《互联网冲击》，拉尼尔又提到了这个观点，并试图深入和升华。他写道，美国社交图片分享网站 Instagram 在 2012 年以 10 亿美元的价格出售给 Facebook，当时员工只有 13 人，但这不等于说，是这 13 名员工创造了 10 亿美元的价值，相反，其价值来自数百万用户向网络贡献内容却不领取报酬。类似的情况还有 Twitter、Youtube 等。拉尼尔还说，网络需要人数众多的成员参与其中，才能创造显著的价值，但一旦网络拥有了价值，只有少数人能从中获利。这产生了财富集中，从而制约了总体经济的增长。

拉尼尔的看法不无激进，按照他的说法，只要人们创造的信息被使用了，就应该向他们付费。而事实上，导致收入不平等的部分原因是数字经济，但它很少被人意识到。所以，在《互联网冲击》的开篇，拉尼尔便郑重其事道："我一定要告诉你：这是个既明智又愚蠢的世界。"然后，他接着写道："我们习惯性地认为信息是免费的，但由于经济总体大多与信息相关，因此免费只是一种并不存在的幻象。"在他看来，《连线》杂志前主编、现任 3D Robotics 和 DIY Drones 联合创始人的克里斯·安德森在《免费：商业的未来》中提出的"免费模式"，或者说"互联网经济应有之义"表面上是聪明的策略、行业的趋势，但刨根问底，真的免费吗？如果回头想想拉尼尔前面提到的内容创作者的利益被剥夺，平台运营商却赚得盆满钵满，确实该反思我们以往的认识是否狭隘、观念是否片面，因而缺乏远见。

拉尼尔试图向人们展示他的真知灼见，他认为，技术困局时常出现，但错不在技术，而在于我们思考技术的方式。另外，他提议重塑数字经济，走一种被其称作"人本主义经济"的路线。他希望建立一个这样的动态关系，让互联网做大利益"馅饼"，而不是变小，并且能借此让权力和势力分布更加均衡，创造一个永恒的中产阶级，而不是摧毁它。

虽然拉尼尔多次强调他的这本书介绍的不是"乌托邦网络"，但他口口声声宣扬的新经济形态从很长远的时间来看，更像是一种不可及的愿景，而非计划内可实现的目标。他说，"如果谷歌和 Facebook 够聪明的话，它们就会愿意让自己的用户获利"。他还说，目前来看，硅谷做了"愚蠢的选择"——

做大自己的生意，却损害用户的利益。这听起来有点危言耸听，但倘若真是这样的话，根据吴修铭在《总开关：信息帝国的兴衰变迁》和劳伦斯·莱斯格在《代码 2.0》《思想的未来》等作品里的论点，诸多强权力量（行业巨头）会通过技术、政策、法律等手段掌握信息流的总阀门（the master switch）并试图管控互联网——自由、开放，谈何容易？

不管怎么样，借由拉尼尔之笔，读者可以受到启发，至于解决方案，可以暂时先忘掉。拉尼尔在书中罗列了很多现象、提出了很多问题，不过他也直言不讳，他并不拥有所有的答案。也就是说，《互联网冲击》的价值在于给沉迷在互联网表面繁华中狂欢不已而毫不自省的人们以一种“观念冲击”，它像是当头棒喝、泼了一盆冷水，然后提醒你，别忘了，这是谁的世界，又是谁在掌控未来。

所以,《互联网冲击》,噢不,应该是《谁拥有未来》更合适些,像是一部“盛世危言”，探讨了关于究竟谁拥有互联网时代的未来的实然和应然命题。套用约瑟夫·斯蒂格利茨的《全球化及其不满》的书名，杰伦·拉尼尔表达了“数字化及其不满”。

“批判的武器”始终无法替代“武器的批判”，当互联网已经构建出一种新的社会关系或文化体系时，我们是否应当对它的负面性予以警惕，并时刻反思它所加剧的信息鸿沟、贫富差距乃至社会分层？

数字时代，如何打开一本书

关于两种阅读方式总是有许多争执，巴伦写这本书的价值在于她不纠结其中或意气用事，而是通过全面梳理、多方比较，力争提供清晰的、不偏不倚的分析。

“并不长，读一读”——在《读屏时代：数字世界里我们的阅读意义》（以上简称《读屏时代》）中，内奥米·巴伦（Naomi S.Baron）用这个带有“协商”口吻的标题开始了她的前言。

巴伦是美国华盛顿大学的语言学教授，一直以来关注文字、阅读和媒介的传播。在上一部名为《一直在线：线上和移动世界里的语言》的作品里，她注意到（研究了）数字技术的广泛使用使得传统语言遭到了“破坏”（虽然她并不认为应归咎于电脑、互联网或移动电话本身），同时，人们对数字技术的日益痴迷也深刻影响着人际交流的方式。多年后，《读屏时代》在相关领域话题上做了延展、深入，在比较纸质和电子阅读两种方式各自优缺点之余，巴伦旨在追问：读书的意义是什么？媒介的变迁对此是否有影响？

是的，欢迎来到“读屏时代”，它在某些媒体话语（词库）里又被称作“拇指时代”。纸质书逐步让位电子屏，翻页读正被往下划取代。自20世纪90年代以来，人们越来越习惯于在电脑屏幕上阅读，内奥米·巴伦说，“有时阅读的量会很小，比如一份邮件，一个网页；有时候阅读的文本可能会很长，比如杂志上的一篇文章，甚至是古登堡项目中已经过了版权保护期的书籍”。而据她本人所做的一份受访者为美、德、日三个国家的学生的调查显示，除了学术阅读和长篇文章，纸质版还占据绝对主导地位外，电子阅读在其他方面占比已紧追纸质版，尤其在休闲阅读上已有领先（如小说、资讯等）。当然，屏幕文字的吸引力在显著增强，个中原因，除了成本小、高便利性外，还有社交化。

其实阅读的社交化并非因为网络时代的到来而产生。马塞尔·普鲁斯在《论阅读》一文中认为，读者阅读时便是在与作者进行对话，这就是一种“社交”；而它的另外一种形式便是做标记。巴伦写道：“19世纪的许多出版物本身就有旁注，本质上是为了突出作者认为文本中最重要的那些内容。”不过较为正式的“社交”要追溯到18世纪的欧洲，咖啡馆成了人们聚集于此、谈天交流的所在，他们往往一起喝咖啡，然后谈论从报纸或书上看来的内容，彼此交换意见。对此，巴伦摘录了一段引证：“地方上的书商往往把自己的库存变为图书馆，向读者收取入馆的费用。柔和的灯光，舒适的椅子，墙上再贴些漂亮的照片，订上六七份报纸，这些足以使得书吧在众多书店中脱颖而出。”

然而在互联网时代，在线为阅读打开了便利之门（主要指获取的可得性、便捷性），也为阅读社交提供了平台。Facebook、Kindle、Goodreads、zola 等一些网站或者数字工具的出现，让人们可以相互分享、交流、讨论他们阅读时遇到的问题或读后心得，至此，所谓“书”不再是一个封闭的、私人的、用来与独处相随的实体，而成了一个让人们聚到一起、借题发挥讨论各自想法的场所。

由于电子阅读平台的兴起，像内奥米·巴伦这样去思考“后印刷时代人文危机与媒介走向”问题的学者及作品不在少数。早期的研究包括斯凡·伯克特的《古登堡挽歌》、杰夫·纳伯格的《书的未来》、威廉·盖斯的《为书辩护》、罗伯特·达恩顿的《阅读的未来》、艾伦·雅各布斯的《消遣时代的阅读乐趣》等。这当中不乏警告、忧虑的声音，但巴伦所持立场较为中性——她既不像尼古拉斯·卡尔在《浅薄》中的悲观论调，认为电子阅读容易让人分心、变得肤浅；也不像戴维·温伯格在《知识的边界》里的乐观，彻底相信超文本链接可拓展人类认知的疆域，使得知识流动而又开放。她在比较电子和纸张阅读的不同时尽力做到中立、客观和实证主义。

她像比较数码产品参数那样衡量了在不同阅读媒介上视觉、理解、喜好的不同，辩证地指出了“一心专用”和“一心多用”的各自利弊（她不否认有擅长一心多用的人，但她不忘强调这部分人所占的比例之低，“你怎么知道你属于这 2.5%？”）此外，对于通常人们以为的电子设备比纸质书籍更环保的结论，内奥米·巴伦以一系列读后令人豁然开朗而又不安的数据，揭示了所谓“电子阅读更环保的真相”。

制作一个电子阅读器需要 15 千克的矿物，而印刷一本书只需要 0.3 千克；制作电子阅读器的矿物质包括锰矿等稀有金属，一般是在非洲等充满战乱的地区开采的，而开采所得的利润经常用于支持军阀；生产一个电子阅读器需要 3.6×10^8 焦耳的化石燃料，会释放 30 千克二氧化碳——而一本书只需要 7.2×10^6 焦耳的燃料，释放的温室气体还不到电子阅读器的 1/100；纸张和电子设备中的许多零部件不同，它是可再生资源；数字科技造成的另外一个环境影响是提供数据、报纸、电子书的电子设备服务器在运转中会产生十分巨大的热量。为了给数字设备或者机房降温，又不得不需要风扇来工作，为此发电机又产生了不计其数的污染……总之，巴伦认为到底是电子还是纸张阅读更加环保，从现在到可见的未来，这个问题未见分晓。

关于两种阅读方式总是有许多争执，巴伦写这本书的价值在于她不纠结其中或意气用事，而是通过全面梳理、多方比较，力争提供清晰的、不偏不倚的分析。用《普鲁斯特与乌贼：阅读如何改变我们的思维》的作者玛丽安娜·沃尔夫的话来说，“（巴伦）这本书全面涵盖了之前出版的相关作品——甚至包括我的作品的大部分内容……她针对数字时代阅读的变化写下了一本杰作。”

关于电子阅读的未来，巴伦向我们展示了当下各类最新应用：可穿戴式图书会激活读者的阅读反应，同步感受书中主角的情绪；kindle 推出了“安静时间”功能，帮助读者对抗分心；Spotify 模式的在线订阅，每月支付一笔较低的价格，可以畅读 50 万本电子书。除了电子书，纸质书也奋起直追——按需印刷、精品书典藏、书店作为线下体验店模式等，都可以应对来自数字世界的挑战。毋庸置疑，基于技术的推动，阅读方式已然进化。但巴伦也指出，与纸质阅读相比，电子阅读长文本、复杂文本以及做注释等都更困难，而这引导人们走向一个“新常态”。换句话说，像莫提默·J. 艾德勒和查尔斯·范多伦写的《如何阅读一本书》，其中的主题讨论和方法指引仍然具有现实意义。

笔记

“屏幕”pk“书本”、“向下滑”挑战“翻页读”、“社交化”冲击“私人性”，“读屏时代”造就了有关阅读的一些“新常态”——但无论偏好纸质书还是电子书，毕竟开卷有益，读就对了。

智能新闻，人算不如机器算

如今的机器人新闻，相当于人类在前期为它设定一个缺省值，然后余下的工作交由机器人“自主”完成。它的升维之处在于：一个是人为主体，机器为“创作助理”；一个则是人缺席，机器成了“创作主力”。

机器人跟记者抢饭碗？这个事情早在多年前就有人提到了，不管当时谈论的口吻是玩笑性质，还是好奇心态，又或许是一脸严肃状。此后，从智能算法进驻新闻编辑室到机器程序自动生成稿件，也就七八年的时间。如今人们的关注点变了，他们——特别是媒体业者，会关心人工智能将如何拓展、重塑新闻采编制作流程，有哪些环节能借助机器人发挥出更大作用、提高效率，以及是否真的有岗位或职能领域正在被智能机器取代。

这是一组开放且需要想象力的话题，并且见仁见智。在所谓“与机器赛跑”的思考中，一大批专家、学者纷纷发表看法，其总体立场呈现出“谨慎的乐观”。不像雷·库兹韦尔，他认为“奇点”很快来临，到了2029年人工智能可以有情商、有趣、理解笑话、性感、有爱、理解人类情感，这些原本是计算机和人类最大的差异都将消失。对此，特斯拉的创始人、“硅谷钢铁侠”埃隆·马斯克甚至还断言，人工智能技术会不断发展，速度和广度远超我们的想象，一个比较可能的结局是：“人类沦为机器人的宠物”。

与库兹韦尔等人立场不同，以色列学者诺姆·莱梅尔史萃克·拉塔尔更持一种审慎的观望。他的观点反映了当前学界的一种普遍共识，即不否认智能机器日益展现出的强大能力和效用，但对机器人很快将全面超越人类的论调持保留态度，他们的结论也往往源自经验。拉塔尔谈及人工智能与新闻业、记者报道的关系时，他的基本判断是：当前技术条件下，人工智能有难以回避、无法克服的局限，而这恰恰是人类新闻业的机遇。

这个立论贯穿在《人工智能时代，新闻人会被取代吗？》一书。该书由拉塔尔主编，参与撰写的还有一批以色列的学者、媒体从业者。他们围绕着智能算法与信息传播的议题，分别从各自熟悉的领域，来分享技术驱动下的新闻业的现状与前景。鉴于作者们多有美国留学的背景，书中援引的案例素材主要来自美国，且是一些知名媒体近几年的实践，如《纽约时报》《华盛顿邮报》《赫芬顿邮报》《洛杉矶时报》等，因此，就这部文集所呈现的研究成果而言，它反映了国外知识界对“智媒”的一种大体观感，也较为全面、集中地介绍了美国在此领域的探索，并且在一个横切面上也展示了以色列学者的学术旨趣与素养。

从该书被翻译引进中国这一刻起，它便摘得首本中文版“机器人新闻”专题图书的头衔。在此之前，图书市场不乏对人工智能和机器人在各领域投入应用的叙述性作品，也不缺对新媒体或信息技术介入下的“融合新闻”的评论性文献，但主题聚焦在“机器人报道”的理论成果，参照我们有限的阅读涉猎，该书的出版尚属首次。借由它的问世，我们得以一窥机器人新闻究竟是什么，怎么样？

根据拉塔尔的梳理，机器人新闻或人工智能报道可追溯至2002年，标志性产物就是“谷歌新闻服务”。起初它是一套依托数据算法、信息抓取和自动生产的程序，该运算服务能从数千个新闻网站中获取资讯并进行分析，自主筛选出网站的头条新闻和主页上显示的相关新闻链接。经过发展，确切地讲得益于计算力的增强、云存储的稳定以及机器学习能力的提高，机器人新闻的表现也日渐活跃。过去，它主要适用于对财经、体育、气象等方面的报道，因为人工智能尤其擅长对数据的收集、整理、分析，进而套用一定的新闻模板产出纯粹事实陈述性或观点综述性文章，但这些年，它开始涉足更多领域、更多题材，所输出的内容也更具可读性，叙事更生动更富有技巧性。

事实上，这也正是机器人新闻的基本原理。它分为两步：第一步，按照任务程序设定，自动地从海量数据库中提取信息；第二步，经由分析得出结论和见解，套用文本模板自动生成文章，整个过程无需人的介入。在此意义上，当我们现在说机器人新闻时，它和计算机辅助报道或数据精确性新闻是两组不同的概念，后者更侧重利用计算机强大的计算能力，协助人类在撰写报道时做更为周全的信息检索、精细的数据支撑，从而保障写作者论证的严谨。而如今的机器人新闻，相当于人类在前期为它设定一个缺省值，然后余下的工作交由机器人“自主”完成。它的升维之处在于：一个是人为主体，机器为“创作助理”；一个则是人缺席，机器成了“创作主力”。

在用到“机器人新闻”这个称谓的时候，我们所见到的未必是人形机器，而多数是由一连串代码构成的程序。这也是机器人新闻时常与人工智能新闻被共同提及的原因。当然，也有一些先进但不多见的案例，在2007年东京大学的研究团队创造了3D机器人记者，能够像人类记者一样在人群中活动，其算法可以实现自主探索、新闻记录、生成文章。该机器人可以在现实世界中获取信息，将信息传给“新闻分类器”，根据信息的稀缺性和相关性来计算新闻价值的高低，最终选择重要的、分值高的素材而自动生成报道。

人工智能被普遍认为分成三个阶段（或三种进阶），按照是否具有人的意识程度分为弱人工智能、强人工智能和超人工智能；这一分类在书中则分别对应狭义人工智能、通用人工智能和超级人工智能三种。称谓虽有差异，但所指向的意思却一致。拉塔尔指出，狭义人工智能执行单一任务的算法，例如图像识别、天气预报、分析数据或对战下棋；通用人工智能差不多具有像人类一样认识、理解、感知周遭事物的能力，换言之，机器懂得思考；超级人工智能可以说是“超越人工的智能”，其智能比人更有智慧、更富有创造力也因而可能更高贵，目前只出现在科幻文学作品和电影中。然而拉塔尔话锋一转，继而写道：“尽管通用人工智能迄今为止取得长足进步，包括神经网络和深度学习方法的引入，但人工智能领域最为复杂的算法仍为狭义人工智能构建主导。”

这也就意味着，整本书在揭示机器人新闻的缺陷和不足时，是有前提的——所有结论都建立在对弱人工智能的认知上，而且是基于过去的总结。作者一味强调人工智能无法模拟人脑，不具备感知力、创造力、共情力，没有意识到我们与机器智能的差别似乎只在弱与强之间，个中的时间跨度究竟有多长呢？如果在可预见的未来，强人工智能终将到来或很快到来，那么这是否预示着我们的好日子有保质期，且开始倒数了？

对于这些追问，拉塔尔等在书中未有提及，也自然没有做出必要和具有前瞻性的回应。然而，这不是他们必须要做的，对于人工智能的“成长的极限”和猜想空间，远超出了他们作为传播学者和新媒体从业者的知识范畴。他们认为，人类写出富有思想、隐喻、幽默感、文学修辞、同理心和深邃洞见的文章的能力，是现有机器人无法比拟和企及的。包括你此刻读到的这篇书评，它是本人的亲笔，机器人还替代不了。也就是说，机器人能否抢走记者的饭碗，目前答案是否定的！

不过，正如这本书罗列的大量事实，从欧美到中国，机器人新闻的出现势必将对新闻业的报道规则、工作范式、职业伦理、专业建设等产生难以预估的冲击，后续剧情会如何发展，我们又当怎样制定应对方略，将成为该领域最值得关注和探讨的命题。

笔记

与机器人赛跑或与机器人“抢饭碗”，在“智媒”年代已不再是一个危言耸听的话题。要正视“机器人新闻”在信息收据、数据计算、效率生产上有无可比拟的优势，唯有如此，才能倍加重视人在深度报道、文法修辞、观点输出上独有的价值。

如何对抗科技巨头对思想的威胁

那些实力超群的硅谷企业正利用其市场支配地位，利用各种方式去阻碍竞争的多样性。渠道逐渐单一，声音也将变得单调。福尔的担忧正源于此。

18 世纪末，机器生产逐渐代替畜力、人力，工厂开始取代作坊，然而工业革命带来的并不都是好消息。对许多工人来说，他们靠出售时间、变卖体力的营生手段被更先进、更自动化的机械设备彻底颠覆了。在一个尚未建立起现代福利制度、工人权利保障体系的工业社会的前夜，他们的失业很可能意味着食不果腹、生活动荡。在与机器的首轮赛跑中，他们输了，可以想见，他们会对这些铁器工具抱有多少敌意。

最终，一个叫卢德（Ned Ludd）的工人引爆了他所代表的这个群体的怒火，他们以最极端的暴力方式反抗，捣毁机器、迫使工厂停产，以争取他们的生存权利。这场运动始于斯特郡，很快蔓延至诺丁汉郡、约克郡、兰开夏郡，最后遍及整个英伦。他们把不满、愤怒、绝望等统统宣泄在机器上。历史很快赋予这批人一个新名词——“卢德分子”，但他们并不被政府所允许、社会所宽容，即便在史学角度，研究者们会讴歌工业革命的成就，但不会同情这批人的遭遇，甚至认为他们的出现是对潮流趋势的一种反叛与退步。当时的英国通过立法将其列为重大犯罪，进行严厉打击。而如今，人们会借用那场“卢德运动”，衍生出“新卢德主义”（Neo-Luddism）用来形容那些反对新科技、视现代技术为重大威胁的人。

富兰克林·福尔是“卢德分子”吗？我们关心这个问题，是因为这会影响我们对他那本《没有思想的世界：科技巨头对独立思考的威胁》（以下简称《没有思想的世界》）最直观的判断。如果答案是肯定的，书中对科技公司所下的结论势必会充斥成见。书中那些控诉潜在危机、制造紧张对立、挑动不安情绪的措辞，也会因其极端保守思想而沦为对文明进步的“反动”言论。然而，在谈论自己的著作时，福尔明确表示，他并不反对技术本身，也不是呼吁人类社会要重回数字前时代。从这一点看，他审视技术的态度虽有悲观，但不至于极端。他远不是西奥多·卡辛斯基（Theodore Kaczynsk）式的立场，后者曾写出类似战斗檄文的《工业社会及其未来》痛批工业时代的人类不是被高智能机器所奴役，就是被机器背后的少数精英分子所控制。这不禁令人想起梭罗在《瓦尔登湖》中那句著名的论断：“人类已经成为他们的工具的工具了。”

控诉科技尤其是那些互联网巨头，总能引来公众注目。在网络时代来临前，人们想象着互联网会从传统社会的权力架构中撕开一道口子，让自由、信仰、多元乃至有点“乌托邦”的理想之光穿透进来，而且会改变社会既有的秩序与价值。但结果证明，情况完全不是那样。人们在享受智能手机带来的各种便捷时，却不可自拔成了“低头一族”，用特克尔的话来说叫“孤独地在一起”。我们可以通过各种社交媒体获取全球资讯，但不可否认它对各种假新闻和谣言起着一定的推波助澜的作用。最令人不安的是，那些大型科技公司借用平台优势，不断窃取用户的浏览数据、个人信息，并巧立 “流量经济”“个性推送”“智能算法”等名目，他们关心各种指标和漂亮的业绩，而为这些服务买单的却是用户。

我们需要这样的创新吗？何种程度的创新是理想的界限？福尔猛烈地抨击以谷歌、亚马逊、脸书、苹果为代表的科技界“巨无霸”，指责它们挟垄断的优势压制思想的自由、个性的多元。“硅谷一统，世界归一”，这是福尔为《没有思想的世界》某一章起的标题，我们从中解读出：那些实力超群的硅谷企业正利用其市场支配地位，利用各种方式去阻碍竞争的多样性。渠道逐渐单一，声音也将变得单调。福尔的担忧正源于此。

从《没有思想的世界》总体表达的立场来看，福尔的写作有尼古拉斯·卡尔《浅薄》、露西·格林《硅谷帝国》、杰伦·拉尼尔《你不是个玩意儿》、肯·奥莱塔《广告争夺战》等作品的影子，他们几乎无一例外地流露出对科技的不信任和对公司权力扩张的警惕。在福尔这里，他更关心言论、思想、人文的世界，他写道：“科技公司正在毁灭独立思考的可能，这原本是我们的无价之宝。在它们创造的世界中，我们一直被注视，也总是被分心。通过数据积累，它们描绘出我们的思想，并在无形中引导大众行为（以及越来越多的个体行为）来进一步增加它们的经济利益。”

富兰克林·福尔曾是《新共和》杂志的主编、知名的记者和作家，现供职于《大西洋月刊》。他也是小说家乔纳森·萨夫兰·福尔的哥哥。《新共和》是一家创办于 1914 年、是在美国乃至全球具有影响力的政经评论杂志；它自视甚高，它的存在向来不是为了满足普罗大众的世俗、风尚文化需求，用福尔的话来说，“《新共和》秉持的是这一信仰的极端化版本，这本杂志生来就是精英——进步时代知识分子的创造，他们希望能借此提高这个国家的文化和政治标准。”可事与愿违，在此杂志漫长的历史上，其读者群向来都不是大多数的，多数时候它的读者“还不够装满密西西比大学的橄榄球场”。

2012年，《新共和》因缺乏资金不得不寻找新的金主——结果，它迎来了新主人，一个来自硅谷、脸书联合创始人之一的克里斯·休斯。在这位千万富翁、科技新贵的年轻人（相对于杂志编辑部的那些媒体工作者而言）带领下，杂志试图来一场脱胎换骨的革新：重新设计了纸质版，变得看起来更加轻快、富有时尚感；拓宽了报道范围，使之不再像以前那样以华盛顿为中心；重视网络渠道的分发，开始发力点击率和订阅数。休斯旨在增加杂志的盈利能力，使其在商业而非智识输出上更具有竞争力。与此同时，为了获取更大范围读者、用户的关注，整个编辑部被要求追求具有“病毒营销式”卖点的选题、报道。

在福尔看来，19世纪末赫斯特、普利策那一代报业巨子们所开创的“黄色新闻”也不可避免地被带入到了《新共和》。福尔觉得，休斯偏离了杂志的办刊理念、报道立场、编辑方针，为了获取数字广告收入而迫使《新共和》无止境地去追逐肤浅的快餐新闻——它们是关于犯罪和流言的俗艳故事，配以大量插图和哗众取宠的标题。不可否认，这些报道比深度、严肃的批评文章更有市场号召力。

从本质上讲，这是一场注定分道扬镳的邂逅。福尔代表的是重视伦理传统、人文价值以及通过写作安身立命的一群知识分子，他对世界的看法是道德和浪漫的。而休斯则是典型的硅谷人做派，是技术性的，是《技术至死》的作者莫洛佐夫笔下“解决方案主义者”的代表。他们遵守规则、注重效率、追求成效，善于利用各种新型的生产力工具完成任务。然而，一篇文章是否能通过流量来证明投入合理？一次写作是否都要进行成本效益的考核？这根本上就是“观念的冲突”。假设沃尔特·李普曼生活在今天，他的专栏未必能跑得赢阅读量“10万+”的鸡汤文。

总之，在休斯执掌这本杂志的四年时间里麻烦不断，最终在2016年再次易主。期间，福尔主动提出辞职结束了这一次怀抱希望但因理念失和不欢而散的合作。通过这次经历，福尔更有切身体会去反思科技巨头“侵入”新闻业后可能诱发的危险。比如，他参与了反对亚马逊对待作者及出版商做法的运动，但因亚马逊的“规模效应”“一网打尽”（布拉德·斯通语）的能力几乎能左右图书是否畅销，许多出版界高管和律师都不敢畅所欲言。2017 年，在福尔转投到《大西洋月刊》担任记者后，写了一篇题为《当硅谷接管新闻业的时候》（When Silicon Valley Took Over Journalism）的文章，对大公司有损新闻品质，将品位拉低等展开了极为猛烈的批评。而《没有思想的世界》一书则是对那篇文章的补充、延续和提升。

最后，福尔提到了解决方案，他呼吁人们要放下“效率至上”，那曾是科技业最容易炫耀的成就。然而，这能杜绝“没有思想的世界”的降临吗？知识分子对时代的忧患和警觉其实并不因为互联网的到来而加剧，许多问题的滋生也不是新时代所独有的。对巨头垄断的诘难通常能占据道德高点，也能换来大众的拥护和爱戴，但如何限制技术的恣意妄为又不阻碍科技创新，这才是更为艰巨的议题。至于《新共和》，福尔或许言重了，从过去到现在，“思维的乐趣”只是少数人的雅好；把它拿来与通俗读物、大众媒体、社交网络比市场份额，就错了。但有一点福尔的提醒是对的，我们不要放弃自由意志，要时刻警惕算法会替代我们的选择！

笔记

算法推送、数据新闻、社群分发……资讯传播在互联网技术的加持下，越来越注重效率，越来越讲求变现，可问题是，我们需要这样一个不可爱、功利的新闻业吗？

互动新闻能拯救新闻业吗

整部作品关注新闻业的焦点现象、前沿话题，人们自然会关注作者对此所持的态度，是批评怀疑的，还是大加赞赏的，又或是有所保留的。厄舍从实证角度介绍了欧美新闻业界的做法以及现状，但也相当不客气地指出了其当前存在的局限。

尼基·厄舍（Nikki Usher，又译作“尼基·阿瑟”）与《纽约时报》似乎有一种不解之缘。至少，她的两部学术作品都由此展开：一部是深入编辑部做“田野调查”；一部是受新闻产品启发，于是有了《〈纽约时报〉是怎么做新闻的》和《互动新闻：黑客、数据与代码》（以下简称《互动新闻》）。

从写作时间上讲，《互动新闻》更反映当下、更触及新闻业的近况。厄舍在其作品中以民族志的研究方法，广泛地记录了新闻编辑室内部网络和印刷之间的极度分裂。数字时代对即时性、互动性、参与性实践的迫切需求与传统的新闻记者产生了激烈的冲突对抗。彼时，记者们对多媒体的理解还只是互动性。为了记录下这位“灰妇人”（Gray Lady，《纽约时报》在美国新闻界的别称）如何适应数字环境的变革，她前后花了 10 年时间，这个过程几乎见证了从门户网站的崛起到移动社交网络时代的到来。对于纸媒，在网络时代的前夜当务之急是如何从线下转到线上，从油墨印刷兼容代码编写，从单一的媒介平台转向多元。

到了《互动新闻》，议题聚焦的正是书名所指向的，这是数据新闻的一种表现形式。按照厄舍的定义，“互动新闻是一种通过代码来实现故事叙事的视觉化呈现，通过多层的、触觉的用户控制，以便实现获取新闻和信息的目标”，显然，概念被加了多重的限定和修饰语，虽然看起来愈加严谨，但也不可避免地显得复杂与拗口。厄舍花了适量的篇幅来专门诠释这个定义，但从结果来看，它也只是一个点到即止、适度中和的产物，厄舍意识到了这一点，并且也多次暗示，“互动新闻是一个包罗万象的术语”，与之相关的称谓如“互动性”“数据新闻”本身就是“令人困惑的术语”或“相当不稳定”。

即便如此，互动新闻仍展现了交互、参与、按需触控的基本特征。对此，厄舍讲述了她的亲身经历，这也解释了为什么在考察“互动下的新闻”与“新闻中的互动”时，她同样选择了《纽约时报》作为切入点。“我还记得第一次接触互动新闻的情景，”她在开篇中写道，“《纽约时报》的互动新闻给我留下了深刻的印象，并使我做出了有史以来最重要的决定之一。”厄舍回忆的是 2011 年，她和家人准备在华盛顿特区买房，但由于微薄的收入、有限的预算，她在买房还是租房哪一个更划算的问题上举棋不定。事后，她发现《纽约时报》有一个《租房还是买房更好》的新闻产品，确切地讲，是一款具有服务功能的程序。当输入一些个人数据，如月租金、可承受的房子首付以及房屋成本，加上物业税和抵押贷款的利率，该款程序告诉厄舍，“计划在华盛顿特区长期居住，那么买房要比租房的性价比更高”。

在这个过程中，厄舍的身份其实进行了一次悄然的转变——从计划中的“读者”变成了实际上的“用户”。这往往也是媒体融合趋势下新闻业被倒逼下的变革，它们需要拿出更多精力投入到富有视觉冲击力和阅读体验感的信息产品开发上。同时，从消息提供、资讯获取、增值服务、个性化需求满足等方面，纸媒需要不断超越固有的角色（定位），转型成一家综合的、全方位的内容服务供应商，当然内容不再仅是时事新闻。

与其说厄舍在这次经历中受益良多，倒不如说她以一个新闻理论工作者或媒体趋势观察者的身份，切实感受到了大数据和新媒体技术对新闻业的冲击及其带来的变化。正如她说的，“我使用的‘新闻业’特指在不断发展的数字环境背景下受到重大威胁，或需要做出最大改变的工作类型：传统新闻业”。所以，整本书的观察视角，特别是在思考互动新闻的方式上，是将其视为新闻生产领域的一种具有前瞻性的创新；也是新闻业努力跟上科技步伐，不得已而为之的一种“防御性的行业回应”。就此展开的叙事脉络来看，《互动新闻》与《〈纽约时报〉是怎么做新闻的》是一贯的、延续的、递进的，两者各有变与不变的部分。变的地方，是不同的阶段，不同的矛盾，不同的时代课题；不变的是自网络时代到来后传统新闻生产承受的压力与奋力迎头赶上的动力。

在该书撰写过程中，厄舍依旧采用了在其以前著作里出现过的“新闻室民族志”（Newsroom Ethnography）的研究方法。这是一种将人类学调研方法置于媒介观察上的方法论的借鉴。对比其他研究路径，其可贵之处在于通过阐述者参与、沉浸、体验式的观察，获得局内人的视角和第一手材料。同时，结合一些深入的、感性的、细致的访谈，来纠偏单纯基于文本资料和定量分析下的片面推断。

厄舍的观察有其很细微的一面，这倒不是因为她走访的媒体单位，远比上一回仅有《纽约时报》多出许多，除时报外，走访还包括了《华盛顿邮报》、半岛电视台英语频道、美国公共广播电台、《华尔街日报》、《卫报》、美联社。通过实地考察，厄舍向外界展示了不同新闻机构在融入“互动新闻”生产要素中，各自所做的尝试。虽然彼此重心不同，方式也不尽一致，但他们均没有否认互动的必要性、优势性。

然而，这并不是厄舍真正要表达的重点。她涉足广泛，旨在以尽可能多的现实素材来辅助其论证“互动新闻”这一形态究竟在哪些方面、何种程度改变新闻从业者的工作方式和知识系统。美国许多高校开设了“计算机与新闻”“无人机新闻”等课程或专业，但细究之下，新闻业与真正的外来者交集甚少。厄舍察觉到，围绕互动新闻的三个岗位（称谓）——黑客记者、程序员记者和数据记者，无论哪一种称呼，但凡真正懂得编程和写代码的技术人员，对进入新闻领域兴趣索然；而更多的情形则是，那些原本致力于文字如何用得炉火纯青，文章怎样写到精彩至极的编辑、记者们，需要试着去学一个新技能——编写代码。这既影响他们的思考方式，也关乎他们的自我认知。

整部作品关注新闻业的焦点现象、前沿话题，人们自然会关注作者对此所持的态度，是批评怀疑的，还是大加赞赏的，又或是有所保留的。厄舍从实证角度介绍了欧美新闻业界的做法以及现状，但也相当不客气地指出了其当前存在的局限：“许多存在的问题就会凸显出来。其中最重要的一个问题，是互动记者没有做好彻底调查他们之前的大型数据集的工作。”“还有一个更大的问题，那就是我们必须从更宏观的社会视角来质疑这种新闻的量化。”

厄舍指出了互动新闻的一些症结，或者说是影响互动新闻更具正当性、专业化、中立性的“原罪感”。厄舍认为，一方面，从事此类报道的新闻工作者需要确保搜集尽可能多的数据，且保证数据没有被“污染”，以确保其结论得出的客观与准确；另一方面，记者还得时刻注意或反思那种只满足于挖掘数据表面价值，而不刨根问底的报道手法。这也是厄舍从新闻伦理与专业主义出发，最为担忧的一点，她提醒人们“学习代码分散了记者在他们真正想做的事情方面取得进展的很多精力”。在曾经调研《纽约时报》编辑部如何实现“新旧媒体融合”时，她意识到了这一点，并且在《〈纽约时报〉

是怎么做新闻的》中予以揭示。到了写作《互动新闻》，问题看起来不仅没有得到缓解，反而愈演愈烈了。不光如此，由互动新闻展开，从移动新闻到以无人机、温度计、警报检测器等为传感工具的传感器新闻，但凡与大数据新闻有关的，都不约而同地被追加一个貌似占据“道德制高点”的诘问：新闻需要可视化、移动化、数据化，但一定要可量化吗？

对于以上这个挥之不去的疑问。我们愿意去接受这样的表述：互动记者不会成为“拯救新闻业”的答案，但是他们确实激励了这个专业向前发展。厄舍还写道：“互动新闻促使我们更广泛地思考专业在更一般的意义上可能如何成长和变化，特别是当这些专业面临着后现代的信息社会的挑战的时候。”厄舍的话无疑为传统新闻业的救赎平添了力量与憧憬。

笔记

互动新闻是新闻移动化、数据化、可视化和交互化的产物，但让信息表达有了更多可被接受的方式与样态，但它能拯救处于颓势中的传统媒体业吗？它能确保新闻本身的专业、客观与中立的品质吗？往往后者才是关键。

我们为什么需要“解困新闻”

对比中国现有对“解困新闻”潮流的研究、评述成果，这本书在两个方面实现了突破：一个是全球视野的持续追踪，一个是本土话语的知识建构。

得益于唐绪军、殷乐两位新闻学者的梳理，中国终于有了一本较为系统介绍“解困新闻学”（Solutions Journalism）的图书，虽然这本书是以“建设性新闻”的译法出现，并且现阶段仅着眼于欧美的媒体案例。

解困新闻学作为一种近些年兴起的新闻理念或“一场运动”，由《纽约时报》专栏作家大卫·伯恩斯坦(David Bornstein)在2008年提出。其基本主张是“新闻应当致力于问题的解决而非仅发现问题本身”，以及“报道应基于数据与事实，来说明方案如何有效、为何有效，换言之，它注重问题是怎么被解决的”。为了在更大范围实践这一想法和寻求更多志同道合者的加入，2013年伯恩斯坦与蒂娜·罗森伯格（Tina Rosenberg）、卡特尼·马丁（Courtney Martin）等《纽约时报》的同事，创办了“解困新闻网”（Solutions Journalism Network，“SJN”）。

就像“移动新闻”（Mobile Journalism）、“社会化新闻（Social Journalism）”的出现都有其相应的历史背景、社会特征，解困新闻亦是如此。从“MoJo”到“SoJo”，它们均回应了这个时代人们对新闻品质和功能价值的新期许。对于解困新闻，伯恩斯坦曾表示，“我们需要促进健康发展，而不只是攻击病痛（问题）……为读者提供可信的报道，帮助他们相信进步——这是非常重要的事”。

新闻业有个常见的说法，“无流血，不头条”（If it bleeds, it leads.），越是有暴力、战争、犯罪、冲突、情色元素的事件，越是能吸引大众眼球。所谓骇人听闻、哗众取宠往往与争先恐后、趋之若鹜成“正相关”。从报纸到电视到时下的网络媒体，这个报道准则很长时间指导了编辑方针，而那些“黄色小报”和不负责任的自媒体，则深谙此道、运用娴熟，靠兜售同情、贩卖焦虑、制造恐慌、激化矛盾、挑唆对立等，把作为一个“社会的公器”的媒体做成了一门“赤裸的生意”。订阅数、收视率、点击量、转化率成了他们主要的KPI，至于客观、中立、审慎、秉持敬畏，以及关于追寻真相中“不偏不倚，无畏无惧”的原则被抛诸脑后。

新闻需要一种建设性、向上向善的力量，这已经成为时下诸多新闻业者的一种共识。《赫芬顿邮报》的创始人阿里安娜·赫芬顿（Arianna Huffington）在2015年的达沃斯论坛上宣布改变编辑方针，她说要大幅增加具有积极意义的新闻报道，致力于关注普通人和社区的故事，报道民众如何面对挑战、如何克服困难、如何解决问题。为此，她将这次变革之举命名为“正能量新闻挑战”。无独有偶，英国的《积极新闻》提出“为改变而呐喊”的口号，清楚地表达“新闻业另一种积极的形式不仅使我们更加幸福，而且可以激发人们参与社会的意愿，成为诸多问题得到解决的‘催化剂’”。还有《卫报》旗下“对策与创新”“正面”等栏目所宣扬的“通过寻求答案、解决方案、行动和倡议以解决困扰世界的最大问题”。在通往解困新闻的道路上，队伍日益壮大。

这些媒体、人物与事迹，都被收录在了唐绪军和殷乐编写的《建设性新闻实践：欧美案例》中，不仅如此，该书还介绍了来自丹麦、荷兰、芬兰、瑞典北欧四国媒体代表在解困新闻上所做的尝试，英国的《经济学人》、BBC，德国《每日观点》、法国希望记者协会与火花新闻做的类似努力，以及美国《西雅图时报》、《波士顿环球报》、Upworthy、ATTN 等纸媒和网媒在相关方面开展的工作。

对比中国现有对“解困新闻”潮流的研究、评述成果，这本书在两个方面实现了突破：一个是全球视野的持续追踪，一个是本土话语的知识建构。而这恰恰对应了作者的两句话：积极踊跃，范围渐广，效果初显；名目各异，方法有别，宗旨一致。

作者前一句话道出了解困新闻理念在全球媒体业的总体发展态势。它不再仅限于美国，不再仅限于《纽约时报》或大卫·伯恩斯坦及其设立的在线写作社区。事实上，旨在让新闻能够振奋人心、鼓舞士气、激发参与的这股潮流，在全世界响应者众多，不仅是老牌传统媒体，新媒体也是踊跃参与。在这些“先行者”的行动中，中国媒体同行可以学习他们的选题思路、策划手法、报道技巧、传播策略以及运营思路。两位作者遵循了发展历程及现状、新闻产制、传播模式、运营状况等编排体例，目的是让中国读者有更直观的视角、更务实的借鉴。

而作者后一句话则多少解答了为什么“解困新闻”在书中却被译成了“建设性新闻”（Constructive Journalism）。按照作者的说法，除了前面两个称谓外（注意，他们把“解困新闻”翻译成“解决之道新闻”），还有“方案聚焦新闻”（Solutions-Focused Journalism）、“好新闻”（Good News）、“积极新闻”（Positive Journalism）、“和平新闻”（Peace Journalism）、“恢复性叙事”（Restorative Narrative）等多种名目，总体来看，“大同小异，在具体实践方法上也各有千秋，但就其本质而言……都是对传统媒体主流文化的一种纠正，其中的核心理念即强调积极向上，主张新闻报道要参与社会问题的解决，而不仅仅只是作为‘第三者’揭露社会问题”。当然，他们在理论渊源上也做了深入的研究，他们指出在美国 “解困新闻”的用法更为流行，而且它的源头可追溯至 20 世纪 90 年代末，一篇题为《解决之道新闻正在兴起》的文章首次提及了这一概念。

那么，是否意味着这个新闻理念会呈现出更广袤的“燎原之势”，对传统新闻“守门人”理论造成冲击与颠覆呢？对于这一项议题，作者的观点很明确。他们认为建设性新闻不是对旧有新闻观的取代，也并非仅局限于报道正面新闻。

强调建设性新闻是因为充满正能量与建议性的报道可以激发公众对话和参与，能指引解决社会诸多问题的一种策略选择，同时推动了媒体在公关传播时代社会价值的重新定位。借用“解困新闻学网”上相关的定义与诠释，“严格而令人信服地报道对社会问题的回应”，这种新闻手法无疑将在三个公共维度大展拳脚：聚焦公共议题、鼓励公共参与、建言公共方案。

无论是理念层面的新闻价值之争，还是实操层面的融媒新闻生产，一直以来，全球新闻业都在努力探寻使报道趋于完善、适应时代的路径。探索中也陆续出现了如新新闻主义、解释性报道、精确新闻、调查新闻、发展新闻学等若干学派或运动，它们在立场、主张、叙事和写作技艺上，让原本只为“记录时代与历史进程”的新闻有了更多的呈现方式。

解困新闻能成为一个门派吗？我们不得而知，这取决于它是否有完整自洽的理论、独树一帜的观点、一系列代表人物与作品等。然而它当前的流行，至少为充斥着不实消息、标题党、热衷鸡飞狗跳和一地鸡毛新闻的资讯市场中导入了一剂良药。

是的，我们需要能解闷、解乏的娱乐八卦，也需要能解决问题、解除困境的严肃新闻。

笔记

新闻应该要有多个面向，既能解闷、解乏，还能解困、解决。资讯市场总不能老被三只“鸡”的信息霸占：鸡毛蒜皮、鸡飞狗跳和一地鸡毛。

数字时代还有“乌合之众”吗

我们需要对韩炳哲这样的知识工作者报以尊重。在所谓“知识付费”的年代下，虽然他并没有对数字科技的发展给出良方或清晰地指明方向，但他仍以实际行动表明了被指摘为“无用之学”的价值可贵。

我怀疑看过韩炳哲《在群中：数字媒体时代的大众心理学》（以下简称《在群中》）的人们，他们是否真的读懂了数字群；就像我同样质疑这位德国新生代哲学家是否真的了解新媒体。

韩炳哲说，数字群不能成为大众，是因为他们没有灵魂或思想，“他们无法协调一致，无法将一群人团结在一起，形成一个有行动力的群体”。不清楚他做这个判断时有无听过凯斯·桑斯坦、克莱·舍基、唐·泰普斯科特或詹姆斯·索罗维基。他们这些人的著述，都阐明了网络民众集结起来可以产生有破坏力或建设性的“集体行动”。他们创造并运用群体极化、无组织的组织力量、大规模协作、维基经济学、群体性智慧等名词，对古斯塔夫·勒庞《乌合之众》中的群体运动进行扩展性探讨。然而在韩炳哲这里，他对网民的描述，既不是勒庞式的，“其群体结构与‘大众’完全不同”，亦不是马歇尔·麦克卢汉式的，后者提出“电子人”的概念，但它仍是具有“大众特性的人”。于是，他用了“数字人”来指称网络上的数字居民，描述他们个体的原子化、协同思想的缺乏、汇集的临时性以及行动的反复无常。问题是，韩炳哲就没有看到一丁点儿网众的正向力量？

韩炳哲提到了谷歌眼镜，借此来强调“数字成就了边沁全景监狱的完美结局”。在2013年谷歌创始人之一的谢尔盖·布林激动地向外界展示这款“每十秒就能自动拍摄一张照片”，实现可穿戴智能检索服务的新产品时，招致公众的非议，争议的焦点自然在于个人隐私与数据安全。这款可接入网络、时刻在线的眼镜，无疑让偷拍、监控变得轻而易举。韩炳哲的担忧是对的，但似乎言重了。何止是谷歌的这款眼镜，苹果的Apple Watch、三星的Gear系列、亚马逊的Echo以及各种人脸识别、大数据应用，这些数字设备或技术都希望能实现机器的深度学习、人工智慧，而这个卖点就是以最终取代人的部分主体性为技术演进的目标的。事实上，谷歌公司很快就表示停止销售这款眼镜，并宣布终止该研发项目的研发。围绕数据抓取、搜集、运用、泄露等负面效应并未得到解决，但这并不意味着我们要回到从前，与大数据趋势诀别。

韩炳哲以哲学小册子的方式反思互联网时代人们的麻木与危机，从议题设置来看，有点像弗兰克·施尔玛赫写的《网络至死：如何在喧嚣的互联网时代重获我们的创造力和思维力》。在那本书中，这位德国报人以知识分子悲天悯人、救民济世的情怀，重新审视人与电脑、网络的关系，关注这个时代人的境遇、困境及脱困之道。不过，他写得通俗易懂，媒体人的属性让他意识到要为大众写作、要启蒙和教育民众，所以其主题是严肃的、观点是深刻的，文字却是直白的。

韩炳哲有意让他的话语体系显得晦涩艰深、高深莫测，这与其本人是一个哲学学者无关。从大卫·休谟、叔本华、约翰·杜威、卡尔·波普尔、伯特兰·罗素、让·保罗·萨特……有太多的反例可以佐证，一个人的思想可以深，表述可以浅。这或许与韩炳哲推崇马丁·海德格尔有关，除了这本《在群中》，在他的作品如《精神政治学》《他者的消失》《疲惫社会》《娱乐何为》《美的救赎》《暴力拓扑学》《透明社会》中，他把对这位哲学大师的偏爱都融入其中。

在韩炳哲火速成名之前，很少有人知道其早年的过往，且履历也是零星碎片，显得隐蔽而神秘。在公开资料中，我们得知他1959年生于韩国首尔，80年代在韩国学习冶金学，之后远渡重洋，来到近现代哲学的故乡德国学习哲学、文学和天主教神学。1994年，他获得博士学位，他的学位论文研究的就是海德格尔。如今，他执教于德国柏林艺术大学，以每一两年出版一本短小精干的哲学论文集的速度积累着他的学术声名。当德国学界急需一名年富力强、充满活力，可以活跃在大众媒介舞台的有生力量出现，而西班牙《国家报》也契合时宜地评价他为“德国哲学家的一颗新星”时，韩炳哲名声大噪，让人不禁联想到欧洲另一位新生代思想者、畅销书作家阿兰·德波顿。

德波顿喜欢用哲学的思辨讨论大众感兴趣的话题，包括爱恋、旅行、工作、幸福、年华。他的作品本质上最接近哲学读物的当属他的《哲学的慰藉》，不过，它被写得世俗、轻佻、狡黠和暧昧。哲学成为德波顿笔下可供售卖的灵感，但却被大众拿来做落肚的鸡汤。对比之下，韩炳哲的作品起码保持了哲学高贵的精神格调、高尚的智识趣味，当然，这么做的代价是让一般读者难以接近。

况且，他还“师承”海德格尔。他的行文造句中无处不见海德格尔的话术，比如“无名之辈”(Niemand)、“重要人物”(Jemand)、“凡俗之人”(Sterblicher)、“真相”(Wahrheit)与“隐匿”(Verborgenheit)等。海德格尔素来以擅造新词、文本晦涩、理论抽象、观点繁杂著称，与之相似的还有康德、黑格尔，这俨然成了德国哲学的一种传统、一种风格。留学德国并定居于此的韩炳哲无疑承袭了这些特质，他并不惧怕与普通读者之间竖起一道知识的屏障，正如古希腊柏拉图学园门口镌刻着“不懂几何者勿入此门”的标语，他的一系列作品仿佛标有“不认同海德格尔者勿入”。

即便如此，他和海德格尔还是有很大不同。这种区别在于两个方面。一方面，韩炳哲还采纳了杰里米·边沁、弗朗茨·卡夫卡、米歇尔·福柯、雅克·拉康、瓦尔特·本雅明等思想家的理论资产，将一些可以做通识性诠释与解读的现象拉升至学理、深奥的层面，展开论证、说理。例如，隔着屏幕永远是冰冷冷的，韩炳哲认为数字交流是目光缺失的交流。这一部分他用了拉康的“镜像理论”，指明数字媒介致命的缺陷就是一种非人性的机械交流。另一方面，他娴熟地借用海德格尔创设的令人眼花缭乱却又不知所云的名词、术语，来展开他对技术存在的审视与批判，但其基本的分析框架却是崭新的。韩炳哲并未落入海德格尔的思想窠臼，对此，或许有两个原因可以解释：第一，在海德格尔的年代，“媒介”的概念尚未全面登场，更遑论“互联网”“新技术”等语词；第二，就海德格尔的思想而言，其饱受非议的不光是亲纳粹与反犹太的言论，还有被不断冒出来的“新词”遮蔽观点表达的写作方式。前者可以说是道德责问的层面，后者便是书写策略的选择了。韩炳哲的聪明之处在于他能把一些大众认知范围内炙手可热、耳熟能详的哲学语词、话术腾挪过来，运用他们的批判工具完成对新媒介的工具的批判。韩炳哲做哲学的方式，一开始就没将其作为一项放在书斋中的学究工作，而是将它投入真实的社会、时代的潮流、热门的议题中。

我们需要对韩炳哲这样的知识工作者报以尊重。在所谓“知识付费”的年代下，虽然他并没有对数字科技的发展给出良方或清晰地指明方向，但他仍以实际行动表明了被指摘为“无用之学”的价值可贵。同时，他也为那些面向大众而非为学界写作的人们提供了一种行进的路线，巧妙糅杂各种理论学说，伴以精巧的修辞和富有说服力的逻辑，令大众耳目一新。不可否认，他让许多曾经声名显赫却一度湮没在时下喧嚣中的理论家们的名字重新出现在了世人眼前。

笔记

用户、受众、电子人、数字群……不管被冠以哪种称谓，要对网络民众的集体行动有所重视。他们可以联结在一起，从事群体性智慧协作，也可以产生破坏性群氓行为。

数字技术将给娱乐产业怎样一个未来

《流媒体时代》旨在讨论一组议题——究竟数字技术为娱乐行业带来了哪些变化？娱乐公司该如何作为？

对那些坊间盛传网飞（Netflix）公司利用大数据技术决定投拍《纸牌屋》且一战成名的说法，如今有了一个更为详实的版本。

故事开始于2011年2月，一家名为MRC的电影公司正在向多家有线电视台推销他们的新剧创意，这部剧是《纸牌屋》，一部政治惊悚剧情片，其创意灵感来自BBC（英国广播公司）的同名迷你剧集。按照项目公司起初设想，剧集播出权能卖给HBO、Showtime或AMC的其中一家，然后再把网络播放权出售给网飞。

然而事与愿违，各大有线电视网并不买账。原因有三点：第一，各有线电视网都认为政治剧类型片不太受大众欢迎，很难大卖；第二，按照流程，通常需要制作方先拍出一集试播集，投石问路看收视率，看能否把人物设定、情节基础、故事主线讲清楚；第三，即便幸运地获得了后续投资，电视公司也不会向该剧主创人员提供任何资金方面的保障。

不过到了网飞这里，回应的态度与结果却截然不同。这倒不是因为它是一家早些年靠在线租赁DVD业务起家的公司。网飞的结论是，不用试播，直接投资拍摄，不仅如此，还一次性出价1亿美元买断两整季（26集）。当《纸牌屋》首季电视剧制作完毕后，又一反传统地把全集上线播出。毫无疑问，如果你是MRC公司的负责人，对眼前的丰厚条件一定欣然接受，然后全力以赴。至于故事的后续发展，绝大多数人都已耳熟能详——《纸牌屋》全球热播（除最后一季因为男主角凯文·史派西丑闻事件影响了剧集质量，草草收尾），网飞至此一飞冲天。

这段《纸牌屋》创作初期的内幕被写进了《流媒体时代》一书，并且作为开篇的第一章。两位作者迈克尔·D.史密斯和拉胡尔·特朗的重点并不在于讲述这部剧的命运起伏或制作水准，而是想通过它一举成名的经过，来述说网飞这个网络平台对传统影视娱乐行业是如何颠覆的，以及在多大程度上改变了游戏规则和商业玩法。在他们的解读下，因为网飞拥有海量的用户数据，所以他们知道什么类型、什么导演以及什么演员是受观众喜欢，什么不是；因为它是流媒体平台，所以没有什么所谓的“黄金时间段”，它的技术特性允许用户在任何时间、任何地点、自由选择观看任何节目（只要有网络）；

因为它是付费收看，不需要仰赖广告商的投资，所以它在剧集长短上不受播出的限制，可以让观众一次性看过瘾，同时不影响其他视听内容的编排；因为它是针对特定付费会员的服务，不存在像传统电视受限于大众传播的审美或播出政策，所以从题材到内容上它可以“屡闯禁区”。“网飞公司以会员订阅为基础的商业模式及按需自选的播放形式还在其他一些方面为电视剧编剧提供了创作的自由度。”两位作者接着写道，“比如，剧情最开始的一幕是全剧主角弗兰克·安德伍德（凯文·史派西饰演）掐死邻居家受伤的狗，这一幕让很多资深电视从业人员感觉相当不舒服。”但最后在成片时主创们还是坚持了这一大胆的设计。无疑，史密斯和特朗将这一功劳归于网飞个性化的订阅服务与自有的分发机制，在它自成体系又闭环生态的娱乐消费场景里，它完全可以走出与传统电视乃至有线电视网不同的道路。从这一点来看，《纸牌屋》的成功与网飞的成就，是有逻辑可循的，因为网飞就是一家网络科技公司。

整部《流媒体时代》，两位作者以网飞的案例开始，还有早些年的 Napster，后来的 iTunes、亚马逊旗下的 Kindle 和 Prime Video、Facebook、YouTube、HBO、Hulu 等，它们共同发起了对传统娱乐业的挑战。这是一个从“原子”到“比特”的时代切换，亦可能是市场话语权主导者权力棒的一次交接。一般意义上的出版商、电视台、制片厂、唱片公司都感受到了前所未有的压力（也含有焦虑），随着互联网的勃兴、移动场景的到来甚至借由 5G 技术势必引发的视听体验革新，这些文娱产业过去的“老牌玩家”的光环不再——它们不光要面对网络打着“分享”旗号的盗版行为，还要面临从内容到渠道掌控的力道式微。史密斯和特朗认为，对创造性行业而言，现在是最好的时代，也是最坏的时代。他们其实想说，市场风向与格局已经发生剧变，可以将其视为“天摇地动”，换言之，跟得上，就是“大好时光”；跟不上，便是“凛冬将至”。

读类似的书籍，读者通常希望从书中获取关于未来走向的一些观点。那么，在两位作者眼里，究竟以网飞为代表的娱乐新贵们，对当前的市场现状进行了哪些“颠覆式创新”？换句话说，《流媒体时代》旨在讨论一组议题——

究竟数字技术为娱乐行业带来了哪些变化？娱乐公司该如何作为？

在史密斯和特朗看来，信息技术拓展了娱乐内容的发行渠道，提升了对用户需求的精准把握，丰富了对个性化产品的供给，同时，利用网络经济特有的平台优势与规模效应，文娱产业得以接触到更多的金融资源。当然，这些都还不涉及这个行业未来真正的样貌，作者说，“我们并不知道在娱乐行业的下一轮激烈竞争中，到底哪些公司会脱颖而出，成为新的赢家。但是，对新技术如何改变娱乐行业的现状，我们有相当深入的了解”。从网飞这家于当前极具话题性和讨论价值的公司上，我们能看到数字娱乐的趋势，一种被英国《经济学人》杂志称之为“网飞经济学”（Netflixonomics）的新模式，它是以大数据、人工智能为技术支撑的精准推送，外加个人订阅经济。而在罗伯特·金奇尔和马尼·佩伊万合著的《订阅：数字时代的商业变现路径》中，也分享了从内容产出、获取用户到转化订阅、价值变现的全新数字内容商业之道。顺带一提，罗伯特·金奇尔系 YouTube 首席商务官，曾在网飞担任内容副总裁，负责电视节目和电影的采购工作。

想在网飞、谷歌、亚马逊、Facebook 强敌环伺的时代下生存下去，大型娱乐公司该怎么做呢？书中给出的建议是，“必须把对客户数据的搜集和分析当作公司最重要的任务之一”，不仅如此，“必须控制与客户交流接触的环节（并且必须在这个环节中取得关于消费需求的数据”。大数据再次被提及。这是一种新的思维方式，也是一种新的生产关系，更是一种新的商业模式。书中特别提到 Hulu 的遭遇，作者认为“一个富有活力的新视频平台与影视公司的现存商业模式并不兼容”。如果 Hulu 取得了成功，它就会蚕食掉电视媒体行业目前的通用货币——收视率。因此影视公司希望 Hulu 能在媒体转型、融合发展的竞争态势中拔得头筹，但又不太愿意看到它太过强大，因为它会反过来影响自己的收视份额。Hulu 是由 NBC 环球、新闻集团以及迪士尼联合投资的视频网站，对标的公司就是网飞、亚马逊的 Prime Video。

在过去的 100 年里，那些文创、娱乐巨头赖以繁荣的逻辑在于牢牢掌握了两种稀缺资源——宣发渠道和创作娱乐产品所需的金融与技术资源（在吴修铭看来，巨头们一定程度上成了阻碍市场自由、限制创新的“总开关”）。

可是到了大数据时代以及“订阅经济”的数码年代，旧有的规则被打破，需要一种新的思路与玩法。史密斯和特朗没有给出系统、操作指南式的建议，他们阐述的是某种纲领性的理念：“要想更好地利用这些新的工具在娱乐业中创造并且获取价值，关键是必须掌握两项新的稀缺资源：一是对消费者需求的理解，二是获得并管理消费者注意力的能力。”

无疑，我们应当从“网飞们”的成功学中汲取有益的经验，转而在组织结构、岗位设置、人才培养、渠道建设、平台打造上进行积极主动、破釜沉舟的改革。但这通常不是中小娱乐公司能承受的，《流媒体时代》的观点不言自明：数字娱乐业的未来还是大玩家的博弈。

笔记

“流媒体时代”对内容生产业者来说无所谓好坏，只是市场风向变了，产业格局变了。跟得上，就是“大好时光”；跟不上，便是“凛冬将至”。

当技术介入报道，融合的开始

出版《传感器与新闻》时，其在以下三个方面具有“里程碑”的意义：第一，传感器新闻在彼时达成的某种业界共识；第二，较为全面地梳理传感技术报道的实例；第三，辩证地指出了并存的机遇与挑战。

传感器与新闻，貌似风马牛不相及，放在一起却又显得不明觉厉。

一个用来测量物理世界各类数据的装置，和新闻有何关系？对报道意味着什么？它又预示着什么？难道仅仅是因为两者都基于客观并力图记录真实？

早在 2012 年，作为一个概念的“传感器新闻”（Sensor Journalism）在美国新闻业界走红。随后几年，以哥伦比亚大学托尔数字新闻中心（Tow Center For Digital Journalism）为代表的学术机构，召集一批专家、业者与技术研发人员，成立“传感器新闻”工作组，旨在深入探索新闻领域的实践以及由此引发的法律与道德伦理问题。2014 年，当该中心研究员弗格斯·皮特（Fergus Pitt）把这些人包括自己的研究成果汇编成册，出版《传感器与新闻》时，其在以下三个方面具有“里程碑”的意义：第一，传感器新闻在彼时达成的某种业界共识；第二，较为全面地梳理传感技术报道的实例；第三，辩证地指出了并存的机遇与挑战。

皮特指出，就性质而言，“传感器新闻”显然不能被理解为“数据新闻”，尽管它的最终输出还是大量数据。为了方便理解，人们通常会把传感器新闻界定为利用传感器来收集或生成数据，然后用它来组织分析、做可视化处理和支持新闻报道的一种方法。就语词的结构来看，传感器新闻的侧重点在于把传感技术当作一种辅助手段，丰富了新闻报道的方式从而提升内容叙事的品质。而“新闻传感器”，则重在对各种传感设备的开发与使用。在《传感器与新闻》中，皮特写道：“包括传感器在内的科技产品的硬件部分也在变得越来越便宜和普及。我们提及的几种传感器虽不能全部涵盖本书所触及的科技广度，但也都是很好的示例。”它们包括嵌入在移动终端（如智能手机、平板电脑）中的加速器、GPS 感应器、麦克风等，还有像苹果 iWatch、Fitbit 等各类可穿戴设备，安装在房舍、田野、船只、飞机、卫星上的各类遥感器，以及风头正劲的无人机。

“传感器无所不在”，按照查尔斯·贝瑞特（Charles Berret）的说法，人类早在史前就已经开始制作传感器。例如从早期文明的废墟中挖掘出的秤，主要用于交易和课税时的称重。新石器时代的石环，像巨石阵、一些岩窟庙建筑都是用于观测天空预测春季解冻和秋季丰收的巨大设备。贝瑞特在书中贡献了《传感器和可感物：一份历史调查》一文。在传感器的历史还原上，应明确究竟什么是要予以考察的“传感器”——具有感知与测量功能的未必就是我们想说的。

然而，时下新闻从业者会越来越多地想要使用传感器，这一点毋庸置疑。有两个原因对此做了解释：一方面，新闻报道希望获取更多的数据、线索，来加强论证、助力其结论的得出；另一方面，可将人们的观察与印象记录下来，并使它们变得更具体，以方便比较。这意味着，新闻在定量上与定性变得同等重要，并且在版面篇幅的占比上两者差距将有所缩小。不过也有观点认为，传感器新闻的悄然兴起与大数据时代息息相关，人们对“数据信息的需求大大增加”。中国传媒学者许向东在《大数据时代新闻生产新模式：传感器新闻的理念、实践与思考》中提到，“通过对获取来的数据的分析、挖掘可以发现常规新闻中不能发现的意义与价值，从支离破碎的信息中发现规律和趋势”。这其实是一种意识的觉醒、思维的变革，它们还有个前缀，那便是“大数据”（big data）。换句话讲，传感器新闻的大量运用与维克托·迈尔·舍恩伯格在《大数据时代》、大卫·芬雷布在《大数据云图》等书中描述的观念与前景如出一辙。

2015 年上半年，我在密苏里新闻学院访学期间曾听过关于把“枪声监测”（Shot Spotter）系统运用在专题报道的经验。《传感器与新闻》则对这个应用案例做了详细的披露。据文章介绍，枪支问题是华盛顿特区的主要社会话题。2013 年 11 月，一位名叫大卫·菲利斯的记者联合几名他在《华盛顿邮报》的同事，向当地警察局要求了解“枪声监测”工具使用的情况以及相关数据。这个系统由遍布在城市各个角落的音频传感器组成，每次类似“枪声”的发生，都会实时引发系统里的警报，然后第一时间报告给附近警署传出疑似枪响的地点。通常监测到疑似枪响的地点范围为直径 1.5 米，算是相当准确的位置描述了。在收到警报后，警察局会派出一名巡警到该地点展开调查工作。菲利斯把这一前沿应用以调查报道的形式进行了发表。他表示，写该组报道有两个目的：首先，阐明这个系统是什么以及怎么使用；其次，去解读数据背后的意义，给读者创造一个思考、探讨，并得出结论的机会。

不光是《华盛顿邮报》，来自《休斯敦纪事报》的一名记者利用传感器，去探测当地一些化工厂是否释放有害物质；纽约公共广播电台（WNYC）教听众自制“蝉追踪器”，然后去追踪春天里的蝉鸣，同时电台将收集来的数据做成时间轴，为听众献上了一篇由他们自己参与制作的优秀科普新闻作品；美国国家公共广播电台（NPR）一档《环球财经》的节目，通过发起筹款去制作一件T恤的活动，运用无人机、GoPro等设备纪实地摄录下“从一粒种子到进商店售卖”的T恤产销的全过程；佛罗里达州《太阳哨兵报》（*The Sun Sentinel*）的记者与高速路收费站传感系统的“阳光通”（Sun Pass）公司合作，调取了2004年以来系统记录的警车通过收费站海量数据，对平均行驶速度等指标进行了测算，发现了5 000多宗警车违法超速驾驶的案件……

传感器新闻无疑为新闻专业主义在技术维度上的创新树立了典范，也为拓展报道视角的广度与深度提供了条件。在一些严肃话题、复杂事件、调查报道、解释性或预测性报道、“公民参与式”新闻、文章叙事呈现等方面，传感器能为新闻行业开创更广阔的局面和创造更多的可能。还有学者指出，传感器为今后定制化信息服务奠定了基础。它成了用户与媒介之间的连接器、需求与供给的“传导器”。正如弗格斯·皮特总结的那样：“对于新闻业而言，对传感器的供应与需求恰能相互呼应。”

虽然业界对于传感器新闻的创新形式大加赞赏，但也要客观地审视其存在的安全隐患和对于法律、伦理的冲击。弗格斯·皮特提醒人们“设备质量不过关、缺乏统一标准、人为篡改等等，都可能影响数据的可靠性”，一定程度上它会“诱发”假新闻的产生。同时，对数据信息的泄露、个人隐私的侵犯，都有可能让传感器新闻背负骂名。所以，书的第三部分特别收录了一些有关法律和伦理考量的文章，也是尽力避免“传感器主义”或“数据至上主义”。以下是几条来自书中的忠告，也代表大部分专家、学者的意见：了解传感器知识，在操作选题前提出科学的假设；在报道复杂新闻时要记得求助专家，以获取更多有理有据的解释；不能为了冷冰冰的数据而舍弃传统报道方式，否则会让文章缺乏感染力和说服力。

当然，在新技术的介入下和新旧媒体融合的潮流中，传感器新闻只是一个开始，有很多未开发的玩法、未曾发现的领域，如同这本数年前的《传感器与新闻》，它也不过是一个阶段的归纳。

笔记

传感器新闻无疑为新闻专业主义在技术维度上的创新树立了典范，也为拓展报道视角的广度与深度提供了条件；但也不能为了冷冰冰的数据而舍弃传统报道方式，否则会让文章缺乏感染力和说服力。

从“广告狂人”到“数字狂人”，传统广告业还有救吗

互联网公司又会对广告与营销界产生哪些持续影响，是积极正向的，还是釜底抽薪的？这都是《广告争夺战》将引发的集体讨论。

2017年9月25日，“纽约广告周”（Advertising Week New York）正式拉开帷幕。这是全球最大规模的广告行业峰会。会议照例吸引了各大广告公司、品牌厂商和新旧媒体高管、代表们的热情参与，为期五天的议程也囊括了创意、技术、媒介、内容、规范等主题，大小论坛、对话270余场。细心的观众发现，明明是“广告周”，但脸书、谷歌、微软以及中国的腾讯等科技公司却存在感极强。它们之中，有的成为赞助商、摆起了宣传展台，还有的带来有趣好玩的数字营销成果——一个《穿越故宫来看你》的H5视频。

这是创新的变化，也是危险的信号，对传统广告人来说，他们亟须重新评估他们的处境，并尽快做出调整，时不我待。有一次重量级的对谈正在进行。那是开幕的第一天，颇受业界关注的两名嘉宾围绕“广告业现状与面临的技术冲击”的议题展开交流，他们是苏铭天（Martin Sorrel）和肯·奥莱塔（Ken Auletta）。前者为全球最大广告集团WPP的创始人与首席执行官（2018年已辞去所有职务）；后者则是美国知名的媒介观察者与专栏作家，自1992年起为《纽约客》撰写“传播领域大事记”专栏，出版了12本书，最有名的是那本《被谷歌》。

两个人关心广告业的普遍性问题，对话以此开始。作为广告业最有权势和发言权的人物，苏铭天视谷歌、脸书、亚马逊这些互联网公司为真正的对手。在广告界纵横三十余年，他完成了对一系列传统广告公司即同行竞争者的收购，在他管理的WPP集团中，囊括了像扬·罗比凯、奥美、智威汤逊、传立、葛瑞、达彼思等一大批广告界翘楚的传媒公司。WPP帝国在112个国家拥有13万名员工，市值约310亿美元，并且拥有超过17%全行业最高的利润率。然而在数字时代，这个广告巨头却不得不面对另外一批“巨兽”——用《纽约时报》科技专栏作家凯文·罗斯（Kevin Roose）的话来说，像脸书这样的公司，“已经成为一个技术和媒体的巨兽，它拥有的能量可能超过了现存管理能力的限制”。同样的，当有记者问起苏铭天，是什么让他夜不能寐，他的回答是“亚马逊”。

苏铭天认为，快速增长的市场、数字化破坏、数据是影响广告业的三大驱动力，实际上，背后的关键是消费群体的更迭和内容渠道的迁移。从前，报纸、杂志、广播、电视、户外屏是广告投放的阵地；如今，广告投放地是各类移动终端、各种小屏幕，人人皆可成媒体。互联网平台逐渐冲击到传统广告代理商，凭借其流量、数据、定向投放、精准营销的技术，跃升为媒介代理的主角。

棋逢对手总是令人期待且兴奋。奥莱塔的提问不离本行，也直戳核心。他问苏铭天，广告业面临的困境是周期性问题还是结构性问题，技术公司对广告业产生了什么样的影响和颠覆，如何看待崛起迅速、大有后来者居上的科技企业……苏铭天倒也不回避，事实上，他切实感受到相关市场的变化、媒体生态的多样、游戏规则的改变，作为资深从业者（或一定程度上行业体系缔造者之一），他对这些问题再熟悉不过，至少在公开场合可以驾轻就熟地回应。他用了 frenemy 一词来形容眼下广告业与互联网公司之间的关系，它是“朋友”与“敌人”的合成词，代表着亦敌亦友，更意味着两者“竞（争中有）合（作）”的微妙对立。

恰巧，奥莱塔在写一本反映广告圈、营销界真实生存图景的书，议题则聚焦了网络媒体带给传统广告业的危机、恐惧乃至革新。广告业是否会消失，或者广告代理究竟会以怎样的姿态重生，这倒不是那本书要探讨的问题；奥莱塔只是以他广博的人脉、丰富的信源、深入的观察，如实地将他在这个行业看到、听到、读到的动向进行记录。一年后，他的这本新作出版，他沿用了苏铭天的说法——frenemies，这是“敌友”的复数用法。看来，这不只是苏铭天及其 WPP 的感受，而是整个行业的普遍现状。

在这本后来中文被译为《广告争夺战：互联网数据霸主与广告巨头的博弈》（以下简称《广告争夺战》）中，我们还会看到广告界的其他精英，如欧文·戈特利布，他是大型媒介代理集团公司群邑集团的领袖；乔恩·曼德尔，曾担任竞立媒体（MediaCom）的首席执行官。当然，也不乏一些“新势力”阵营的代表，像脸书的首席营销官卡洛琳·艾佛森、媒链公司的迈克尔·卡森，后者是一家咨询公司，努力将广告买卖各方进行媒合、聚联。奥莱塔凭借对媒体行业的了解，对资料论据的信手拈来，戏剧化地描绘出营销界新旧力量势均力敌、相互抢占领地的动荡的变革前夜。

与奥塔莱在《纽约客》上写的那些专栏文章叙事略有不同，在这本新作里，他把鲜明的观点、犀利的语言进行了“包裹”，看起来显得不那么先入为主、措辞激烈。他更像是一个忠于事实的报道者与记录者，许多旗帜鲜明的支持、反对意见都尽量援引业内人士之口，譬如前面提到的苏铭天。

不妨拿书中写苏铭天的章节与之前发表在《纽约客》上的文章《WPP苏铭天爵士的崛起、统治与跌落》（The Rise, Reign, and Fall of W.P.P.'s Martin Sorrell）对比。后者从苏铭天的“被迫离职”写起，回顾了苏铭天争强好斗的童年性格与纵横捭阖的广告生涯，强调了他高明的商业手腕、所向披靡的战绩和强大的赚钱能力。与此同时，也写了苏铭天的职业危机，因“非常强烈的主权意识”导致和公司董事会的决裂。“最近几个月，苏铭天爵士本人和公司备受打击，客户接连削减广告预算、竞争加剧、广告集团纷纷下调财务预期，股价遭受重创。但苏铭天爵士也许把广告业不景气的原因错误地归结到客户削减营销预算。而他曾认为一切会恢复增长，并宣称如果让WPP的员工整合团队、进行横向合作，那么业务就会恢复繁荣。”接着话锋一转，写道，“然而，如果行业衰退的背后是有更深层次的原因呢？——这是一次由互联网带来的生存危机，它正在淘汰像广告公司这样的‘中间商’，加上如今的消费者越来越厌恶广告。”奥莱塔在书中的语气显然温和许多，这或许与他后来所持的立场有关——在写作此书时，他更多站在传统广告业的利益考量上，去检视科技对其造成的威胁与困局，同时在思考着突围之道。这明显能让人感受到身为作者的奥莱塔在生产旧秩序被打破、新秩序尚未全面建立之际所流露出的恻隐之情。

书中还提到了“数字狂人”（Math Men）。奥莱塔巧妙地把经典美剧《广告狂人》（*Mad Men*）的剧名来了一次谐音妙用。该剧是对20世纪五六十年代美国广告业“黄金年代”的如实写照，有几种说法，剧中主人公创意总监唐·德雷柏（Don Draper）的原型是李奥贝纳广告公司的创意总监德雷柏·丹尼尔斯（Draper Daniels），也有人说是奥美的创始人大卫·奥格威。总之，整个剧集弥漫着浓浓的怀旧气氛。对许多美国人来说，那个年代是权威瓦解、个性解放的年代，也是经济腾飞、市场景气的时期。同时，亦是美国广告业火爆发展的阶段，许多鼎鼎大名的大型广告公司正是在这一期间迅速走上资本化、集团化、国际化之路。

奥莱塔的机警、聪明由此可见一斑。通过这组近似的语词，他揭示了一个“唐·德雷柏们”面对的残酷现实：“曾经，广告狂人统治了广告行业。然而，它们的风头正在渐渐被数据达人所占据。”这句话的核心观点还是直指科技公司。这篇于2018年5月同样发表在《纽约客》杂志上的专栏，旨在向外界陈述以下事实：谷歌和脸书的市值都已经超过了美国六大广告和营销公司的总和。光是脸书一家公司，从广告获取的利益已经超越了所有美国报纸行业从刊登广告所获取的收入，与此同时，谷歌的广告收入还是脸书的两倍。

在与科技公司的广告争夺战中，为什么传统老牌企业败下阵来，奥莱塔将原因归纳为大数据。没错，就是大数据。通过用户的浏览习惯，大数据可以帮忙建立用户数据库，以达到准确定位广告投放的效果，这叫“定址广告”（Addressable Advertising）。通常只有科技巨头掌握精准投放广告的核心技术，不仅能投到你的准确地址，更能针对你日常生活中的各种行为进行精准定位。在数据安全、信息隐私保护方面，这种随时抓取并监测、判断用户数据行为的举动或许值得商榷，甚至它被哈佛商学院教授肖珊娜·佐伯芙（Shoshana Zuboff）称作“监控资本主义”（Surveillance Capitalism），但不可否认，它在精准营销、投放效果上，一定优于过去广告人们凭创意、经验、商业惯例那套做法，并且成本相对低廉、成效更加明显。用群邑集团前高级执行官布莱恩·格林恩（Brian Lesser）的话来说，科技公司想做的是实现“能提前比用户知道用户想要什么”的目标。无疑，对传统广告业所处的维度而言，这是彻底的降维打击。

从写作时间看，杂志上的文章与书中相关章节可能相差无几，这保证了奥塔莱行文脉络的连续与观点的一致。究竟广告业会在多大程度拥抱科技，进而重塑自身产业？另一方面，互联网公司又会对广告与营销界产生哪些持续影响，是积极正向的，还是釜底抽薪的？这都是《广告争夺战》将引发的集体讨论。

笔记

数据、渠道和受众的迁移，导致传统广告遭遇前所未有的变局与挑战。“广告狂人”（Mad Men）会不会就此成为“数字狂人”（Math Men），答案未知，但对数字世界、网络世代多加关注，不会有错。

电商改造书店，绝不是“线上下单，线下取货”那么简单

线下卖“大众化热门”和线上可买“个性化冷门”成了有利互补。电商改造传统书店或许是一种商业模式，但绝不是“网上下单，门店取货”那么简单。

旅行或出差，但凡有时间我都会去当地的书店逛逛。不论是综合性连锁书店，还是独立小众店家，都能从那里发现书本之外的信息，例如国民的阅读习惯、文化素养和地方的学习氛围、文化环境。书店存在的意义和由知识型网红担纲的“跨年演讲”不同，后者极其合时宜地抓住了现代人“信息焦虑”的痛点，以一副天降大任、我为人人的姿态去传经布道——事实上，他们只是把近期畅销书的论点、论据，以类似读后感和笔记体的方式，再次传播出去。它有个时髦的称呼“知识付费”，其本质上是商品化的行为。书店也在“贩卖”知识，但两者最大的区别是：一个是系统地摄取与建构知识，一个是功利化消费与碎片化欢愉。

不可否认，实体书店正在遭受冲击：不仅有“文化快餐”品类的丰裕，还有源于时代更迭、数码生活方式的到来。在哈佛大学图书馆馆长罗伯特·达恩顿（Robert Darnton）写的《阅读的未来》中，有一种趋势正在发生，即电子媒介与纸质书媒分庭抗礼的格局已形成，且电子媒介的优势在逐步扩大。像维基百科、谷歌已控制了大多数美国人信息获取的方式（渠道），长此以往，传统图书馆（包括书店）被线上数据库取代并不是不可能。达恩顿的担忧和希瓦·维迪亚那桑（Siva Vaidhyanathan）的警告如出一辙。这位美国弗吉尼亚大学传播学教授在《谷歌化的反思》中指出，当人们习惯了谷歌带来的方便、快捷、高效的信息检索服务，自然会轻而易举地产生对技术的盲目信赖和崇拜。它的风险在于使我们逐渐抛弃必要的警觉和智慧的沉淀。

两位学者的观点充满远见。其实何止是谷歌，更有来自像亚马逊这样的电商巨头对实体书店进行持续地“围剿”。一键下单的在线图书销售、Kindle 电子阅读器的推出、Prime 会员免费快速配送服务，其结果是间接导致美国曾经第二大的 Borders 书店破产倒闭，直接抢占美国第一大连锁书店巴诺（Barnes & Noble）的市场份额。

正当人们开始注意到互联网扼杀实体书店，尤其是用户钟爱的本地独立书店，并忧心忡忡地讨论起纸质书是否会消亡，亚马逊突然杀了一个回马枪，竟开起了实体书店。自 2015 年 11 月起，亚马逊在西雅图开出第一家“亚马逊书店”（Amazon Books）后，至今已开了近十家线下实体店。而且有报道称，这种利用大数据思维和长尾模式经营的书店，亚马逊只用了一年多的时间便实现了盈利。正值纸媒行业萧条、传统书市凋敝，亚马逊貌似“逆势”之举和“新零售”概念能给书店经营以什么样的启示？

有去过亚马逊书店的朋友介绍说，亚马逊有意重新定义书店。无论是在书的分类、陈列、导购、下单，还是在环境、空间、布局、体验上，亚马逊都会做出一些改变。例如，店内摆放的每本书封面都朝向读者，并且在书下方附上黑色卡片，摘录网站上购书者的评价、总评分、某日期前得到的评价次数以及条形码。有些角落，还会看到书架上“如果你喜欢……”“你会喜欢”的分类，线下延续了亚马逊网上购物时的推荐功能。

书的分类机制花样繁多，如同其内部书架的设计错落有致。亚马逊最大程度发挥了其20多年在线图书销售积攒下的大数据优势，因此，才有“读者最希望拥有的书”“一百本一生必读书”。线下书店也涵盖了一些其他推荐榜单，如各重大著作图书奖获书目（普利策奖、美国国家图书奖、布克奖等）和作为创新之举的“本地阅读”（Read Local）类。

《商业设计周刊》分析说：“亚马逊实体书店的设计解决了网上购物平台的最大问题——可发现性，即如何发现及选择商品。这些已开或未开的书店是亚马逊网站的延伸，与网上购物平台共同构成亚马逊生态系统的一部分。”亚马逊已然精准掌握大众读者的阅读口味，借此有效地筛选出各个领域的头部图书，成功地改造了传统书店，它的借鉴意义在于：线下卖“大众化热门”和线上可买“个性化冷门”成了有利互补。电商改造传统书店或许是一种商业模式，但绝不是“网上下单，门店取货”那么简单。

几个月前，我去洛杉矶度假访友。朋友知道我的喜好，特别向我推荐了一家“网红”打卡地——The Last Bookstore。2011年，这家独立书店在洛杉矶市中心开业，占地2 044平方米，两层店面内部是以书组成的巨大结构。那里是所有爱书且喜欢玩社交媒体的年轻人的“理想之店”，因为能拍出群书环绕又动感酷炫的照片。我自然不能免俗，当我把照片发到网上，我在纽约的设计师朋友看到后立马给我消息，推荐说在纽约也有类似一家书店，名叫“Books Are Magic”。它位于纽约市布鲁克林区，开业于2017年，已成为当地最有名的书店之一。

在网上搜索这家书店，可以看到它许多潮流十足、时尚前卫的照片。人们蜂拥而至，购买 Books Are Magic 的商品：他们购买淡蓝色和淡粉色的杯子，这些杯子刚上市就立即售罄；还购买淡粉色的 Books Are Magic 大手提袋——这款手提袋极受欢迎，甚至有位女顾客来到店里购买了 100 个，再拿到日本的快闪商店出售。《纽约杂志》（*New York Magazine*）评价这款大手提袋是一个“身份手提袋”，拎着它就能彰显你的高文化修养，即使你从未在这家书店买过书。书店外部的墙上是一幅黑色的壁画，上面写着几个千禧粉单词——Books Are Magic（书店的名字）。这就是所谓的“打卡墙”——一个购物者和路人都无法抗拒的拍照地点。这也是这家书店的免费营销。这家店不费太多力气，就能使自家标识每天出现在成千上万个纽约人的 Instagram 账号（一款社交软件）上。

即便在我生活的杭州，也不乏以“最美”为卖点的书店，例如钟书阁、悦览树、言几又和晓书馆，不打烊、文艺范、设计感，构成了这些书店的特色。从儿时的新华书店，到后来博库书城的升级，以及被频频提起的诚品书店、叶一堂（PageOne）的“样板间”，书店不再是单纯卖书的功能，就好比星巴克不光是喝咖啡的场所，也是洽谈、聚会、工作、独处的场所。

去书店喝杯咖啡，聊个天，顺便逛逛文创店中店、闲适地翻会儿书，是今天实体书店的常态，也是复合型书店转型的必由之路。而 The Last Bookstore 和 Books Are Magic 的案例则告诉我们，书店不是为了社交媒体而建，但一定不能忽略了社交媒体的引流、获客和转化购买的能力。

大量“千禧一代”（一般指在 1980 年到 2000 年前后出生的人）成为文化消费的主力军，他们乐于在网上展示自己。从 Instagram 到推特到脸书，从微博到朋友圈到小红书，各类社交媒体满足了他们在网上“日常生活中自我呈现”的需求。

按照欧文·戈夫曼的说法，“晒出自己”多少有点印象管理、刻意“表演”的成分，但也不能否定社交媒体是一个更广阔的平台，让那些图书爱好者可以分享对阅读的热爱，并与其他人有机会沟通有无。再实际一点讲，此举也有助于对书店的展示，吸引人们采取行动予以支持——哪怕这种支持只是点杯咖啡、买个周边。

笔记

数字化冲击书店，不是因为阅读不再重要，而是纸本的媒介形式开始不被接受。有关阅读的前景不乐观，但也不至于彻底悲观。当我们重新定义“书本”、创设阅读新场景，这种改造既是必要，也是趋势。

“短视频＋电商”，焦虑与冲动下的变局

虽说“短视频＋电商”近期来势凶猛，但就模式本质而言，并非新鲜事物。它仍然是以“关键意见领袖”（KOL）和优质内容来获客，投其所好、培养粉丝，然后逐渐激发用户购物欲望的基本程式。

一个我教过的从事网红电商的学生最近比较烦。问原因，她说她在几个短视频和直播平台都有粉丝，但这段时间以来，不少平台都在调整策略。有的加码内容生产，有的开始转战电商，有的尝试品牌转型，无一例外地，它们都在为尽快“变现”努力，因而也会有大刀阔斧变革的举措，也有只争朝夕的焦虑。对依附于此借势谋生，或更体面的讲法是在一个多方共赢的“生态圈层”里，个体博主或主播只能随之而变。玛丽·K. 斯温格尔（Mari K. Swingle）在《劫持：手机、电脑、游戏和社交媒体如何改变我们的大脑、行为与进化》中探讨了“数字媒介对人类行为的操控与改变”，套用她作品的标题，那个学生何尝不是被不同平台的各种算法和逻辑“劫持”，有同感的人还不在少数。

从2016年下半年起，短视频迎来了一波高位发展，至今已形成如抖音、快手、小红书等几大头部。算上新闻资讯、网络视频、社交媒体、在线直播等各大平台后续纷纷上线的“小视频”或“微视频”板块，短视频业的“黄金时代”已然来临。但正如这些年里互联网各种新事物的演进轨迹：从当年的“百团大战”到后来的“在线直播”再到较近的“共享单车”；先急着“上位”，拼命“叫好”，再寻思如何“叫座”；通过一系列烧钱补贴、迭代创新、战略转型、并购整合等方式，完成市场优胜劣汰、赢家通吃的局面；这是最简单、最直白也是最现实的竞争。如今，在几乎“如有雷同，不是巧合”的故事脚本中，短视频业务也赫然在内。

那位学生的焦躁、不安和困惑，折射出当前各大短视频平台在集体商业化提速中的惴惴不安和诚惶诚恐。譬如快手，这家成立于2011年最初只是一款用来制作、分享GIF图片的手机应用，自2012年转型为短视频社区后，先后尝试过电商、游戏、主播等业务。如今，它虽然坐拥数亿用户，在二线及以下城市有很强的品牌识别度与存在感，但作为后起之秀的抖音甚至小红书，都迅速在用户基数、活跃数量、市场规模、业务创新上与快手缩小差距，还在内容类型、社区氛围以及网红带货上有后来者居上的态势。快手的不淡定可以理解，它的“急于出手”也合乎情理了。

快手正式推出营销平台，其中包括信息流广告、品牌标签广告、快手小店等。就快手小店而言，每个经认证的主播可申请开店，并在店内展示商品，商品则来自与平台有合作关系的商家店铺。主播们可引导粉丝，查看推荐商品完成下单购买。终于，在短视频领域“起了个大早”的快手在电商试水上“姗姗来迟”。它的主要竞争对手——抖音，早在2018年3月就推出了类似功能，且成绩不俗。

2019年3月26日，抖音开始在大号中添加购物车链接，链接指向淘宝。此后有消息传出，抖音所属的今日头条有意在新一轮的融资中对抖音独立分拆，而阿里巴巴会跟进投资。这是阿里巴巴迫于流量红利逐步进入同时面对腾讯系电商步步紧逼之下的明智之举（为了获得更多流量入口，打通各渠道和形成销售闭环）。但站在今日头条的立场上，这是作为一个新崛起的巨型流量池的不二选择。当平台有承载足够量吸“睛”内容的时候，下一步势必会考虑如何让其商品化、货币化。

不仅是快手、抖音，还有小红书、一条、二更、淘宝爱逛街、蘑菇街，都不约而同地走上了“短视频＋电商”之路，对资本与消费市场讲述着“内容与商品”的故事。这是一种已经到来的趋势，短视频会是继图文、直播之后电商行业的一个新的组成部分，而且是关键的一部分。因此，要以平常心对待接下来可能出现的两种现象：大量短视频平台转向电商（包括向电商巨头抛出橄榄枝）和电商玩家开辟出短视频战线。

但问题也随之而来。以内容为主打的短视频和以卖产品为主的电商，存在巨大差异。观看视频首先是为了获得信息和情感满足，然后才可能产生购买意愿；电商购物就纯粹许多，不管是基于搜索，还是基于被推荐，还是随便看看，目的都是为了买到合适的商品。这也就意味着，在“短视频＋电商”的三种不同表现下，有三种各有侧重的传播特性。

第一种模式：短视频平台。它基于内容创作者和传播者的人设展开，归根到底是一种“人格的品牌化”。就经济本质而言，它是社群运营和粉丝经济的另一种变现通路。所以，你很难想象在一个以奇葩恶俗见长的短视频信息流里，出现推荐售卖中高端产品链接的情景。反之亦然。电商为短视频传播的商业兑现提供了可能，但它势必受到博主或主播本人的个性、特质、定位等限制，不可能做到产品既有丰富的品类，又能涵盖不同的段位。

第二种模式：电商平台。无论是淘宝还是京东，都引入了短视频内容。此举相比以往的图文介绍，更符合人们获取信息习惯的便利体验，在后续促进购买行为的影响上也拥有更多优势。在这种模式下，双方的关系很简单——短视频与生俱来就是为电商服务，平台借助短视频，承载信息量更大、表现创意感更足、叙事连贯性更好、画面丰富度更高。据美国JOYUS统计数据显示，短视频比图文产生购买的转换率高出5.15倍。最简单的类比，你可以把它理解为从看报刊的分类广告一下子跃迁到收看电视广告。

第三种模式：短视频导购平台。以“鹿刻”“刷刷看”“头号买家”等为代表，它们走的是小而美的精准化路线。看当前主页设计，既不像电商App那样一味求全求大，也不能精确地查找商品，只是结合小众化特性（平台有着很高的排他性和同化能力）做区隔化策略。相对于前两种模式，短视频导购模式走的是中间路线，但尴尬之处正在于，内容不火、产品不强，既要做大平台，却又没能全覆盖。

虽说“短视频+电商”近期来势凶猛，但就模式本质而言，并非新鲜事物。它仍然是以“关键意见领袖”（KOL）和优质内容来获客，投其所好、培养粉丝，然后逐渐激发用户购物欲望的基本程式。这与此前一批电商的直播模式并无不同。但对比后者，如何在内容与产品间取得平衡，即谁主导、谁为谁服务，将会构成“短视频+电商”今后的主要矛盾。可以想见，当化解矛盾的压力更多地转向那些原本“记录美好生活”或“记录世界，记录你”的短视频应用时，他们的焦虑仍将继续。

笔记

以内容为主打的短视频和以卖产品为主的电商，两者存在巨大差异。观看视频首先是为了获得信息和情感满足，后来才是“举手之劳”的购买；电商购物的行动就纯粹许多，不管是基于搜索，还是基于被推荐，还是随便看看，目的都是为了买到合适的商品。

算法年代下的媒体业困境与重生

对于什么是媒体的未来，仍在摸索方向，但以下四种依旧会是行之有效的路径：批评性调查报道、解释性报道、非虚构写作和趋势类报道。

仇勇出了本书，叫《新媒体革命2.0：算法时代的媒介、公关与传播》（以下简称《新媒体革命2.0》）。这是他上一部作品《新媒体革命：在线时代的媒体、公关与传播》的扩容续篇，也是版本升级。从标题看得出来，从“在线时代”到了“算法年代”，新媒体对传统媒体的“革命”自然也从1.0来到2.0阶段。

汤姆·斯丹迪奇（Tom Standage）在《从莎草纸到互联网：社交媒体2000年》中对社交媒体的演进进行了梳理：古罗马的西塞罗和其他政治家用莎草纸信来交换信息，宗教改革、美国革命、法国大革命期间印制小册子搞宣传，后来图书、报纸、杂志、广播和电视等现代大众媒介兴起，一直到社交媒体的出现。其实，很多信息传播、分享的本质没变，连对分散受众注意力的负面效应都类似。然而，仇勇提出了新的、颇具启示的观点，他说，“信息分发的逻辑变了”。他把互联网门户网站、社交媒体出现之前的传统媒体，除纸质印刷品外，包括唱片、录像带等都称为“古典媒体”，并指出：“古典媒体是让信息世界从复杂到简单，而社交媒体则是从简单到复杂。古典媒体总是让人们努力从已被过滤、编修的内容之外联想起更多丰富的信息，社交媒体则是逼得人们努力从那些已经被了解的信息中弄清楚混杂其间的真相和逻辑。”

然而在“算法时代”，根本的逻辑又变了。这是一个以云计算存储、大数据分析、人工智能、深度学习、机器写作新闻、算法分发推送等为技术特征和“改造”媒体的新时期。如果“在线时代”完成了对“古典时代”的数字化、在线化、可社交化，那么“算法时代”则是对“在线时代”进一步的个性化、智能化，以及匹配化（仇勇认为匹配化是下一个媒介的关键）。他的有些说法很形象，虽有失严谨，但确实有相当启发性。以下是我对《新媒体革命2.0》的重点梳理，括号里是我的质疑和注解。他写道：“古典媒体时代的守门是删除，由媒体精英决定受众能看到什么、应该看到什么（社交媒体时代难道就没有吗？）；社交媒体时代的守门是过滤，不管是通过社交关系还是兴趣推荐，都是通过某种排序机制决定了某些信息更具有优先性（因此“回音壁效应”凸显，容易诱发群体极化）；算法媒体时代的守门是导流，更像是交通警察，让每条信息都到达它该去的地方，更快速、无障碍的流淌。（谁来保证信息平等、网络中立？删除、过滤在算法媒体时代就不存在了？）”

作为一个从传统媒体跳出来创业的“互联网老兵”、新媒体观察者，仇勇在讨论算法时代的媒介、公关、传播遇到了哪些挑战，以及该如何突围的问题上，他的一个提及却未深入的话题引起了我的注意：下一代媒体是什么？或者，什么是媒体的未来？

对于从事媒体趋势研究的人来说，问题极具开放性和主观性，也势必充满争议性和不确定性。在许多关于“智能共享”“产发分离”“优质内容回归”等论调之外，法国人朱莉娅·卡热（Julia Cagé）则在《媒体的未来：数字时代的困境与重生》（以下简称《媒体的未来》）一书中表达了别样的对媒体“自我救赎”的思考。

朱莉娅·卡热主要从事政治经济学及经济史研究，2015 年 11 月，她成为法新社监事会成员，该社与路透社、美联社并称为三大国际新闻通讯社。或许是这段任职经历，让卡热对传统媒体有更近距离和直观的认识。值得一提的是，2015 年，卡热与托马斯·皮凯蒂（Thomas Piketty）完婚，后者是法国著名经济学家，致力于研究收入与贫富不均，并在 2014 年以一本《21 世纪资本论》（*Capital in the Twenty-First Century*）声名鹊起，获得了全世界主流经济学界的关注。

在《21 世纪资本论》中，皮凯蒂试图证明，资本主义制度会不断制造贫富分化，这种贫富分化很难靠“无形之手”的市场调节而减缓。同理，卡热也尝试论证媒体的困境并非只是新媒体技术的冲击，而且有来自社会、文化、资本、市场的影响。她以法国媒体为重点，涉及其他欧美媒体，指出它们“正走向寒冬”，有以下四大“症状”：第一，记者人数不断减少，进行算法推荐的计算机工程师不断增多；第二，热点事件背后，主观情绪开始取代冷静调查，成为新的内容生态；第三，面对激烈的竞争和广告收入的下滑，许多媒体不是走向消亡，就是被其他大型公司所收购；第四，报道越来越多，但离真相却似乎越来越远。

算法新闻、后真相、巨头垄断和信息噪音，这四组关键词恰好概括了卡热揭示的媒体正面临的危机。这不是一本纯粹的媒体理论或实务研究的著作，更多意义上，卡热和其丈夫一样，借由媒体产业来展开对资本主义制度弊端的批判。“自由之殇”“民主幻觉”“治理模式”等词汇，在她的论述中不时出现。她说，当媒体不只是一种商品，当诸多对传媒的“错觉”已然消失，我们需要做出“拯救媒体”的举动——那么，什么是她期待的“救赎”或“革新”的媒体，即媒体的未来该是怎么样？

她的答案出乎意料，但也不算过于新奇。卡热认为，拯救媒体的重点既不是让纸媒消亡，也不是寄希望于数字付费（“付费墙”），而是建立一个非营利性的媒体组织。这种组织形式介于基金会和股份公司之间，依靠读者、员工和包括众筹在内的新型融资方式来保持自身的独立性，使其避免成为赚取商业利益的工具，从而使得媒体有精力和能力重新制作出高质量的资讯。简单地说，卡热眼中媒体的未来应有“非营利性媒体”的大量出现。

很多记者都梦想建立自己的非营利性数字新闻网站来报道那些尚未公开的新闻，调查不法行为，为自己的社区提供他们想要的新闻，但事实上，成功的关键不但在于优秀的新闻技能，而且也与商业和创新有关。虽然像《媒体的未来》等一类作品代表了某些热衷帮助新闻业克服困难的观点建议或解决方案，但从现实操作来看，效果不容乐观。

根据尼曼新闻实验室（Nieman Journalism Lab）官网发表的一篇文章，纽约大学教授罗德尼·本森（Rodney Benson）研究不同类型的媒体所有权时，他首先被非独特的美国式营利性新闻打动。然而，当他开始采访非营利新闻机构工作人员时，发现了一些看起来很奇怪的东西——他们似乎和商业媒体没有什么不同。

举个例子，那些没有找到资金支持的选题究竟能不能做？编辑部内部对于人力、资金等资源的调配也会根据选题安排。编辑部肯定不会每一次为新的选题招人，而是在内部进行分配和调换，那么一定会在资源上有所倾斜，而这部分也很有可能被资金所影响。另外，任何对于外部资金的依赖都和内容付费是对立的。用户为了独立的优质内容买单，而资金的依赖对于内容的独立性有不可避免的影响。

所以卡热是过于乐观了，她对媒体运作提出的新模式未必是一剂药到病除的良方，但对转型探索时期的媒体多少带来有益的参考，提供了一种交流的契机。对于什么是媒体的未来，仍在摸索方向，但以下四种依旧会是行之有效的路径：批评性调查报道、解释性报道、非虚构写作和趋势类报道。我认同这句话：当报道世界的能力不再被独享，解释世界的能力才是竞争核心。

笔记

当报道世界的能力不再被独享，解释世界的能力才是竞争核心；换个说法，信息时代，重要的也许不再是信息，而是富有价值的观点与思想。

公众注意力与媒体的“生意”

注意力是稀缺资源，因而具有价值。在数字经济生态里，注意力的表现形式就是流量，就是点击，就是数据。

2004年，读到托马斯·达文波特的《注意力经济》，我豁然开朗：原来吸“睛”和吸“金”有时是一回事。

赫伯特·西蒙（Herbert A.Simon）早就有对于“注意力”的关注。这位诺贝尔奖得主、经济学家在1971年就观察到：“在一个信息爆炸的世界，信息的丰沛代表着另一种事物的匮乏：一种被巨量信息吞噬的东西。而这个牺牲在信息时代里的东西，其实不难猜到，就是人们的注意力。巨大的信息量淹没了大家的注意力，我们需要在过多的信息来源里有效地汇聚注意力。”由此可以推论，注意力是稀缺资源，因而具有价值。在数字经济生态里，注意力的表现形式就是流量，就是点击，就是数据。关键是如何获得注意力呢？

之前看过一档中国的女团选秀节目《创造101》。明知道它是个“有剧本的真人秀”，而且难免受到来自公司、资本、收视考核的影响，但就每一期呈现效果来看，从评委到艺人都倾力“配合”，有笑有泪有悬念，保证了赛制有趣、颜值好看、演出精彩。从播出的视频平台的点击率到各类广告“植入”再到大众媒体的持续跟踪报道，可见该节目的“注意力话题”活跃，商业变现能力不凡。对于如何收获注意力，最直观的理解是好看、有趣。

本杰明·戴（Benjamin Day）深谙注意力商业之道。1833年9月3日，年仅23岁的戴发行起自己取名为《纽约太阳报》（*New York Sun*）的报纸。这份报纸通篇均为文字，并且采用较小开本印刷，戴集经营者、出版商、编辑、印刷工、收发员等角色于一身，用现在的话来讲叫自主创业、斜杠青年。在创刊号的发刊词中，戴宣扬了办报宗旨：“以每个人都负担得起的价格，向人民大众展示所有当天的要闻，同时为广告宣传提供一种优势媒体。”戴刊登一些耸人听闻、富有谈资的内容（包括我们现在所说的花边新闻乃至“假新闻”）以便报纸迅速传播，并以1美分极低的价格贩卖（当时纽约市最权威的报纸《信使晨报和纽约问询报》售价6美分）。在此过程中，他建立了一套商业模式，即用几乎免费的东西去吸引消费者的注意力，然后把它们转卖给广告商。戴深刻且坚定地认识到，虽然他的读者认为自己是他的客户，实际上却是他变现的“产品”。这一做法至今仍被广泛运用，尤其在媒介发展史上，从电视产业的兴起到默多克媒体帝国的建立，一直到互联网领域，一路延续。这种模式就是克里斯·安德森"免费理论"中的"三方补贴市场"。

然而，这不是说在本杰明·戴之前，报纸没有尝试过以广告作为主要收入来源。只是更早时期，出版者是把广告视为一种对读者有用的信息，而非以说服别人购买为目的的信息。正是戴这样的将读者注意力打包出售的"注意力商人"，开启了一个媒介运营的新范式。从报纸到19世纪中期出现在巴黎街头的巨大女郎海报（户外广告牌的出现），到广播、电视、门户网站、各类社交媒体，以及二战时期"纳粹喉舌"保罗·约瑟夫·戈培尔的反动政治宣传，都在抢夺受众的注意力，试图在观念市场中占领先机。

注意力是个产业，有着历史变迁。我在读吴修铭的新书《注意力经济》时这一论点得到了认知加强。吴修铭是我比较推崇的一个作家，现执教于哥伦比亚大学法学院。2002年，他因反对过滤及筛选网络信息的技术，首次提出"网络中立"（Net Neutrality）的概念。2010年吴修铭出版首部著作《总开关：信息帝国的兴衰变迁》（以下简称《总开关》），以冷静、优雅的笔触回顾了20世纪媒体、科技产业的发展史，最终他得出结论：每项科技在发明伊始都呈现出一种开放而混乱、多样而极具创意的状态，并且激发了人们对未来的乌托邦式憧憬。然而随着时间的推移，它们往往不能免俗地纷纷"向钱看"，最终出现占统治地位的行业巨头，企图去掌握"信息流的总阀门"（the master switch）。

一部大众传媒史，也是政府、媒体、广告商和大众的博弈史。在注意力市场中，《总开关》描述的历史循环能否被打破？事实上，在吴修铭的梳理下，长达200年的媒介演进过程——从纸质印刷品到数字化网络及其相关产物（如电子邮件、博客、搜索引擎、社交媒体），它们遵循的营利逻辑竟然如此单一、重复，而其产生的负面效应正不断放大：吴修铭在写作时经常被各种数字媒介上的弹出信息、对话框打扰，大多数人都像他那样被不断蚕食时间，被轻率和廉价地干扰。显而易见，吴修铭向我们揭示了"注意力经济"一边靠转售注意力牟利，一边在不断分散受众注意力的悖论。

1996年，英特尔前总裁安迪·格鲁夫曾对"注意力经济"做过注解，他说："整个世界将会展开争夺眼珠的战役，谁能吸引更多的注意力，谁就能成为世纪的主宰。”20 世纪 90 年代末，当谷歌还是一家小公司时，它未来的首席执行官埃里克·施密特也有过类似预言。他表示“注意力经济”将是 21 世纪的代名词，“那些能够成功地持续吸引、控制最大数量‘眼球’的公司将会称霸全球”。事实上，这两家公司都做得不错。

就拿英特尔来说，它的“Intel Inside”宣传语和深入人心的“灯，等灯等灯”节奏是科技史上最成功的营销案例之一。从 2015 年开始，英特尔的品牌宣传片除了保留原来的字样，更多突出了“Amazing Experience Outside”的标语。显然，面对“千禧年一代”和更年轻、更倡导消费娱乐的“Z 一代”（Generation Z，指 1995—2009 年出生的人，又称“网络世代”“互联网一代”），英特尔采取了更加外放式的营销，并积极重塑公司的“人设”。例如，它在“超级碗”的中场秀中用无人机给 Lady Gaga 伴舞，利用动作捕捉技术还原莎士比亚戏剧《暴风雨》的角色，请来《生活大爆炸》中“谢耳朵”的扮演者吉姆·帕森斯（Jim Parson）拍摄广告，等等。

面对信息过载、资讯过剩，注意力已然短缺，甚至很多时候对重复、劣质、无趣的内容不厌其烦，引发了吴修铭等人的忧虑与不安。不管怎么样，“注意力经济”需要摆脱狂轰滥炸、无所不用其极的方式。在互联网应用更讲求“场景革命”的年代，信息应以让消费者感到舒服、悄然近身的方式出现，尤其在被需要时即时响应。而“注意力商人”要做的便是挖掘属于自有品牌的独特故事，提供有意义的视角，以及给出真正有价值的东西。新兴的注意力经济要有创意、诚意，才能达成交易！

笔记

“注意力经济”需要摆脱狂轰滥炸、无所不用其极的方式。在互联网应用更讲求“场景革命”的年代，信息应以让消费者感到舒服、悄然近身的方式出现，尤其在被需要时即时响应。

当“大数据”落地，当技术接轨商业

在众多所谓的“《大数据时代》之后必读之作”的书单中，大卫·芬雷布的《大数据云图》更胜一筹、实至名归。它开启了大数据从理念启蒙到商业应用的时代。

2012年以来，“大数据”持续升温，《纽约时报》把2012年定义为“大数据的十字路口”，同时跟着“热闹围观”的还有图书市场。

关于大数据的代表作品不断出新，比较具有代表性的有维克托·迈尔·舍恩伯格的《大数据时代：生活、工作与思维的大变革》（以下简称《大数据时代》）、冯启思（Kaiser Fung）的《数据统治世界：如何在数据统计中挖掘商机与做出决策》、Anand Rajaraman与Jeffrey David Ullman的《大数据：互联网大规模数据挖掘与分布式处理》、艾伯特－拉斯洛·巴拉巴西的《爆发：大数据时代预见未来的新思维》、涂子沛的《大数据：正在到来的数据革命，以及它如何改变政府、商业与我们的生活》等，当然，还有大卫·芬雷布的《大数据云图：如何在大数据时代寻找下一个大机遇》（以下简称《大数据云图》）。

这些书中，舍恩伯格的《大数据时代》被认为“国外大数据系统研究的先河之作”“迄今为止关于大数据最好的一部著作”。在众多所谓的“《大数据时代》之后必读之作”的书单中，大卫·芬雷布的《大数据云图》更胜一筹、实至名归。它开启了大数据从理念启蒙到商业应用的时代。而身为作者、同时也是大数据集团（Big Data Group）创始人的大卫·芬雷布被业界誉为“大数据商业应用引路人”。那么，他指引了什么，贡献了什么？

首先的指引就是《大数据云图》（Big Data Landscape），这也是中文版的书名（英文原版书名*Big Data Demystified*，直译为“掀开大数据面纱”）。为了让更多人理解大数据，并从中得到启发和受益，芬雷布和他的合伙人对包括网络科技新贵、传统商业巨头在内的数百家公司进行了跟踪、评估，绘制了一幅大数据领域应用的全景图，也就是著名的“大数据云图”，而且进行周期性更新。通过它，我们可以知道各家企业在大数据领域扮演了什么角色，做了什么，以及有哪些空白等待后人去填补。也就是说，大数据的商机在哪，一看云图便知。随着《大数据云图》的广泛流传，大卫·芬雷布声名鹊起，找上门的咨询业务也络绎不绝。于是，芬雷布就从起初的“科技创业者”（他先后创办数家科技公司，很多被大公司收购）一下子变成了“科技引路人”。

其次在于云图的可视化，芬雷布提出，它是“数据中发掘机遇的重要工具”。这一点有别于一般的大数据著述。在芬雷布看来，将信息可视化能有效抓住人们的注意力。“有的信息如果单纯地通过数字和文字来传达，可能需要花费数分钟甚至几小时，甚至可能无法传达；但是通过颜色、布局、标记和其他元素的融合，图形却能够在几秒钟之内就把这些信息传达给我们。”可视化是压缩知识、传递信息的一种方式。芬雷布提到了“数据界的达·芬奇”的爱德华·塔夫特，塔夫特早在20世纪出版了《定量信息的视觉展示》一书，而该书就是“以视觉方式传递数据信息”的经典著作。芬雷布专门用一章的篇幅阐述数据可视化，强调了大数据理性之余的感性一面。事实上，大数据界的许多观点显然偏离了这点，常常倒向模型、算法这一边。芬雷布的这一观点与IBM等业界英雄所见略同，而从理论上的“数据可视化”到实践中的“大数据云图”，芬雷布走在了前面。

不过，仅仅有方法论是不够的，还要在观念和思维上有所改变。维克托·舍恩伯格在《大数据时代》中要人们在逻辑上放弃因果关系转向相关关系，冯启思在《数据统治世界》里在统计学上提出要“关注异常值，而非平均数本身”（特别是小概率的力量）。在《大数据云图》中，芬雷布将大数据推向了极高的位置，视其为决定下一个大机遇的关键。他说，数据、算法和速度让计算机能做出更好的决策和预测，从商业到生活甚至到飘忽不定的感情，一切都可以分析。

基于大量实证案例的支撑，芬雷布完全有这样的乐观和自信看待大数据的未来。在书中提到的许多公司应用中，不难发现从研发设计到管理销售，从教育、医疗到电子、汽车再到音乐、建筑，大数据的影子无处不在，发挥着不可忽视的作用。而像亚马逊、谷歌、IBM、Facebook、LinkedIn、Twitter、Netflix等公司对大数据的应用已经习以为常并得心应手。社交网络巨擘Facebook使用大数据追踪用户的网络行为，通过识别用户网络中的好友，从而给出新的好友推荐建议，用户拥有越多的好友，他们与Facebook之间的黏度就越高；更多的好友意味着用户会分享更多照片，发布更多状态更新，玩更多的游戏。商业社交网站LinkedIn则使用大数据在求职者和招聘职位之间建立关联。有了LinkedIn，猎头们再也不用向潜在的受聘者打陌生电话来碰运气，可以通过简单的搜索找出潜在受聘者并联系他们。与此相似，求职者也可以通过联系网站上其他人，顺利地将自己推销给潜在的雇主。现在业界对于大数据的认识不再是“数据大”或者 Volume（大量）、Velocity（高速）、Variety（多样）、Value（价值）的“4V”这么简单、表面化了。大数据“真的”广泛进入商用。对比舍恩伯格《大数据时代》中提到的应用实例，《大数据云图》中的案例更新颖、更前沿、更接近正在发生的未来。

除了“大数据将影响所有方面”外，大卫·芬雷布有以下两个观点值得注意。第一，他认为下一个获得重大发展的是在大数据应用领域，应用领域通过各种技术的手段，真正的把数据变成生产力。过去的几年中，大部分的投资都是在数据基础设施方面，未来人们会看到在应用层有更大的发展。第二，他自己喜爱铁人三项运动（游泳、骑车、跑步），平时通过技术手段，将自己在运动过程中产生的数据进行搜集和分析，包括热量消耗心率、运动的轨迹、跑的长度等，然后不断自我优化、自我提升。通过自己的经历，芬雷布实际上指出了可穿戴智能设备对大数据应用的推波助澜的作用。这也可以理解为下一步移动互联时代，大数据是随时随地应用的。商家通过把越来越多的移动端放到消费者的手里，更好地了解消费者在移动端及各场景中的消费习惯。这意味着，在未来几年中，大数据与移动终端、云计算的结合，将会孕育更多的商机，会有更多的新创业者在这个方向开创出新的企业。在《大数据云图》中，专门有一章就叫“谁是下一个上市的数十亿美元项目”。

当大数据落地，当技术接轨商业，芬雷布向我们展示了一场已经发生并且影响深远的商业变革。对于读者而言，应该心领神会：在理想情况下，企业应当具备一种让数据分析贯穿整个组织的视野，分析应该尽可能地接近实时。通过观察谷歌、亚马逊、Facebook 和其他科技领袖企业，我们看到了大数据之下的无限可能——当务之急，就是让企业尽快融入大数据战略中。

笔记

在可预见的趋势中，大数据与移动终端、云计算的结合，将会孕育更多的商机，会有更多的新的创业者在这个方向开创出新的企业和事业。而数据报道、机器人新闻、智能推送等，已经做出了好的示范与例证。

数字时代新闻业的“变”与“不变”

不论是信息聚合、数据新闻、个性推送、社交分发，还是其他我们当前仍无法预见的新技术表达，真正让新闻从业者们感到骄傲和荣光的是对这个“职业共同体”基本的价值认同。

站在传媒业者的立场，数字时代的新闻业并不是个陌生的话题。自进入千禧年，门户网站构成了对纸媒、出版、广电业的第一波冲击，此后，这股外来巨力从未间断。二十多年来，数字化的程度愈发加深、应用的场景也更加广泛。较之过去“线下—线上”的媒介空间转移及由此引发的多媒体尝试，现如今，社交、移动、数据、智能乃至“沉浸现实”等技术对媒体业的影响既深刻又深远——融媒转型被寄予厚望，同时又迫在眉睫。此时，我们应如何重新审视或定义新闻，或者我们究竟需要什么样的新闻理论？

与常江一样，有同样思考的发问者不在少数。对于数字时代的全面来临，他们注意到有两个课题是无法回避的。第一，技术在新闻生产或传播过程中，应该被赋予何种地位，这关系到价值重建；第二，如何改造传统新闻理论以适应数字时代，使之更具有解释力、适配性乃至规范度，这又涉及专业重塑。至于一系列技术手段与工具的应用，让新闻编辑室的工作流程、生产机制乃至根本观念上发生变化，这都是次生的问题，问题还包括社交媒体在一定程度上助长了虚假消息的滋生与传播，但如何有效避免呢？在流量思维主导的下迭代新闻其效率性、实时性是否损害新闻的品质与严肃性？又或者，素来被奉为金科玉律的“内容为王”到了网络时代果真要被“渠道为王”“连接为王”替代了吗？类似一连串疑问组成了“数字时代的新闻业”层次分明且意义丰富的命题内涵。所以，当常江决定深入其中一探究竟，并写出一本同名的理论著述，这注定是一次智识的冒险，也是一趟观念的旅行。

然而，要写好这个选题，并做出具有一定实质性甚至突破性的研究并非易事。它会因为关注点过于宽泛，而显得论点平平、论证泛泛；又会因为过于侧重微观层面的“走进编辑室”，以一种被学界称之为“新闻民族志”的调研方法（类似人类学的“田野调查”）而忽略了政治、经济、社会等宏观因素的作用力。相较而言，常江的写法则采取了“折中主义”的聪明路线。呈现在我们面前的这本《数字时代的新闻业：文化视角与欧美经验》（以下简称《数字时代的新闻业》），一方面是对美国、英国和瑞士三个国家共 106 位一线媒体从业者及其所在的 17 家新闻机构进行的访谈和调研，是一手经验的总结；另一方面，把西方学者新的相关研究成果予以梳理、分析，是一种知识性“抄近路”的方法。

按照常江的说法，“数字技术被广泛地运用于新闻业源起于欧美国家，其新闻学界和业界对这一问题的讨论也比世界上的其他地区更为成熟和持久，这就可以为本项研究提供尽可能丰富的语料，从而使得这项探索性研究拥有更加扎实的经验基础”。这实际上意味着，当常江以一种“穿上他人的鞋子走路”的生动比喻来描述其媒体业“域外观察”的价值，那么，暂且不论它的结果能在多大程度上对我国新闻业的实践有指导意义，仅就文献资料的填补完善来看，它的价值也是值得肯定的。现在，你能明白为什么《数字时代的新闻业》的副标题是“文化视角与欧美经验”了吧。

与此同时，为了让论述在整体上更具有条理性与系统性（书中的原话是“让新闻生产理论实现阐释性和规范性的协调发展，真正实现新闻学作为一个学科、一种理论体系的自足”），常江从三大板块，即：新闻生产、新闻机构与新闻理论，分别回应了经由数字技术的介入新闻报道产生了什么样的变化，媒体单位进行了怎样的转型以及新闻理论应当如何重构？这三个议题的解答成为全书写作的立意与宗旨。

不得不承认，常江在整理西方学界的相关学说和理论时，尽其所能做到了审慎、周全，难能可贵的是，通篇写作他所引用的文献无一例外都来自英语世界。从某个角度讲，这本书也像是一部长篇的文献综述，较为细致和全面地归纳了当前西方学界关于数字新闻业从生产到职业到伦理再到专业建构的主流学说。同时，从另一个面向看，这本书的趣味在于为我们提供了别样的视角，用新的话语体系来描述和诠释人们见怪不怪的资讯生产行为及现象。

在我们目之所及，类似的段落比比皆是，试举几例：对于“新闻聚合”这一 web2.0 常见的内容整合服务，常江借用美国传播学者 C.W. 安德森教授的说法，这事关新闻业“管辖权”转移的正当性问题，它对传统意义上新闻是对关于当下的一般性优质信息进行收集和分发的认知造成了冲击；而像由虚拟现实技术助力下的“沉浸式新闻”样态，它导致了新闻人更像是一名“导演”，其最终呈现状态很大程度取决于新闻“导演”个人的政治、文化乃至美学选择，它会带来信息的丰沛和更大的解读空间，但即便如此，“用户并没有因此获得对于新闻事件意义的更大的掌控权”；社交媒体、智能技术等对电视记者的心理层面上产生的影响是有的，但不是“紧迫而即刻的”，电视机构在“改造”和“消解”新技术上是相当强势的；广播电台“低度中介性”的特质，使得它所传播的信息更加本真、更加值得信赖，比起其他媒介，它有一种“强属性”文化，所以多数人面对“融媒”仍持工具论的态度。

常江以扎实且又充足的文献、运用多种分析框架，并辅以大量访谈得到的业界反馈，对数字新闻业内在诸多问题给予了剖析与答疑。他对不少问题的看法主要建立在当前理论界的最大共识。对比那种“技术决定论者”所习惯性营造的技术冲击，传统新闻业惶恐不安的紧张情绪，常江摆出的姿态却是相对平缓、柔和的。这一点在书的最后章节，也就是思索“新闻生产理论的未来”时可见一斑。他在结语中写道：“数字时代的新闻生产理论建构应当以‘价值重建’为核心理念和基本宗旨。这里的价值，指的是自便士报以后的大众新闻业赖以生存的公共和民主的价值。”他认为，不断推陈出新的技术手段只是改变了传统新闻的叙事和媒介形态，在此基础上，也多少消弭了生产者、传播者和受众之间的角色边界。

不过，维系新闻业作为一个“公共必需品”地位的本质是不变的，也是不能变的。不论是信息聚合、数据新闻、个性推送、社交分发，还是其他我们当前仍无法预见的新技术表达，真正让新闻从业者们感到骄傲和荣光的是对这个“职业共同体”基本的价值认同——在常江这里，被提炼为社会责任、人本主义和美德原则“三大支柱”，对此，你也可以转述为对事实、公义、良善的守卫。

笔记

数字新千年的新闻业，从行业发展到职业教育再到专业伦理，都面临着巨大的挑战和不少的变数，但这是在网络时代任何业态都会遇到的情形，概莫能外。常江的书写在揭示某些方法论的同时，至少还告诉我们，对待涌现的新科技，内心要秉持某种执念和笃信的重要性。

互联网思维之后，再看游戏化思维

为游戏正名，也为游戏拓展适用的疆域，从简·麦戈尼格尔到詹姆斯·卡斯再到凯文·韦巴赫和丹·亨特，他们向我们展示了游戏除了用来消遣、打发时间，还有更多积极面和更大的作为空间。

乐趣、好玩，是人的天性追求，即便你不曾或不爱玩电子游戏，总也不至于排斥游戏本身。这就解释了为什么千百年来，人类不断地创造出花色各样被称为“游戏”的东西，去满足人们的精神需求、释放他们的情绪因子以及激发他们的内心潜力。环顾四周，身边很多人都在玩游戏，从网络游戏到手机游戏，再加上牌类、棋类、桌游类等游戏，在互联网时代下碎片化时间，人们其实过着“游戏人生”而毫不自觉。

在纽约大学宗教历史系教授詹姆斯·卡斯看来，世界上有两种类型的游戏——“有限的游戏”和“无限的游戏”。在《有限与无限的游戏》中，卡斯指出，有限的游戏其目的在于赢得胜利；无限的游戏却旨在让游戏永远进行下去。有限的游戏在边界内玩，无限的游戏玩的就是边界。有限的游戏具有一个确定的开始和结束，拥有特定的赢家，规则的存在就是为了保证游戏终会结束。无限的游戏既没有确定的开始和结束，也没有赢家，它的目的在于将更多的人带入到游戏中来，从而延续游戏。

总之，游戏是必需的，也是很重要的。从这个意义上，我们自然就明白为什么马云会食言，他曾经说过“饿死也不做游戏”，但面对市场利益和商业趋势，最终进军手游业。另外，做传统影视出身的光线传媒也接连收购几家游戏公司，按照公司的说法，其要打造影游产业链，形成强协同效应。而在 2013 年上映的一部荷兰影片，片名就叫《APP》，玩的是“社交互动电影”的概念，即一边看电影，一边可以通过它的同名手机 App 参与互动，从而让观影人群更有身临其境的体验。

联想随之产生，倘若将游戏中引人入胜、轻松愉悦的特质提取出来，并运用到商业实践中，可行吗？它会带来怎样意想不到的结果呢？这些问题正是凯文·韦巴赫和丹·亨特在《游戏化思维：改变未来商业的新力量》（以下简称《游戏化思维》）中要着力探讨的。为此，他们提出了一个“游戏化”的概念，它是一种新兴商业管理模式，专门指充分利用游戏机制创造更大商业价值的范例。商业世界从来不缺流行观念，除了“游戏化”“互联网思维”，更早之前还有免费、维基、众包、湿营销、分享经济等。

为了更好地阐释什么是“游戏化”，它的作用如何，作者在书中提到了

“世界上最深的垃圾桶”和“钢琴楼梯”两个例子。这两处“地标”都在瑞典，这个最深的垃圾桶看起来和其他垃圾桶没有什么区别，1.2 米高，蓝色，但是当游客向里面扔垃圾时，会听到一种奇特的声音，仿佛有一个物体从很高的悬崖呼啸着坠落好久最后“砰”的一声落地。它的原理很简单，不过是将运动检测器和扬声器安装在垃圾桶的盖子上，而这套装置能模拟出数百米的深度。不过，这确实给游客们带来了很多乐趣，事实证明，他们会为了再玩一次，而四处找垃圾丢进去。至于“钢琴楼梯”，则是把每一级台阶对应钢琴上的一个键，沿着阶梯走就会听到“琴键”发出的不同声音。这样一来，很多行人为了好玩就选择使用爬楼梯，而放弃使用自动扶梯还得到了锻炼。

按照作者们的话来说，乐趣可以帮助人们改变行为习惯，游戏化正是通过创造乐趣来实现目标；倘若以一种有计划、有方向的方式获取乐趣的思维就叫游戏化思维了。这个理念其实并不陌生，在理查德·H.泰勒和卡斯·桑斯坦合著的《助推：我们如何做出最佳选择》中，他们就提出用“行为经济学”的方法来对政策进行优化设计，让人们在收获“最大利益”和“自由选择权”的同时，自然而然地做出规则制定者希望他们做的那个选项。不用强制手段，不用硬性规定，这股隐形的力量，就叫“助推”。同样的，在著名趋势专家、畅销书作家丹尼尔·平克的最新作品《驱动力》中，平克也认为，比起完全依赖类似奖金、福利、补偿的传统绩效杠杆，为员工创造一个他们想要积极表现、身心愉悦的工作环境是更明智的选择。平克运用的是关于内在动机的心理学路径。不管是“驱动”抑或“助推”，其本质殊途同归，就是引导人们做他们感到快乐的事情，帮助他们发展的同时实现既定的目标。归根到底，它是一种激励机制。

《游戏化思维》的两位作者，凯文·韦巴赫和丹·亨特，都是法学科班出身，热衷玩电子游戏，两人还都是《魔兽世界》的超级玩家。对于“游戏化”的专业和乐趣，他们选了后者，所以两人联手写的不是一本法学著作，而是讨论游戏——当然，它不会具体介绍某款游戏，也不会介绍游戏行业，或者介绍年轻一代玩游戏会给社会带来何种影响；他们凭着对游戏的热爱、熟悉，试图总结出若干关键元素，转而运用到商业实践。对此，韦巴赫大胆预言：“游戏化将成为改变未来商业的新力量，其基本规则永远不会过时。”值得一提的是，韦巴赫是全球游戏化课程创建的第一人，也是美国总统奥巴马的商业顾问，协助策划政府公关政策。

从核心主张来看，《游戏化思维》倡导管理者重视游戏的机理，通过恰当的游戏化手段提高组织结构内部、外部运作的效率。例如，书中提出设计“游戏化系统”的六个步骤，包括明确商业目标、划定目标行为、描述你的用户、制定活动周期、不要忘记乐趣和部署适当工具。此外，书中还归纳了游戏化的三大核心价值：参与、实验和成果。虽然该书一直强调是“首部系统阐述游戏化”的作品，但真正奠基利用游戏的力量，重新塑造一切包括政府、医疗保健、教育、传统媒体、市场营销、创业精神乃至世界和平的，非“游戏业女王”简·麦戈尼格尔莫属。她在那本研究游戏化社会效应的《游戏改变世界：游戏化如何让现实变得更美好》一书中，首次提出了游戏的 4 大决定性特征——目标、规则、反馈系统和自愿参与，游戏化的 4 大目标——更满意的工作、更有把握的成功、更强的社会联系和更宏大的意义，还有游戏化的运作机制和带给互联网时代的现实价值——全情投入当下（参与机制）、实时反馈（激励机制）、和陌生人结盟创造更强大的社群（团队机制）、让幸福成为一种习惯（持续性机制）、可持续的参与式经济、伟大的人人时代、认知盈余、超级合作者。

为游戏正名，也为游戏拓展适用的疆域，从简·麦戈尼格尔到詹姆斯·卡斯再到凯文·韦巴赫和丹·亨特，他们向我们展示了游戏除了用来消遣、打发时间，还有更多积极面和更大的作为空间。游戏化的潜在价值（不管是社会的、商业的还是其他）有待人们去发现，而他们做了非常必要的启蒙。尽管在《游戏化思维》中，两位作者并没有充分地揭示游戏化具体如何改变未来商业，但至少对于游戏化思维而言，我们是读懂了。

游戏是一种休闲，一种娱乐服务，也是一个产业，而最新的观念告诉我们：游戏也是一种思维，一个趋势，是一股能重塑业务与组织模式的力量。

当记忆变成一串代码

艾比掷地有声地抛出两个问题。其一，网站关停、网页消失、数据湮灭，我们的数字回忆又当何处安放？其二，当信息的生产、传播都变得易如反掌，面对数据洪流，我们又该如何重拾乃至重塑我们的注意力与记忆力？

较之过去的媒介，互联网的诞生让人们更加便捷、及时、高效地交换和获取信息。每天，数以亿计的用户上传海量的文字、图片、音频、影像等，得益于相对廉价且耐久的存储技术，网络空间让“凡是过往，皆为序章”有了新的注解。事实上，当一切信息可以被转化成代码，进而被数据化、可视化、再生化，别问互联网上是否有“记忆”，其实应该问，它的记忆有多久、会多长。对维克托·迈尔－舍恩伯格而言，身处大数据时代，当记录变得越来越容易，“遗忘”是一项值得被尊重和保护的权利。

从成书的时间来看，在艾比·史密斯·拉姆齐写作《互联网没有记忆》之际，她应当知道舍恩伯格和他那本因提出“数字遗忘权”而赢得广泛赞誉的作品《删除》。就观点来说，艾比·拉姆齐对舍恩伯格的主张有所保留，甚至有一些修正、商榷的地方。

艾比掷地有声地抛出两个问题。其一，网站关停、网页消失、数据湮灭，我们的数字回忆又当何处安放？其二，当信息的生产、传播都变得易如反掌，面对数据洪流，我们又该如何重拾乃至重塑我们的注意力与记忆力？

艾比有这样的担心，根据她的说法是源于一次观展经历。那次她参观综合馆藏展览，看到数百件藏品，文物的介质有宣纸、油印纸、鹿皮、鲸骨，还有留声机、早期电视显像管等，它们记录着人类活动的痕迹与文明演进的轨迹。然而，她转念开始认真思考起在数字时代的未来记忆存储。她说，“200年后，或甚至50年后，人类会展示哪些藏品？如果过去没有留下不可否认的实物，人们会如何与过去的人产生这种独特的发自内心的联系呢？”

这的确是一个引人深思的好问题。围绕着数字时代的书写、文化、思想及其对人类后世产生的影响，这已经是摆在我们面前一项紧迫的课题。比如，一位网络用户不幸离世，他的社交账号能否作为一项“遗产”被继承？倘若允许继承，又该如何正当保管和使用？我们上传至“云端”存储的资料，倘若有一天运维它的公司轰然倒下，谁又来为我们负责索回？人们每天在网络上的浏览、购物等行为本身就是“回忆”，那么，如果想要记录、封存，我们是否有权支配这些数据？

在进一步讨论它们之前，还要时刻警惕来自政府、商业寡头的控制、审查与介入，以及数字设备对阅读和思考造成的负面影响——对此，尼古拉斯·卡尔深恶痛绝，并不吝以《浅薄》《玻璃笼子》《数字乌托邦》等长短不一的著述，来揭示症状的存在；还有准入门槛的降低，大量不加筛选、不经推敲的信息涌入，信息过载的同时也意味着价值层面的泥沙俱下。

艾比写道："过去，书写材料的成本，复制书籍所需的人力成本，以及传播和提供书籍、图册、照片、胶片和录音的成本都很高。这些成本限制了生产速度，实际上也就筛选了谁可以接触到哪些知识和创意。"

艾比的这番表述有一定的道理，信息交流因网络技术提供的开放、分享、协作的机制而愈加庞杂，但本质是一连串的代码，物理载体是各个服务器。也就是说，一旦连接、访问网络的端口被彻底关停，数字世界瞬间就会还原出它的本来面目——一直以来被称作的"虚拟"空间。

令艾比感到忧虑、不安的关键正是这一点。她在梳理从4万年前智人到如今现代人的"记忆简史"后，特别强调了过去人们在实物介质上记录的共同点。不管是石刻、壁画，还是泥板、动物骨头上的雕刻抑或动物标本、由古人生活痕迹形成的化石，形式不一，都是一种"将意识通过物质来表达、反映"的行为。

艾比还援引苏格拉底的观点，进一步写道："将记忆记录在实物上，知识不仅可以在个体之间共享，它也可以传播——收集、复制、交换、借出，虽然也经常被盗。让知识在各大洲上代代相传，是我们能够创造的一种最接近理想的自然资源——不会枯竭且随着使用而增加。"

显然，艾比为不同国家、不同世代、不同文明留给后世子孙的各种文物、遗产赋予了文化记忆的意义。这个结论实际上也意味着，艾比就此否认了那些存储在芯片、服务器上的代码是真实被物质记录下的信息（记忆）——这相当于在预设一种悲观的、沮丧的事态走向，即我们苦心经营的文明成果由于过度依赖移动数字技术，反而导致没有实物存下来，一切都只是代码。倘若出现不可预期的外力因素（如地震、火灾）或人为破坏，甚至是后来人不懂如何介入网络，这直接就宣告了"我们"在历史长河中可能被一笔抹杀、是不存在的……

所以，与其去讨论互联网有没有记忆（我们认为是有的，只是它还远未够艾比要求的保存标准），倒不如把问题锁定在数字时代的我们，该如何向未来负责，更安全、更稳妥、更长远、更有意识地去保有、传递文明这个焦点上。相对而言，该书英文版的标题显得稍加恰当，它是《当我们不再是我们（*When we are no more*）》。

当然除此之外，艾比有些论点需要商榷。她为了突出网络记忆是不靠谱的，专门拿大量网民涌入，集体生产内容缺失专业性、准确性，大量数据、档案、系统、程序等面临外部审查作为论证，这些并不是有无记忆的充分论证。对任一具有历史常识的人来说，对信息和知识的垄断、裁剪、监管、消除，一直都断断续续地存在着，这与是否使用互联网无关。艾比也承认，“恺撒大帝以著书立说和焚烧书籍而闻名”。而她在书中提到的并推崇备至的蒙田、托马斯·杰斐逊及其所处的时代，这种残缺、丢失、人为毁灭、恶意篡改，也不是没有发生。

既然艾比意识到或多或少有这样的风险，它的解决之道又是什么？在书的结尾部分，也就是最后一章“活在记忆里”，艾比原则性地谈论了一些建议，加以归纳有以下三个方面：第一，她呼吁政府应当预见性地去制定一些政策、措施，以保护那些承载大量重要信息的服务器因运营它的公司倒闭，而沦为无人问津的“公地悲剧”，换言之，这些服务器应当具备某些“公共设施”的属性。第二，倡导每一个网络参与者和数字用户应该把如何传承记忆、传递文明，提高至思想上的警觉。第三，她说，“我们可以开发相同的技能来管理数字存储机器并对其承担责任，使它们比我们更长寿，像书籍一样”，即人们应该在存储技术的持久耐用上多投入研发。记忆不仅是关于过去，还能塑造未来。

从文字产生到印刷书籍，再到数字记忆，存储技术的发展使人类正面临很多问题。面对不可预测的未来，人类需要记忆新范式，也需要新的基础教育，学会对数字信息保持审慎和责任感。

作为一名历史学家，艾比长期以来致力于研究数字时代的技术对于我们历史和时间的看法，这很像媒介环境学关注的领域，但她可能对技术前沿的了解和认知有限。如果她担心的只是存储介质有效期短于一般人的寿命，这是一回事；它和互联网记录的内容算不算记忆，是两码事。

笔记

相较书中观点，我们不认为“互联网有没有记忆”，只是它可能还未达到要传承万代的保存标准。于是乎，我们更应该关注，今天生活在数字时代的我们，该如何基于更长远、向未来负责考虑，更安全、更稳妥、更有意识地去保有、传递我们的文明。

丧钟为传统媒体而鸣

不管你是何种心态，一个人人麦克风、到处是媒介的“众媒时代”终将重塑文字、图像与声音的世界新秩序，且速度快得超过我们的想象。

当通过微信朋友圈得知一本旨在介绍全球传媒融合发展趋势的新书《众媒时代》已出版时，我便第一时间上网买下。而早些年，我大抵是从《中华读书报》《文汇读书周报》《中国图书商报》等类似媒体或其他报刊的书评版面看到，然后跑去书店购得——通常，这种情形只有在我等不及出版社寄样书给书评人时才会发生。

我切实感受到媒介的“大挪移”：从过去“主要看”报刊到如今“基本靠”社交媒体、新闻 App，从线下实体书店到线上电商网站；有时出版社朋友为图方便，省去快递物流，干脆直接将一组指令发给我，让我在移动终端“无偿”阅读。难以想象但现实却是如此：曾几何时由古登堡（Johannes Gutenberg）间接推动的媒体革命已到了再次被“颠覆”的前夜，一个最需要纸张耗材、油墨印刷的行业竟然可以无视实体介质的存在，转而在线化、数字化、影像化、移动化……

“消逝的边界：我们与世界重新连接”。按照《众媒时代》的描述，移动时代，传播的介质正在突破传统认知的疆界。虚拟现实（如 Oculus）、可穿戴设备（像 GoPro）、无人机（如大疆）、视频直播（如 Periscope）等一大批高能智能设备/应用的兴起，改变了新闻媒体生产和传播的方式。而随着“媒介迁徙”，“社交迁徙”也开始霸占新闻入口。它表现为两方面：一边是用户的在线阅读、转发、评论、点赞，一边是像 Twitter、Facebook、Snapchat、Linkedin 等社交媒体纷纷拉拢主要（流）传统媒体，合纵连横，通过新闻服务增强用户黏性。当然，也不可忽视亚文化对媒体业的影响。这种由移动时代所催生的以二次元、中二病、弹幕、ACG（Animation、Comic、Game，即动画、漫画、游戏）等为标识性的文化族群，部分定义了新媒体传播的特征、用户和手法。如今，动辄提及“网红人物”，打造“社群平台”以及玩转“粉丝经济”，眼前狂欢的景象实则源于人们对“文化迁徙”的自觉或不自觉地回应。所以，加拿大传播学巨擘之一的哈罗德·伊尼斯说得没错，他在《传播的偏向》一书中断言：“一种新媒介的长处，将导致一种新文明的产生。”

“明天，我们会更好吗？”面对从技术到观念的冲击，传统媒体人感受到前所未有的压力，于是不停追问以寻找答案、付诸行动，而这也正是《众媒时代》一书的编撰者腾讯传媒研究院所关心的议题。老实说，这种“探寻”本来就因身份敏感而尴尬。腾讯是一家科技公司，位列中国互联网行业前三甲。当年腾讯通过模仿ICQ起家的互联网创业故事已很少被人提及，人们更多关注的是它眼下的业务，从即时通信、交通出行、电子商务、文化娱乐，到本地生活、医疗健康、金融教育、移动互联……无处不在、无所不包。当这家科技巨头用无可比拟的人力、资金、数据、信息等多方面优势去研讨“传媒业向何处去”，并试图给出前瞻性指引时，或许对任何一家传统媒体来说都不算是好消息。《众媒时代》第二部分的标题是“迎接降维打击：传媒或遭遇裸奔！”读过刘慈欣的小说《三体》的读者一定明白这究竟意味着什么。所谓“降维打击”，是指外星高等文明通过“降维”的方式打击包括地球在内的太阳系文明。编撰者用这个比喻是想发问，如今的媒体业被各种力量冲击，原本的生存维度消失，被逼入“裸奔式”境地，其结局是俯首称臣、积极适应还是灭亡？残酷地讲，答案早在风中飘荡。

《众媒时代》一书为我们做了整理：自2015年5月始，Facebook宣布推出“Instant Articles”媒体平台；6月，苹果推出应用“News”；7月，GoPro开放视频平台，布局UGC内容生产；9月，Google和Twitter联合推出新闻应用……凭借算法、流量、平台、技术以及资金的优势，仿佛一夜之间，全球科技巨头开始疯狂入侵新闻业，并大力“围剿收割”传媒圈。

他们带来的是什么？杰夫·贝佐斯在收购《华盛顿邮报》后，外界会期待一个百年业态能如何重生？对此，书中有一段来自美国新媒体研究者、纽约城市大学新闻学教授杰夫·贾维斯（Jeff Jarvis）对“google改造新闻业”的评述。他说，google将带来五个实践方向：集中智慧开展创新试验、帮助媒体开展关系经济学、注意力经济重塑广告模式、为用户提供高质量内容、开辟多种收益模式。遵循这样的发展逻辑，就不难理解由国际新闻协会和英国卫报传媒集团玩起了“众筹新闻”，《赫芬顿邮报》、芝加哥公共广播电台等媒体很早前实践了“新闻众包”模式；Verizon收购AOL，发力移动视频和在线广告，《华尔街日报》、Buzzfeed、*GQ*等新旧媒体先后试水“媒体+电商”，不断突破利益核心。《众媒时代》还“告知”我们，那些聪明的、识时务的媒体单位甚至开始尝试“媒体 + 娱乐”“媒体 + 技术”，对这一方面的范本，可借鉴 BBC 推出自家流媒体音乐服务和《纽约时报》运用技术抓取、数据分析来更好地“读懂”用户两则案例。

所以，面对技术冲击，哪些传统媒体能苟活续命，哪些能转型求生，又有哪些注定被淘汰出局，可谓一叶知秋。这不等于说，那些赶潮流做起移动视频、机器人新闻、跨屏互动、新闻游戏、VR 报道、创意的动新闻（如动画新闻、GIF、H5）、数据可视化、交互参与式等的媒体就算“成功转型”高枕无忧了。它们充其量只是实现了一个阶段性的打开新闻客户端的正确方式而已。对于一项宏大的、实证的媒体融合课题而言，除了泛泛而谈的与时俱进、问题导向的市场化以及客户是谁的人本化，它还事关以下各环节的通力配合：体制、管理、市场、技术、文化、专业和思维。如果做得好，那可以说是“跨界融合必备的七个要素”；如果不成功，那便是“为什么传统媒体屡战不胜”的“七宗罪”了。

就在开始翻读该书前一个星期，我为所任教的浙江传媒学院的学生做了一次公开学术演讲。本打算把题目定为“变革的传媒与娱乐产业”，但考虑到“吸睛度”不够，又重新拟了如下：从“主编死了”到“给 BAT 打工”——一曲致传统媒体的挽歌？是的，我并不否认对大多数广播、电视台、报刊、出版等传统媒体的“唱衰”，一如《众媒时代》激情洋溢地引领中国媒体人游览发达国家媒体业新概念、新玩法、新态势这个“大观园”时，丧钟已然响起，为他们中的大部分而哀鸣。不管你是何种心态，一个人人麦克风、到处是媒介的“众媒时代”终将重塑文字、图像与声音的世界新秩序，且速度快得超过我们的想象。

笔记

“一种新媒介的长处，将导致一种新文明的产生。”套用哈罗德·伊尼斯的讲法，“一个新技术的应用，将催生一种新传播的范式。”

附录

“网络与新媒体”书单

我任职于浙江传媒学院，是学校图书馆聘任的首批“校园阅读推广大使”。有一次，我校图书馆馆长徐凤兰教授找到我，表示馆内要购置一批“网络与新媒体”领域的书籍，想让我罗列一批必读、推荐的书单。得此机缘，我将自己十多年广泛涉猎的书籍做了整理，并结合这些年主讲的《新媒体概论》和《网络与新媒体著作导读》两门课程上提及的参考书目，最终修订出这版阅读指南。

需要说明的有五点：

第一，本书单共收录互联网、新媒体领域图书一百余本，不能涵盖所有经典、精华，且也无法顾及修订、新出的作品，因此权且把它当作“个人化”的阅读经验。

第二，所推荐作品涉及议题广泛、内容丰富、观点不一，但基本上分属于以下几个方向：互联网与 IT 历史、社交网络发展、新媒体运营、科技前沿趋势、网络弊端反思。

第三，书单中标有“&”符号的，意指书目间有并列关系，可任选一阅读，抑或出自同一作者之手，在思想方法论上一脉相承。

第四，所列图书排名不分先后，也没有由浅入深的梯队排列，只好请读者自行负责。顺带一提，前三本是我的个人作品，出版时间从2013年至2015年。

第五，有很多图书在本书的正文部分有提及，甚至为它们专门撰写了书评，这再次佐证了本书不厌其烦表达的一个观点：媒体的数字化转型，技术是呈现，制度是保障，而思维才是关键。

最后，祝开卷有益。

书单：

《在线革命：网络空间的权利表达与正义实现》

《数字时代的必修课》

《互联网：一部概念史》

《网飞传奇》&《复盘网飞》&《不拘一格》

《新媒体革命 2.0：算法时代的媒介、公关与传播》

《新媒体十讲》

《主编死了》

《众媒时代》&《众媒时代，我们该如何做内容》

《翻转世界》

《被诅咒的巨头》

《场景革命》&《超级 IP：互联网新物种方法论》

《当下的冲击》&《融合文化》

《硅谷之谜》&《硅谷之火》&《硅谷之光》&《硅谷百年史》&《浪潮之巅》（上下）

《中国网络媒体 20 年》&《沸腾十五年》

《计算机：一部历史》

《数字乌托邦：从反主流文化到赛博文化》

《科技的狂欢》&《网民的狂欢》&《数字眩晕》

《孵化 Twitter》

《谁偷了 Myspace》

《Facebook 效应》&《Facebook：关于性、金钱、天才和背叛》

《大连接：社会网络是如何形成的以及对人类现实行为的影响》

《社交网络改变世界》

《从莎草纸到互联网：社交媒体 2000 年》&《维多利亚时代的互联网》

《增长黑客》

《黑客与画家》

《黑客：计算机革命的英雄》

《颠覆定律：指数级增长时代的新规则》

《镶嵌：社会网与经济行动》

《网络社会的崛起》&《认同的力量》&《千年终结》

《链接》&《爆发》

《公众风潮》&《开放：社会化媒体如何影响领导力》

《新规则：用社会化媒体做营销和公关》

《互联网思想十讲》

《信任代理：如何成就网络影响力》

《连接者：社交网络中的商业先锋》

《决胜移动终端》&《决战第三屏》

《O2O：移动互联网时代的商业革命》

《移动互联时代的商机》

《个性化：商业的未来》

《体验经济》&《湿营销》

《无处不在：社会化媒体时代管理面临的变革与挑战》

《移动浪潮》

《颠覆与重构：移动互联时代的新商务》

《移动互联网商规28条》

《粉丝经济》

《网红经济》&《超级网红IP》

《订阅：数字时代商业变现路径》

《平台战略》&《平台转型》

《我看电商》&《再看电商》&《走出电商困局》

《决战移动电商》

《一网打尽：贝佐斯与亚马逊时代》&《一键下单：杰夫·贝佐斯与亚马逊的崛起》

《电商的战国》&《电子商务创世纪》

《商战：电商时代》

《阿里传》&《穿布鞋的马云》&《阿里巴巴：马云和他的102年梦想》

《数字化生存》（20周年版）

《技术元素》&《新经济，新规则》&《失控》&《必然》&《科技想要什么》

《周鸿祎自述：我的互联网方法论》&《颠覆者：周鸿祎自传》&《极致产品》

《比特素养》&《网络素养》

《互联网的本质》

《众包：群体力量驱动商业未来》

《众包：大众力量缘何推动商业未来》
《共享经济：重构未来商业新模式》
《共享经济没有告诉你的事》
《超级合作者》&《自私的基因》
《网络财富》&《企鹅与怪兽》
《免费：商业的未来》&《长尾理论》
《人人时代：无组织的组织力量》&《认知盈余：互联时代普通人如何改变世界》
《YC 创业营》
《从 0 到 1》&《创业维艰》&《重新定义公司》
《三位一体：英特尔传奇》《沃森传》《小沃森自传》
《史蒂夫·乔布斯传》（艾萨克森）&《成为乔布斯》
《数字战争：苹果、谷歌与微软的商业较量》
《大数据云图》
《大数据：正在到来的数据革命，以及它如何改变政府、商业与我们的生活》&《数据之巅》&《数文明》
《大数据时代：生活、工作与思维的大变革》&《数据资本时代》
《数据统治世界》
《大数据预测》
《智能时代》（吴军）
《人工智能》（李开复）&《人工智能简史》&《人工智能的未来》&《人之彼岸》
《与机器赛跑》&《第二次机器革命》&《人机平台》
《新机器的灵魂》
《人类思维如何与互联网共同进化》
《技术至死：数字化生存的阴暗面》
《技术的本质：技术是什么，它是如何进化的》
《网络至死》

《数字化崇拜》

《最愚蠢的一代》

《技术垄断》

《信息乌托邦》&《网络共和国》

《代码 2.0》&《思想的未来》&《自由文化》

《你不是个玩意儿》&《互联网冲击：互联网思维与我们的未来》&《虚拟现实：万象的新开端》

《总开关》&《注意力经济：如何把大众注意力变成生意》

《我们的防火墙》&《众声喧哗》&《连线力》